郑州大学重点学科（马克思主义理论一级学科博士点）振兴行动计划资助

民国时期河南省人口研究

MINGUO SHIQI

HENANSHENG RENKOU

YANJIU

郑发展·著

人民出版社

目　录

图表目录

序

　　30 年前,我完成了博士论文《西汉人口地理》,承蒙人民出版社垂注,得以在 1986 年问世,成为中国大陆正式出版的第一篇人文社科类的博士论文。现在我学生的博士论文已出版了十多篇,他们都要我作序,我觉得作为导师义不容辞。而郑发展的《民国时期河南省人口研究》恰恰也是在人民出版社出版的,更使我不胜今昔之慨。

　　我在先师季龙(谭其骧)先生指导下撰写博士论文时,还没有考虑过此后的研究方向。但正是这一选择,使我走进了研究中国人口史的隧道。20 年后与同人合作完成了六卷本的《中国人口史》,本以为到了隧道的出口,却发现前面依然是新的隧道和峡谷。所以当我的学生在选择研究方向时,我会告诉他们,《中国人口史》只是一本通史,充其量只是构建了一个框架,还需要大量的专门史、地区史、阶段史方能充实完善。《中国人口史》存在的错误和缺陷也需要有人去发现和纠正,而他们更具备这样做的条件。一方面,该书的作者都是我的同事学友,且多数在同一单位,便于他们随时请教或质疑,而这一过程既有利于他们自身研究能力的提高,也可避免理解上的偏差;另一方面,博士论文只能是一项有限度的目标,最适合完成一项阶段性的成果。

　　我还鼓励他们选择自己最熟悉的地区,如故乡、长期居住地、工作所在地,以便收集资料,进行社会调查。对中国人口史研究而言,这两点尤其重要。任何量化的研究都离不开数据,特别是可靠、精确的数据,对中国人口数量的研究更是如此。但直到 20 世纪初清朝宣统年间进行全国性的人口调查,中国才第一次有了基本符合现代人口调查要求的全国和分地区人口统计数据。而此前形形色色的民数、户籍、户口、人户、人丁、丁口、实在人丁等等,都是出于征集赋役、行政制度和治安管理的产物，绝大多数不能包括全部人口。即使到了民国年间，定期的人口普查和抽样调查也未形成制度，现在的数据既不精确，更不完整。由于种种原因，就连这样的数据往往也没有得到收集和整理，幸存的材料有的至今深藏在档案之中，有的散落民间。要正确理解这些数据，离不开对当今社会的深入了解，掌握直接和间接的、书面和口头的相关材料，而以本地人在本地作社会调查自然更为有利。

正因为如此，我赞成郑发展选择以民国期间的河南人口为研究对象，并且寄予期望。发展生于河南，长于河南，华东师范大学毕业后回河南工作，并以郑州大学副教授身份在职定向攻读博士学位，研究河南有天时、地利、人和之利，也理所当然。但他要完成这项任务也不容易，因为他本科毕业于政教系，依靠自学方入人口史之门，攻博期间仍需承担教学和行政工作，人到中年也难免家务之累。所幸通过本人努力，师友帮助，家人支持，他的博士论文得以顺利通过答辩。经过增补完善，终于问世。

对发展博士论文的评价，答辩委员会已有定论，自不必由我赘言。对答辩委员会指出的不足之处，他已作了弥补，读者自可明鉴。我也不说希望他继续努力之类的套话，因为实际上他现在的研究方向并非人口史专业。但我还是寄希望于有志于人口史研究的学者和学生，中国人口史研究不仅仅只是民国期间的河南这一部分。

写完这段文字时，我正乘坐飞机飞越太平洋返回上海。每次在飞机上写毕一篇或一段文章时，总会庆幸航程的缩短。但想起尚未完成的题目，又希望时间能延长，期待着下一个航程。飞机刚穿越国际日期变更线，来时"赚"到的一天又失去了。天道无私，谋事在人。

葛剑雄

2013 年 4 月 23 日

绪　论

　　民国时期河南省人口研究属于人口史的范畴,所谓人口史,是指"对某一特定的地域范围内在全部或较长的历史时期中人口的规模、构成、分布和迁徙等方面的变化过程的记述"①。本书所要探讨的就是民国时期河南省人口数量、结构及其与社会发展的关系。研究的时期从1912—1949年,同时为便于研究,以1953年全国第一次人口普查数据作为重要参照。

　　1949年以来河南人口以前所未有的速度增长,人口数量在全国一直名列前茅,甚至一度位居全国第一,从1953年第一次人口普查公布的44214594人②,到2010年第六次人口普查公布的全省常住人口94023567人③,增加了两倍多,而全国人口数也从第一次人口普查601938035人,增长到了第六次人口普查的1370536875人,也是增加了两倍多。人口翻番仅仅用了不到50年的时间,人口问题已经成为社会的重要战略问题。而对当代人口的研究,离不开对其近代历史发展的探寻。葛剑雄先生指出:"中国当代的人口问题举世瞩目,但要做深入的了解和研究,就不能仅仅局限于当代,而应该对中国人口发展的历史有一个全面而正确的认识。与当代人口问题关系最密切、对其影响最大的阶段应该是近代。"他进而分析道:"这不仅是因为当代的人口是从那一阶段发展下来的,而且是由于那一阶段的人口问题有与以往不同的很大

---

　　① 葛剑雄:《中国人口史》第一卷,复旦大学出版社2001年版,第12页。
　　② 《中华人民共和国国家统计局关于第一次全国人口调查登记结果的公报》,中华人民共和国统计局网站:http://www.stats.gov.cn/tjgb/rkpcgb/qgrkpcgb/t20020404_16767.html。
　　③ 《河南省2010年第六次全国人口普查主要数据公报》,河南统计网:http://www.ha.stats.gov.cn/hntj/tjfw/tjgb/pcgb/webinfo/2011/05/1303723135527515.html。

特点,又直接影响到当代。"①

一

　　本书选择民国时期的河南人口进行考察,第一是由于民国时期河南省的人口增长,已经呈现出由高出生率高死亡率向高出生率低死亡率的转变。众所周知,在医疗条件和生活水平相对比较低下的清代,全国各地人口一直呈现出高出生率和高死亡率的特点,曹树基通过对乾隆四十一年(1776 年)和嘉庆二十五年(1820 年)官方数据的考证,得出乾隆四十一年的河南人口为 2315 万人,嘉庆二十五年的河南人口数为 2749.7 万人②,从乾隆四十一年到嘉庆二十五年的近五十年间人口增长缓慢。民国时期,河南也常年处于水旱灾害和战争动荡的苦难之中,一场旱灾,动辄死亡人数上百万,然而即便在这样的情况下,河南人口一直保持着相对稳定的增长,从 1912 年的 3000 万左右(各家统计数据不一),到 1953 年的 4400 多万人,这说明河南人口已经由高出生——高死亡率向高出生——低死亡率转变,研究这种转变具有十分重要的意义。第二是对民国时期河南省良莠不一的人口数据进行研究和判定的需要。我国清代以前历代人口统计的目的多是为了赋税征收,现代人口统计学意义上的人口统计发轫于清末宣统年间,民国时期逐渐成熟,政府、民间都有大量的统计数据,然而由于当时基层民众统计知识缺乏、误解及人为因素,导致数据可信度低。面对如此多的数据,哪一个数据错误较多,哪一组数据相对可靠,对于今人来说,有责任、也有必要进行认真的分析研究,给出一个科学的评价。第三是探讨近代文明对河南人口与社会经济发展的影响。河南作为内陆省份,接受现代文明相对较晚,现代的医学、交通的出现基本都在民国成立前后。如河南第一条铁路道清铁路 1907 年通车,河南第一所现代意义上的高校——河南省留美预备学校 1912 年开始招生,河南最早的医院——福音医院1904 年成立。这些因素是河南省人口出生率死亡率转变、人口地理分布变化

---

①　葛剑雄:《评〈人口问题与近代社会〉》,《山西大学学报》1993 年第 2 期,第 93 页。
②　曹树基:《中国人口史》第五卷,复旦大学出版社 2001 年版,第 361 页。

的重要方面,过去一直未有人研究。侯杨方认为:"20 世纪上半叶,随着现代公共卫生与医疗技术、现代交通工具由西方引入中国,并逐渐从城市向乡村、由沿海向内陆的普及和传播,中国开始了流行病转变和人口转变,即死亡率开始逐渐下降。"①探讨河南人口转变,必须要结合民国时期河南省教育、交通的发展情况。第四,清代至今,河南省的区域面积基本保持在 16 万平方公里多,河南各地地名虽然多有变更,一些地区或析置或归并或撤销,但全省的范围基本没有变化。1949 年以后区域虽有变动,但面积差异很小(1949—1953 年间,南乐县、清丰县、濮阳县、长垣县原属河北省,后属平原省,1952 年划归河南省。1949 年 8 月原属河南省的临漳、涉县、武安三县划归河北省)。同一地域不同时代的人口变化情况自然有其借鉴的意义。

鉴于民国时期数据众多,且同一时间不同机构统计数据相差较大,本书将中华人民共和国成立后第一次人口普查数据——1953 年人口普查统计数据作为考察民国时期人口数据质量的重要参照,新中国国第一次人口普查数据的质量毋庸置疑,以 1953 年的人口统计数据、人口金字塔可以检验民国时期各阶段人口数据的准确性、考察民国时期人口统计数据的真实程度。

二

随着西方社会科学和自然科学在我国的传播,民国时期的人口研究呈现出十分活跃的态势,王士达、刘大均、陈长蘅等学者对当时的中国人口问题进行了许多开创性的分析,他们主要是对当时户口统计制度的运行及其效果进行探讨,对户政管理如何规范有效进行研究,这些研究对于今天民国时期人口研究来说是弥足珍贵的。民国时期出版的综合性的人口论著,对历史时期人口问题有所涉及,但在整个民国时期的人口研究中所占比重很小。

1949 年以后,国内对于民国时期的人口研究付之阙如。20 世纪 80 年代至今,迎来了人口史研究的高峰,有多种《中国人口史》著作问世,其中葛剑雄

---

① 葛剑雄主编,侯杨方著:《中国人口史》(第六卷),复旦大学出版社 2001 年版,第610 页。

主编的六卷本《中国人口史》①和六卷本《中国移民史》②代表当前人口史研究的最高水平,《中国人口史》第一卷《导论》部分从人口史理论的高度,论述了中国人口史的研究领域和具体内容,分析了研究中国人口史的基本方法,把中国人口史的研究推向了"学科前沿的高度"③。与本书研究相关的第六卷(侯杨方著)对民国时期人口普查与人口统计的过程和数字来源进行了细致的考证、分析和判别,并在此基础上运用人口统计学的方法,对这一时期中国人口的各项主要指标,包括人口数量、性别与年龄结构、婚姻与生育、职业教育与生活水平、人口死亡及死因、人口的分布与迁移以及人口与经济、社会等方面的相互关系,进行了全面的研究。姜涛的《中国近代人口史》④是一部重要的近代人口史著作,该书以清初为近代人口研究的起点,考察了清代以来人口数量的增减变化,研究了民国时期人口普查与人口的发展类型,探讨了人口分布与迁移的变动规律,以及人口结构的情况,并对各省的人口数据进行了分析。行龙的《人口问题与近代社会》⑤从大量史料中分析归纳出中国过剩人口的特征,对近代中国的人口数量、过剩人口问题、人口分布及其流迁、人口城市化、人口构成以及人口思想等方面进行了论述。池子华的《中国近代流民》⑥、孙延魁的《苦难的人流——抗战时期的难民》、石方的《中国人口迁移史稿》⑦则从不同角度对移民问题进行了深入研究。

　　区域人口史研究也取得了显著的成绩。研究区域人口地理的拓荒之作,当属林富瑞、陈代光于1983年所著的《河南人口地理》⑧,这是国内最早的研究区域人口地理的专著。该书系统论述了自然环境与人类活动的关系,社会经济条件对人口发展变化的影响,研究了历史上各个时期河南人口的分布与变迁,以及城乡人口的地理分布。20世纪90年代以后,区域人口研究的著作越来越多,有关四川、北京、陕西、河南、山西、山东、浙江等省份和东北地区的

---

① 葛剑雄主编:《中国人口史》(六卷本),复旦大学出版社2001年版。

② 葛剑雄主编:《中国移民史》(六卷本),福建人民出版社1997年版。

③ 樊树志:《中国人口史研究的新高度》,《中国图书评论》2003年第9期。

④ 姜涛:《中国近代人口史》,浙江人民出版社1993年版。

⑤ 行龙:《人口问题与近代社会》,人民出版社1992年版。

⑥ 池子华:《中国近代流民》(修订版),社会科学文献出版社2007年版。

⑦ 石方:《中国人口迁移史稿》,黑龙江人民出版社1990年版。

⑧ 林富瑞、陈代光:《河南人口地理》,河南人民出版社1983年版。

人口史著作均有出版①。这些区域人口史研究著作各有不同的着力点和创新之处，丰富了区域人口史的研究成果，也为后来者进一步的研究提供了借鉴和启迪。

20 世纪 80 年代以后河南人口史的研究也有所进展，对民国时期河南人口的研究有所推动。《河南人口地理》是首部研究河南人口的著作，该书分析研究了河南省的自然环境与人类活动、社会经济状况与人口分布、历史上各个时期河南人口发展变化、新中国成立以来河南人口发展概述、人口构成、城乡人口分布、劳动力资源及利用、人口素质、疾病人口与分布、人口地理分区、人口发展趋势及预测等诸多方面，是一本研究河南人口地理的拓荒之作。但是该书对民国时期人口的论述只有三四行文字，且只是引用了现成的统计数字。《河南省志·人口志》、《中国人口·河南分册》等著作在对历史时期河南人口进行记载的同时，也分析了民国时期的人口增长情况与地理分布。21 世纪初的六卷本《中国人口史》对各个历史时期的河南人口数字都有非常严谨的考证，特别是《中国人口史》第六卷②对民国时期河南人口的研究给人以启发。同时我们也看到，通史类的人口史专著不可能细致而又系统地研究民国时期河南人口的状况、探讨民国时期河南人口的特点及其演变过程和规律。

涉及河南人口史研究的论文主要有以下几篇。林富瑞的《略论河南人口的地理分布》研究了历史时期河南省人口分布的特点，王天奖的《民国时期河南人口估测》③对清末至民国年间的河南人口数据进行了评估，估算出1840—1936 年河南省的人口增长率为 1.7‰，民国期间 1911—1936 年河南省的人口增长率为 11‰。袁祖亮的《河南历史人口发展概况》④对河南历史人

---

① 这些著作是：张芳笠著《四川人口地理》，西南财经大学出版社 1990 年版。韩光辉著《北京历史人口地理》，北京大学出版社 1996 年版。薛平栓著《陕西历史人口地理》，人民出版社 2001 年版。任崇岳著《中原移民简史》，河南人民出版社 2006 年版。安介生著《山西移民史》，山西人民出版社 1999 年版。李世平著《四川人口史》，四川大学出版社 1987 年版。滕泽之著《山东人口史》，山东新闻出版社 1991 年版。张国雄著《明清时期的两湖移民》，陕西人民教育出版社 1995 年版。路遇著《清代和民国山东移民东北史略》，上海社会科学院出版社 1987 年版。张根福著《抗战时期浙江省人口迁移与社会影响》，上海三联书店 2001 年版。葛庆华著《近代苏浙皖交界地区人口迁移研究》，上海社会科学院出版社 2002 年版。

② 侯杨方：《中国人口史》（第六卷·1910—1953），复旦大学出版社 2001 年版。

③ 王天奖：《民国时期河南人口估测》，《河南大学学报》，1994 年第 1 期。

④ 袁祖亮：《河南历史人口发展概况》，《郑州大学学报》，1982 年第 4 期。

口的发展提出了自己的见解,袁祖亮、郭庭柏的《近两千年来河南人口重心及其运动轨迹》①探讨了公元 2 年至 1982 年的河南人口重心之运动轨迹。苏新留的《1929 年河南灾民移垦东北述论》②对 1929 年灾荒时期河南人口移民东北的规模和具体迁移过程进行了详细的研究。刘士岭的博士论文《大河南北、斯民厥土:历史时期的河南人口与土地(1368—1953)》③对明代至民国时期的人口统计调查统计制度、人口数量、人口结构与人口迁移以及历史时期人口与土地的关系进行了深入的研究。陈鹏飞的硕士学位论文《1920—1937 年河南灾荒性人口迁移问题研究》④则专门研究了这一时期河南人口的迁移情况。

上述成果,为本书的研究提供了经验和借鉴,为本书的写作提供了一定的基础。同时还要看到,既有成果的不足也是明显的,有关民国时期河南人口研究的论著又相对较少。且由于民国时期河南的人口数据很多,来源庞杂,彼此矛盾,既有研究所引用的人口数据多为直接引用,出处不一。对民国时期河南人口数据的深入考辨尚属空白,从人口统计学的角度对民国河南人口的分析更是付之阙如。因此对民国时期河南人口进行研究就显得很有价值,大有工作可做。

三

由于本书所掌握的材料及其研究内容等特点,要求在研究中必须运用历史学、人口学、历史地理学等学科的理论方法,搜集、整理和鉴别河南近代人口史料,用不同的研究方法对应解决不同的问题。

首先历史人口的研究必须要采用历史学的方法,即文献分析。民国时期

---

① 袁祖亮、郭庭柏:《近两千年来河南人口重心及其运动轨迹》,《中州学刊》1998 年第 2 期。

② 苏新留:《1929 年河南灾民移垦东北述论》,《史学月刊》2004 年第 9 期。

③ 刘士岭:《大河南北、斯民厥土:历史时期的河南人口与土地(1368—1953)》,复旦大学博士论文,2009 年。

④ 陈鹏飞:《1920—1937 年河南灾荒性人口迁移问题研究》,复旦大学硕士论文,2008 年。

的人口研究建立在史料的基础上,因此搜集史料、拥有史料是研究的前提。本书所要解决的一个重要问题,就是对搜集到的大量民国时期河南省各种文献资料进行辨析,从这些资料中梳理出影响河南省人口发展的线索,复原其原始的面貌。其次是要采用人口统计学的方法。民国时期存在大量互相矛盾的人口统计资料,这些资料必须借助人口统计的相关知识进行研究,才能去伪存真,对人口统计的质量作出科学的评价。本书的研究大量使用了人口金字塔这种人口统计学的方法,在人口金字塔的显示下,人口数量、年龄、性别结构数据的前后一致性、真伪就能够得到很好的判别。第三是运用地理信息系统的技术手段,采用地图的形式直观地展示研究成果,本书借助 GIS 软件,清楚地看到各项人口指标的空间分布,为探讨人口分布规律和影响因素提供了直观的判断,对于启发研究思路颇有帮助。

四

本书研究的主要思路及所要解决的问题是:

1.整理人口资料,考订人口数据质量。学术界一般认为民国时期河南省上报的人口数据混乱,存在明显的漏洞,质量较差,因此,确定哪些年份的人口数据较为可靠,就成为本书首先要解决的问题。在对民国时期河南省人口统计制度深入研究的基础上,通过对民国时期河南人口统计资料的爬梳、整理和对比,探讨人口统计过程中存在的问题及可能原因。以 1953 年人口普查数据作为参照标准,综合运用人口统计学和历史学的方法来分析各个时期的河南人口统计数据,确定数据相对可靠的 1916 年和 1935 年两个年份作为研究河南人口的时间节点,在此基础上展开对河南人口数量变化的研究,这两个年份的确定是本研究的重点与核心,也是本书的创新之一。

2.以行政督察区为单位进行分县研究,考察民国期间人口地理分布变化情况。民国时期河南共有 108—111 个县,县级行政区域时有变化,本书以1933 年设立的 11 个河南行政督察区为单位,对各县的人口情况进行研究,进而考察民国时期河南人口地理分布的变化。河南地形特点是由高到低自西北向东南倾斜,豫东为黄淮海平原,主要有第 2 区(第 2 行政督察区,简称第 2

区,下同)、第 7 区和第 8、第 1 区、第 4 区的一部分、豫北为太行山区,主要是第 3 行政督察区和第 4 区一部分、豫西分为黄土丘陵区和伏牛山区两部分,主要有第 10、11 两区和第 6 区的一部分,豫西南为南阳盆地,主要有第 6 区,豫南为大别山桐柏山区,主要有第 9 区,分行政督察区的研究便于对人口地理分布状况的分析。在空间上,将民国时期河南省各个行政督察区之间进行人口数量变动的比较,寻找人口数量及人口状况变化的异同。在时间上,将民国时期河南省人口不同阶段进行比较。在地区分布上,将城市与乡村、山区与平原、发达地区与落后地区进行比较,进而从城乡、地区之间的差异来探寻河南人口发展的特点。

3.河南民国时期人口结构的发展演变。对民国时期河南人口结构的研究,将有助于进一步弄清河南近代社会发展演变的内在机制。现有的通史类著述中对河南民国时期人口的性别比、年龄结构进行了研究,但对于其中的职业结构、文化结构以及家庭结构等或涉及很少,或没有涉及,部分原因可能是由于受资料的限制,对此部分内容的探讨将加深对河南近代社会的理解。

4.人口问题对河南社会经济发展的影响。人口数量的变动、人口分布及结构的变化同近代河南的自然与社会环境有着密切的联系,并且影响到河南的社会变化,探寻人口对社会发展的影响将有助于对河南近代社会发展的认识。

5.探讨民国时期的河南人口迁移过程。民国年间,由于频繁的自然灾害和兵祸匪患,河南人口面对灾难流亡他乡移民就食成为一种无奈的选择。本书通过对建立于民国初年的官方救灾体系以及民间慈善机构工作的研究,探讨救灾的影响与效果,同时重点研究在局部灾荒面前的省内移民就食,以及在全省性的灾荒和战争面前的省外人口迁移。

第一章　区域自然地理状况和政区沿革

第一节　民国时期河南省的自然地理状况

一、自然地理位置及概貌①

　　河南位于我国中东部地区,大部分地区位于黄河以南,自明以降,辖区面积基本稳定,总面积 16 万平方公里,约占全国面积的 1.74%。北部与河北、山西为邻,东部与山东、安徽接壤,西部与陕西相连,南部与湖北相接。

　　河南在全国自然地理环境中的位置,是在中部跨越第二和第三两级地貌台阶,西部为连绵起伏的山地,山脉大都是西南—东北或西北—东南走向,东部以广阔坦荡的平原为主,自西向东呈阶梯状降低,由中山、低山、丘陵过渡到平原。西部海拔最高处是西北部灵宝县的老鸦岔,为全省最高峰,海拔高度为 2413.8 米,海拔最低处为固始县境内的淮河出省处,仅 23.2 米。地表形态复杂,高低悬殊,山地、丘陵、盆地相间,分布集中,平原广阔坦荡,区域差异性明显,大致可划分为东部冲积平原(豫东平原)区、南阳盆地区、豫南低山丘陵区、豫西山地区、三门峡—洛阳黄土丘陵区和豫北太行山地区等六个类型区。平原以及盆地地区土层深厚、地势平坦、水资源丰富,方便人类耕作,对人口的容量较大,人口密度也就大;山地丘陵区,资源多样,但因交通不便,开发难度大,因此人口密度就低。

---

① 本部分内容主要参考郑州师范学院地理系编:《河南地理》,商务印书馆 1959 年版;林富瑞、陈代光:《河南人口地理》,河南人民出版社 1983 年版;常剑峤等:《河南省地理》,河南教育出版社 1985 年版;王文楷等:《河南地理志》,河南人民出版社 1990 年版。

　　受西高东低地形的控制,河南的河流大多发源于西部山地,顺地势倾斜向东、东北、东南或南分流,形成扇状水系,流域面积在 100 平方公里以上的河流共计 470 多条,这些河流分属四个水系,自北向南依次为:海河水系、黄河水系、淮河水系、长江水系。

　　黄河自潼关流入河南,从台前县流入山东,在境内长约 700 公里,流域面积占河南总面积的 21.7%,孟津以西,受地势影响,水流湍急;孟津以东,进入平原,水流缓慢,泥沙淤积导致河床逐年抬高形成悬河,至豫东河床普遍高出堤外平地 3—5 米,局部甚至达 10 米以上,长期依赖两岸大堤约束河水,成为豫东平原地区巨大的"隐患"。黄河是中华民族的母亲河,同时也是导致豫东地区最大的灾害之源,黄河泛滥不仅破坏了豫东平原的水系结构,还造成了背河洼地的土壤盐渍化。民国时期盐碱灾害较严重的地方,主要是豫东呈条带状出现于黄河背河的洼地,沙地主要分布在豫东、豫北的部分地区,大致以花园口为中心,呈放射状向东北、东及东南方向延伸;流动沙丘常常集中于黄河故道两侧并与黄河平行。这些地区极易形成风沙灾害,往往阻碍交通、堵塞渠道、破坏农作物,危害十分严重。黄河的泛滥决口对河南的人口分布和迁移有很大的影响,民国时期,黄河在河南境内平均每三个月泛滥一次,最重大的一次是 1938 年 6 月的黄河花园口决堤,形成大片的黄泛区,致使河南东部二十余县遭灾,大量百姓逃亡,死亡几十万人。

　　淮河发源于桐柏山,东流出省入安徽,流域面积占全省总面积的 52.8%。属于长江水系的唐河、白河和丹江位于河南西部,是汉水的重要支流,占全省土地面积的 16.3%。淮河支流较多,南侧支流发源于豫南山地,源流较短促,夏季降水量大时易形成洪峰,北侧支流多发源于豫西山地,由于流经地方地势平坦,地势较低,排水不畅,汛期往往排水不畅,极易成涝。

　　整体来说,河南省的河流分布是南部多于北部,山地多于平原,河流主要靠雨水补给,夏季洪水所至,水位高涨,汛期之内,水位暴涨暴落,极易泛滥成灾。

　　气候是自然环境中重要的组成部分,对于人类的生活有着重要的影响。河南处于亚热带和暖温带地区,具有两种气候的过渡性质,我国划分暖温带和亚热带的地理分界线:秦岭—淮河线,穿过伏牛山和淮河干流,此线以南的信阳、南阳及驻马店地区属亚热带湿润—半湿润区,以北属暖温带半湿润半干旱气候区。全省年平均气温 12.8—15.5℃，年降水量从北向南大致在 600—1000 毫米之间，四季分明，属大陆季风气候，冬季寒冷少雨雪，春季干旱多风沙，夏季炎热多雨，秋季晴和高爽，气候温和，光照充足；雨热同季，为农作物的生长和人口发展提供了有利的条件，由于季风环流特别明显，冷暖气流在此交汇，因此气候灾害发生的频率大、范围广、危害重，存在干旱、雨涝、干热风、大风、沙暴、冰雹、霜冻等气候灾害。但由于降水和热量在时间空间分布的一致性，河南气候条件的组合仍然是比较优越的，对农业生产十分有利，就人类的生存环境而言，仍然是适宜的。

二、民国时期的自然灾害

自然灾害是指由于自然异常变化造成的人员死亡、财产损失、资源破坏等现象，就河南而言，自然灾害中的气象灾害、洪水灾害、农作物生物灾害、地质灾害、地震灾害是历史时期境内的主要灾害。河南地处中原，是我国古代文明发祥地之一，从西周至北宋，被定为国都、陪都长达两千余年，其中洛阳建都九百余年，开封建都二百余年，因此有着十分丰富的水文气候及灾情资料。从资料来看，几千年来，自然灾害一直是影响河南省境内人类生存和社会发展的大敌，由于地处中纬度地区，河南形成了典型的由亚热带向暖温带过渡的季风气候。从地势上看，河南省西高东低，大致以京广线为界形成了山地与平原的对半分野，河南省自然环境的独特性，使得境内自然灾害频繁发生，根据对境内两千多年来水文气候资料的分析，依旱涝情况可把境内分为五个分区：一是豫西区，主要包括黄河流域的伊、洛、沁水系和京广线以西淮河流域的沙颍河水系部分；二是豫北区，主要包括海河流域的漳卫河水系、马颊河水系和黄河流域的金堤河水系；三是豫东区，主要包括京广线以东淮河流域的开封、商丘、许昌、周口所属县市；四是豫南区，主要包括淮河流域的本干、淮南及洪汝河水系的县市；五是唐白丹区，主要包括长江流域的唐白河、丹江水系部分，亦即整个南阳盆地的所属县市，在唐白丹区，河流源自北、西、东三面的山地丘陵区，由于上游汇水面积很大，河流流程短，夏季暴雨洪峰来势很猛，故极易在盆地南部唐河等境内形成水灾。

水旱灾害是河南省最主要的自然灾害，其表现特点为北部干旱，且越往北干旱迹象越重，南部涝灾，越往南涝灾发生频率与概率愈大。据统计，水灾成灾面积在东部平原随纬度增高而递减,而旱灾则呈相对增加趋势。豫北地区干旱多而重,春旱频繁,季节连旱出现频率高,与华北地区旱情类似;豫南地区干旱少而轻,多伏旱,与江淮地区近似,大致在沙颖河以南,几乎无连旱现象,即使有也少。如在一年中各地区同时出现旱象,干旱解除时间自南向北逐渐延迟。历史时期的干旱也表明:豫北地区的干旱最频繁、最严重,豫东和豫中次之,豫西南出现最少,程度也轻微;季节连涝则是从沙颖河向南增多。

民国时期也是河南的气候灾害和水灾集中的时代,1912—1949年间河南未见灾情的年份仅有三个,其他年份或多或少的地区总会出现这样那样的灾害。民国期间河南省的自然灾害有水灾、旱灾、风灾、地震、虫灾、雹灾等,主要的是水灾和旱灾。

民国时期河南全省38年中有27个年份遭遇不同程度的水灾,其中1921年和1931年的水灾波及范围最广,除1931年水灾范围和强度遍及全省外,其他水灾基本上是局部性的,如表1-1所示。

表1-1 民国时期河南省历年遭受水灾县数

年份	县数	年份	县数	年份	县数	年份	县数
1915	7	1924	36	1932	17	1940	41
1917	4	1925	2	1933	44	1941	29
1918	6	1926	4	1934	31	1942	22
1919	8	1927	11	1935	60	1943	37
1921	92	1928	2	1936	4	1946	3
1922	10	1929	18	1938	10	1947	9
1923	37	1931	85	1939	42	1948	10

(资料来源:根据夏明方:《民国时期自然灾害与乡村社会》,中华书局2000年版,第371—384页整理而得)

干旱是最主要的灾害天气,其出现次数之多,受害面积之大,在河南省各种气候灾害中名列首位,如表1-2所示,其中1928、1929、1930、1942年的旱灾遍及全省110个县。干旱地区以豫北、豫西地区较多,且其分布具有地带性规律,河南省北部属暖温带,干旱多而且灾情较重,春旱频繁,南部属北亚热带,干旱少而轻,多为伏旱,东部平原干旱频率较高,西部山区干旱频率较低,旱灾之后引发的蝗灾又为人民的生活增加了许多苦难。

表1-2 民国时期河南省历年遭受旱灾县数

年份	县数	年份	县数	年份	县数	年份	县数
1913	3	1928	104	1934	11	1942	110
1920	77	1929	111	1935	7	1943	7
1922	75	1930	104	1936	89	1945	2
1926	4	1932	50	1937	20	1947	3
1927	9	1933	11	1941	61	—	—

（资料来源：根据夏明方：《民国时期自然灾害与乡村社会》，中华书局2000年版，第371—384页整理而得）

从表中可以看出，20世纪20年代以后旱灾日趋严重，20年代末及40年代初形成了两个旱灾的高峰，范围遍及全省各县。旱灾和蝗灾如影随形，旱灾的高峰，同时也是蝗灾的高峰，故蝗灾本书不另列表。

第二节　民国时期河南省自然资源利用情况

自然资源包括土地资源、水资源、矿产资源、气候资源、森林资源，民国时期河南省矿产资源的开发相对较多，其他资源开发较少。

河南省矿产资源丰富，今天我们已知河南省有106种矿产资源，特别是煤、石油和天然气储量较大，有色金属矿产资源优势突出。据统计，河南省名列全国前八名的矿产有38种，名列前三位的有16种，居第一位的有钼、天然碱、蓝石棉等6种，居第二位的有耐火黏土、天然油石等4种，居第三位的有铝土矿、钨、铁钒土等6种[①]，矿产资源分布集中在豫西地区。民国年间，大部分资源未被开发，已开发的层次也较低，多停留在生产初级产品和矿产开采的层次上。

1.民国初年的煤炭开采情况

----

① 中国自然资源丛书编撰委员会编著：《中国自然资源丛书·河南卷》，中国环境科学出版社1995年版，第13页。

民国年间资源开采规模最大的当属煤的开采,河南矿藏丰富,尤其是煤炭资源分布很广。春秋战国时期,人们已在焦作地区发现煤炭。清末福公司在开凿矿井时,发现唐代采煤的遗物,北宋初期,焦作煤炭开始出现手工作坊式的开采,朝廷派有专职官吏管理煤炭的开采和运销。元代大理学家许衡告老还乡时,看到焦作李封村煤窑很多。到清朝末期,焦作地区的小煤窑星罗棋布。清末民初对于煤炭的勘探工作已经基本完成,"全省产煤之区,共计有四十余县,采煤公司及土窑,有案可稽者,约百余家"。至1909年统计,全省正在开采之规模较大的煤矿共33处①:

禹州:三峰山寨煤矿、桃源邓禹寨煤矿、候沟煤矿;

密县:枣柑沟煤矿、杨寨煤矿、邵沟煤矿;

汤阴县:教场煤矿;

林县:太平庄煤矿、铁炉村煤矿;

武安县:鼎盛坡煤矿、大兴坡煤矿、长亭铅银矿;

新乡县:沙涧沟煤矿;

河内县:小岭沟村煤矿、柏山煤矿、东、西王封村小许庄煤矿、东、西王封村煤矿、原长村煤矿、磕井村煤矿;

修武县:塔掌煤矿、庙可煤矿;

洛阳县:崔家沟煤矿;

巩县:张家沟煤矿;

宜阳县:里沟后山煤矿;

新安县:匡口璜矿、匡口河煤矿;

渑池县:梁坡煤矿;

登封县:青石岭煤矿;

汝州:陈家里煤矿;

罗山县:银洞冲铅硫矿、面铺铅硫矿、陈家楼铅硫矿;

宝丰县:龙王庙煤矿。

民国初年进行大规模开采的公司有三家,英国的福公司(1926年停产)、中原公司、六河沟煤矿。三家公司民国年间采煤量见下表:

---

① 《商务官报》第3册,1909年第11—13页。

表1-3 民国初年河南省三大煤矿采煤量 （单位:吨）

年份	福公司	中原公司	六河沟公司	合计
1918	627927	431635	118490	1178052
1919	494742	832762	188112	1515616
1920	561834	734895	232618	1529347
1921	648716	245209	247575	1141500
1922	505109	400000	283043	1188152
1923	694143	568404	509054	1771601
1924	670835	949339	594963	2215137
1925	255918	564200	555987	1376105

（资料来源:《河南新志》,第279页）

2.其他矿产资源的开发

民国年间资源的利用是初步的,据《河南新志》记载,至1929年已经开采的矿产除煤炭外有以下几类①:

（1）砂金:主要在洛水、伊水上游,"全省产金年约五十两"。

（2）铅:卢氏有铅矿。

（3）铜:罗山有银矿、铜矿,信阳有铜矿（明时即有开采）,济源"有土法小矿",年产纯铜一吨。

（4）铁:产铁地较多,"铁出禹州,而涉县、巩县、宜阳、登封、嵩县、新安、南阳、内乡、汝州等处所产尤多",修武有公司"土法开采";另外"安阳、陕县、新安、登封、渑池、鲁山、偃师、宝丰均有水成铁矿……信阳、罗山、光山、商城一带,多砂铁矿"。

（5）硫:新安县匡口产硫矿,"民国四年共收三十万斤,数年前多至一百万斤",另外沁阳县清华镇产硫。

河南省较好的自然地理环境为区域的社会发展提供了良好的条件,作为南北动植物的交汇地域,河南生物资源种类多,品种资源丰富,小麦、棉花、烟叶、花生、芝麻、大枣都是河南的著名物产,民国年间,河南仍然是典型的农业

---

① 该部分内容综合自河南省地方志编纂委员会整理重印:《河南新志（民国十八年）》上册,1988年7月第1版,第204—208页。

省,河南的主要农作物是稻米、小麦、高粱、黄豆、芝麻、红薯等。棉花作为主要的经济作物,种植面积涵盖全省,"总计百十余县中,产棉者达九十县","全省每年净棉产额约达八千万斤左右,除民间销用并供给本省纱厂外,输出约达二千万斤"。① 以棉纺织品为主的手工业是河南农家经济的主要收入来源,大型企业也多以棉纺织工厂为主。此外民国时期烟草的种植在河南省逐渐普及,主要种植区域在许昌、襄城二县,仅此两县所产烟叶,"每年约七千吨,由铁路运出二百多车"。邓县也生产烟叶,"岁可产三四百万斤"②。依托棉花和烟叶原材料,民国年间在河南出现了一些纱厂和烟厂。

第三节 民国时期至新中国成立
初年河南省政区的变迁

清代河南省的政区层级为省、府、县三级制。清宣统三年(1911 年)河南省府级行政区有 9 府、5 直隶州、1 直隶厅,即开封、归德、陈州、河南、彰德、卫辉、怀庆、南阳、汝宁等 9 府以及许州、郑州、陕州、汝州、光州等 5 个直隶州和淅川直隶厅。县级行政区有 5 州、96 县。作为省的派出机构,在省与府(直隶州)之间按地区设置有道,全省置开归陈许郑、彰卫怀、河陕汝、南汝光淅 4 道,其职能以监察辖区内的政府官员为主,兼有部分行政职能。民国二年(1913 年)1 月 8 日《划一现行各道地方行政官厅组织令》中保留道制,道成为完全意义上的行政层级,形成省、道、县三级制。

1913 年 1 月仍置 4 道,沿用旧称。1913 年 2 月,按旧道原辖区置豫东(治所、辖县与 1914 年 6 月所置开封道同)、豫北(治武陟县,即今河南武陟县驻地木城镇西北老城,辖县与 1914 年 6 月所置河北道同)、豫西(治陕县,即今河南三门峡市西旧陕县,辖县与 1914 年 6 月所置河洛道同)、豫南(治所、辖县与 1914 年 6 月所置汝阳道同)4 道。1914 年 6 月,四道分别更名为开封、河

---

① 河南省地方志编纂委员会整理重印:《河南新志(民国十八年)》上册,1988 年 7 月第 1 版,第 188—189 页。

② 河南省地方志编纂委员会整理重印:《河南新志(民国十八年)》上册,1988 年 7 月第 1 版,第 191 页。

北、河洛、汝阳道,辖 108 县。

1927 年,南京国民政府成立后,废道,实行省县二级制。同时城市的产生和发展,又要求成立专门的城市管理机构。1928 年 7 月《市组织法》通过后,开封、郑州于 1929 年设为省辖市,1931 年废;1936 年 1 月设,5 月废,废后分别并入开封、郑县。1932 年 8 月,《行政督察专员暂行条例》公布后,全国大多数省区建立"行政督察区"制度。即将一省分为若干行政督察区,设行政督察专员公署,作为省的派出机构,管理一部分县。这种督察区在行政上实际介于省、县之间,但在法制上并不是一级地方政府。1932 年 9 月河南全省划分为 14 个行政督察区,1933 年 2 月行政院批准为 11 个行政督察区。

鉴于本书所研究的相关章节中地域范围以行政督察区为单位,因此有必要对河南省的行政督察区进行分析。1933 年 2 月所划行政督察区与清末府(直隶州)级区划的比较如下①。

第一行政区辖 13 县,包括开封府(辖 17 县)除陈留、杞县、鄢陵、兰阳、仪封厅以外的 12 县,另有长葛县划入。

第二行政区辖 12 县,包括归德府(辖 8 县)除鹿邑县以外的 7 县,另加入开封府的陈留、杞县、兰封、考城以及民国时设置的民权县(析杞县、睢县各一部)。

第三行政区辖 11 县,包括彰德府(辖 4 县)所有县,另辖临漳、武安、涉县、汲县、浚县、滑县、淇县 7 县。

第四行政区辖 13 县,包括怀庆府(辖 8 县)所有县,另加入卫辉府的新乡、封丘、延津、辉县,博爱县系民国时期从沁阳县中析出。

第五行政区辖 9 县,包括许州(辖 5 县)除长葛县外所有县和汝州(辖 5 县)除汝阳县外所有县,另加入鄢陵县。

第六行政区辖 13 县,与南阳府(辖 13 县)完全一致。

第七行政区辖 8 县,包括陈州府(辖 7 县)全部,另加原属归德府的鹿邑县。

第八行政区辖 7 县,包括汝宁府(辖 9 县)除信阳、罗山外的所有县。

第九行政区辖 10 县,包括光州(辖 5 县)全部,及信阳、罗山、经扶、立煌

---

① 清代府所辖县依《河南省志·区域建置志》,河南人民出版社 1994 年版,第 74 页。

(1933年4月划属安徽省)5县。

第十行政区辖9县,包括河南府(辖10县)除洛宁县外的所有县。

第十一行政区辖7县,包括陕州(辖4县)全部,及洛宁、渑池、新安3县。

比较的结果发现二者具有高度的一致性。清代后期河南省共有13个府、直隶州,11个行政区大体对应或完全吻合12个府、州,仅有卫辉府所辖8县分别划给了第三、第四行政区。

1933年的行政督察区划定后,稳定了五年多的时间。抗战爆发后,1938年8月,添设第十二行政区,专员公署驻通许县,将第一行政区的通许,第二行政区的陈留、杞县、民权、睢县、兰封、考城,第七区的鹿邑共9县作为第十二行政区的辖区。第十二行政区设立后,第二行政区辖区与归德府除鹿邑县划出外完全一致,第七行政区与陈州府完全一致。1938年第十二行政区的出现,使得河南省行政督察区的区划与清代的府级政区更加接近。

1948年4月,行政院内务部方域司对各地行政督察区进行调整,除新设置的栾川县划归第十一行政区外,仍维持12个行政区,未作大的调整。

民国时期行政督察区的划分固然考虑到了政治上的需要,但更多的是考虑到行政管理上历史因素的作用,以及民众对明清几百年来地域文化的认同。

1937年以后,由于抗战的需要,行政督察专员的作用更加重要,国民政府不断提高专员公署的地位,赋予其更大的权力,在国民政府制定的文件中,有时就把行政督察区作为正式一级行政机构,如抗战期间国防最高委员会第153次常务委员会通过的《战地党政军组织配合运用办法》,明确地把战地行政机构分为省政府级、行政督察区级、县政府级三级,并简称为"省级—区级—县级"①。

1937年11月5日,日军占领安阳,成立伪河南省政府,至1938年春,豫北大部分县城被日军占领,1938年6月占领开封,设开封市,置豫东道、豫北道。1939年年初伪省政府迁到开封,至1942年伪河南省所辖政区为:豫东道治所商丘县,辖开封市,开封、兰封、商丘、宁陵、鹿邑、虞城、陈留、杞县、通许、睢城、柘城、淮阳、民权、太康、中牟、考城、永城等18县(市)。豫北道治所彰德县,

---

① 《战地党政军组织配合运用办法》(1944年10月),载《国民党政府政治制度档案史料选编》下册,安徽教育出版社1994年版,第390页。

辖彰德、汤阴、临漳、武安、内黄、汲县、新乡、辉县、获嘉、淇县、延津、温县、浚县、封丘、沁阳、清化、武陟、原武、阳武、滑县、济源、孟县、涉县、修武、林县等25县①。

1949—1952年豫北鲁西短暂地存在过一个平原省，省会新乡。1952年平原省撤销，原属河南省的涉县、临漳、武安等县划入河北省，原属河北省的清丰、长垣、东明、南乐、濮阳等县划入河南省，从而消灭了两省之间长期存在的犬牙交错现象。

这一时期河南省政区的变迁主要发生在县级层面，包括更名、合并、析置等多种情况，下面所列举的只是本文各个年份人口数据比较中所涉及的县级政区之变迁。

一、北京政府时期县级政区之变迁

1913年开封、归德、陈州、彰德、卫辉、怀庆、南阳、汝宁等原清代府治所在地改名为县，淅川厅、禹州、睢州、许州、郑州、陕州、汝州、信阳州、邓州、裕州、光州等厅州改名为县。其它改名的县还有：

河阴县，1912年6月由荥泽县河阴乡析置。

祥符县，1913年2月改名开封县。

淮宁县，1913年2月改名淮阳县。

河内县，1913年2月改名沁阳县。

裕县，1913年2月改名方城县。

汝阳县，1913年2月改名汝南县。

光县，1913年2月改名潢川县。

永宁县，1914年6月改名洛宁县。

唐县，1914年1月改名沘源县，1923年3月改名唐河县。

二、南京政府时期县级政区之变迁

开封市，1927年由开封县城区析置，1930年裁撤。1948年复置。

---

① 傅林祥、郑宝恒：《中国行政区划通史·中华民国卷》，复旦大学出版社2007年版，第524页。

民治县,1928 年由登封、禹两县析置。1931 年裁撤,并入两县。

民权县,1929 年 7 月由杞、睢两县析置。

郑州市,1927 年由郑县城区析置,1930 年 11 月裁撤,并入郑县。1948 年 10 月复置。

荥泽县,1931 年 6 月与河阴县合并,设立广武县。

博爱县,1929 年 7 月由沁阳县析置,1938 年日伪曾改名清化县,1945 年仍称博爱县。

自由县,1929 年 7 月由洛阳、登封、临汝、伊阳 4 县析置。1932 年 10 月改名伊川县。

平等县,1929 年 7 月由洛阳、嵩、宜阳、伊阳 4 县析置。1931 年 10 月裁撤,并入伊阳、嵩、宜阳、自由 4 县,旋又裁入伊川、伊阳两县。

经扶县,1933 年 9 月由光山县和湖北黄安、麻城等县析置。1947 年 12 月改名新县。

三、中共根据地时期及新中国成立后县级政区之变迁

焦作市,1945 年由修武县析置,1949 年设置焦作工矿区。

原武县,1947 年 1 月与阳武县合并,设立博浪县,旋撤。1949 年 8 月,再次合并设立原阳县。

邺县,1947 年由临漳县及安阳县析置。1954 年 6 月撤销,并入安阳县。

栾川县,1947 年由嵩县及卢氏县析置。

宜阳县,1947 年分置宜北、宜南两县,1949 年合并复置宜阳县。

许昌市,1947 年 12 月由许昌县城区析置。

西峡县,1948 年由内乡县析置。

广武县,1948 年与汜水县合并,设立成皋县。

周口市,1948 年由商水县析置。

漯河市,1948 年 11 月由郾城县析置。

洛阳市,1948 年由洛阳县城区析置。

南阳市,1948 年 11 月由南阳县城区析置。

安阳市,1949 年由安阳县城区及近郊析置。

新乡市,1949 年 8 月由新乡县析置。

信阳市,1949 年 4 月由信阳县城区析置。

驻马店市,1949 年由确山县驻马店地方析置。

洛宁县,新中国成立后分置洛北、洛宁两县,1949 年合并复置洛宁县。

平舆县,1951 年 4 月由汝南县析置。

谷熟县,1952 年 8 月由商丘县析置,1954 年 6 月撤销,划归商丘、虞城 2 县。

郸城县,1952 年 8 月由鹿邑、淮阳、沈丘 3 县析置。

淮滨县,1952 年 8 月由固始、息县析置。

郑县,1952 年 12 月撤销,并入郑州市及新郑、中牟 2 县。

兰封县,1954 年 1 月与考城县合并,设立兰考县。

成皋县,1954 年撤销,并入荥阳县。

洧川县,1954 年 6 月撤销,并入长葛县。

阌乡县,1954 年 6 月撤销,并入灵宝县。

淇县,1954 年 6 月撤销,并入汤阴县。

邺县,1954 年 6 月撤销,并入安阳县。

洛阳县,1955 年 11 月撤销,并入洛阳市及孟津、宜阳、偃师 3 县。

陈留县,1957 年 5 月撤销,并入开封县。

伊阳县,1959 年 8 月改名汝阳县。

第二章　民国时期河南人口管理与户政

第一节　古代河南人口概述

河南地域气候温和、土地肥沃、物产丰富,是我国开发最早的地区。从考古发现来看,大约四五十万年以前,河南境内就有人类活动的痕迹。距今大约五六千年的新石器时代,河南境内的一些河谷盆地已经有相当数量的人口定居。裴里岗文化遗址、仰韶文化遗址遍布河南全境,已发掘的新石器遗址达一千多处。在对浚县新石器文化遗址的考古发现,"当时村落与现代村落面积相差不大"①,遗址的密度也和现代村落密度基本一样。从现在已发现的遗址分布情况看,豫西山地沿河地带的遗址最为集中,豫北太行山前平原地区较少,豫东黄淮平原最少。在河南大地,到处有黄帝等华夏始祖的传说,这些都充分说明河南是华夏民族主要的发祥地之一。夏商周时期,河南一直是华夏族人口活动的中心地带。据记载,夏代的六次迁都全都在今河南辖区之内,商代都城亦多次迁移,范围也多在今河南境内。都城是每个朝代的政治、文化、军事中心,同时也是人口集中的地方,因此当时河南省范围的人口密度和分布,要高于周围地区的人口分布,且主要分布在伊洛河平原、南阳盆地、太行山前平原地区。

要探知先秦时期的人口规模似乎是不可能的,目前所知最早有史料记载的人口统计调查是在公元前788年(周宣王三十九年)《国语·周语》中所记

---

① 周到:《河南浚县的新石器时代遗址》,《考古通讯》1957年第1期,第12页。

载的,而首次全国性的人口调查完成于秦代,秦代的人口调查增加了人口年龄的登记,遗憾的是具体情况已不可知。现存最早的全国性人口数则是公元2年(西汉平帝元始二年),载于班固《汉书·地理志》。两千年来,历代王朝都非常重视人口统计和户政管理,并通过户口的调查、人口的统计,来完成传统户籍制度的基本功能,即通过人口统计,核定各家各户税赋标准,征伐摇役,强制百姓履行为国家服役的义务。同时在"口系于户、户著于地"的传统户籍制度下,以编户为单位,把血缘和地缘紧密地结合起来,提供了维护社会治安、教化乡里等诸项社会整合功能。

　　大量的人口数据和资料为人口史的研究提供了可能。北宋以前,中原地区长期都是各朝代的政治经济和文化的中心,人口密度也最高。而异族的入侵和政权的争夺经常使中原地区沦为战场,因此每次战争都会引发不同程度的人口南迁。从规模、时间跨度以及影响程度来看,西晋永嘉年间、唐代安史之乱后以及北宋靖康年间北方人口三次南迁最为重要,其中对今河南地区的影响也最大。北宋以后,河南地区渐渐失去了经济文化中心的地位,河南省境内人口在全国所占比重有所下降,政治经济文化也不再有往日的辉煌。一些研究古代河南人口史的学者如袁祖亮、林富瑞、陈代光、貊琦、郭自成、亮喆等人按照今天河南省的地域面积和范围,将历史时期在今河南境内的行政区域人口统计数进行计算,得出历史时期河南地区的人口数,他们的计算结果基本一致,同一时期的河南地区人口数基本接近,其中袁祖亮先生的计算结果中包含了人口密度。现按袁祖亮先生的计算结果,摘录自西汉至清末的河南地区人口数据如下表2-1所示。

表 2-1　中国古代河南地区人口数据

时　间	人口数	占全国人口比重(%)	密度(人/平方公里)
公元二年(西汉平帝元始二年)	12899279	22.7	81.0
公元 140 年(东汉永和五年)	9866005	19.7	62.0
公元 280 年(西晋太康元年)	3056633	16.7	18.9
公元 613 年(隋大业九年)	9554514	20.0	59.7
公元 742 年(唐天宝元年)	7674299	13.4	46.6

续表

时　　间	人口数	占全国人口比重(%)	密度（人/平方公里）
1102年（宋崇宁元年）	2895118	6.3	18.0
1330年（元至顺元年）	814363	1.3	5.2
1461年（明天顺五年）	2253366	4.9	15.0
1820年（清嘉庆二十五年）	24483493	7.1	153.0

（资料来源：袁祖亮：《中国古代人口的地区分布和人口重心及其移动轨迹》，载《中国古代人口史专题研究》。中州古籍出版社1994年版，第151—360页。）

　　古代河南的人口统计给我们提供了一个完整的历史变化轨迹。葛剑雄先生认为中国古代人口数量的变化存在这样的特点："人口数量的变化的确出现过几次周期性的变化，即从一个人口谷底开始，以较高的增长率持续增长，此后增速减慢，逐渐达到一个新的高峰，然后急剧下降，直到一个新的谷底。但是这些周期既没有同样长的时段，也没有同样的波动幅度；而且周期与周期之间并不一定是连续的"[①]。河南的人口变化符合这样的特点。

　　作为中国古代最重要的农业生产区，从上表可知，从西汉到唐朝，河南人口占全国人口总数的1/5左右，当每个朝代社会政治经济形势稳定的时候，人口出现正常的增长状态，每当朝代更替时，中原地区的人口有比较大的减少，之后会出现补偿性的增长，形成新的高峰。具体地说，西汉末年是河南人口的一个高峰，高达一千二百余万。此后，随着朝代的更替，有所减少，至西晋达到一个谷底，之后上升，至隋唐时期也保持在八九百万左右。唐代的安史之乱使河南地区的人口大规模南移，北宋末年又导致了河南地区的人口大规模南移，元代是历史时期河南省人口最少的时期，仅有八十余万人，明朝以后，人口逐渐上升，到清代嘉庆年间达到两千余万人，之后无论发生什么战争灾难，人口都保持在相对稳定的状态中。

---

①　《中国人口史》第一卷，第153页。

第二节　清末人口调查制度的变化

中国古代传统的户籍制度从秦汉的"编户齐民"到清代康熙年间以前,一直承担着人口统计和核定赋税徭役的双重任务,沿袭了近两千多年。1712 年(康熙五十一年)实行"滋生人丁,永不加赋"政策,推行"摊丁入亩",使土地和人口关系有了重大变化,以土地税取代了人口税,将户籍与赋税剥离开来。从而使户籍制度的治安和人口统计功能凸显出来了,与地方基层组织的保甲制度有了更密切的结合。

清末以前,保甲制度是户口统计的唯一渠道,实际上保甲制度本身就是户口统计的反映,清代《户部则例》规定"十户为牌,立牌长,十牌为甲,立甲长,十甲为保,立保长",就体现了保甲与户口的关系,保甲的职能是维持社会治安,其中的首要职能是编查户口,这是维持地方治安的首要措施。清代的户政管理比较有代表性的程序是在乡村设牌、甲、保(或称里)三级,县署发给牌长循环册与门牌,牌长统计填好后通过甲长、保长(里长)交县署,循册由县署留底,环册交甲长保存,门牌由牌长用木牌悬挂各户门前。循册是县署汇报的依据,环册主要由甲长随时改注。对于省会城市及大型集镇等"五方杂处之地",则分段落设立总甲,方法与前大同小异。保甲的其他职能还有稽查奸宄、劝善惩恶、守卫乡村。光绪年间,各省设立保甲总局,州县设立保甲分局,形成专管保甲事务的独立机构。随着清末政局的动荡,保甲体系对户口的管理流于形式,对于社会稳定的职能也是安民不足,扰民有余。

庚子事变以后,清朝政府开始试行新政,废除保甲制度,在全国范围内推行警察制度,户籍管理也成为警察体系的重要任务。1906 年清廷准备实行预备立宪,而立宪的首要任务是人口调查,由于户口的调查、选民的统计均需警察协助办理,因此又将巡警部扩大为民政部,并于 1907 年在各省设置巡警道,作为省级警政的最高长官,负责管理全省的巡警、户籍、治安等事务,由此中国近代警政制度在全国逐渐推广开来。

作为清末筹备立宪的重要组成部分,1908 年清廷开始了人口普查工作,以在此基础上选举国会两院议员,警察在户口管理中的作用由此凸显出来。

1908 年清朝在全国推行警察制,警察在户口统计中的职能也被明确,1908 年(光绪三十四年)清廷颁布《清查户口章程》,明确规定"警务局长及警务分局长,均应在其所辖地段内总理清查户口事","警务局与警务分局当划定所辖地方为数区,又分一区为数段,每区派巡长一人,每段派巡警一人任清查户口之事"①。同年 6 月 10 日颁布的《调查户口章程》规定了调查户口的总监督、监督、调查长、调查员。调查户口的总监督是各省的巡警道,监督是各省的"厅、州、县同知通判、知州、知县",具体工作人员调查长和调查员则按如下要求产生:"调查户口事务,归下级地方自治董事会或乡长办理,以总董或乡长为调查长,董事或乡董为调查员,其自治尚未成立地方,由各该监督率所属巡警,并遴派本地方公正绅董,会同办理",并规定巡警"均有协助调查户口之责"②,明确了警察是户口调查的主要执行者。

1908 年人口调查的方法和程序是:调查监督按照其所辖地方划定调查户口区域,经总监督核准后,由调查长在划定区域内再行区分地段,每段设立调查处,由调查员分别调查。调查分为两个步骤,户数的调查由调查员按户号编订,每户编门牌号,门牌编齐后,由调查员造户数册二份,一份存调查处,另一份存调查长,调查长在各段户数册收齐后报监督,依次上报,最后汇总上报民政部。口数的调查则在户数基础上进行,调查员将查口票表格交户主填报,调查事项为姓名、年龄、职业、籍贯、住所以及与户主关系(尊属、亲属、同居、佣工)等项。填报上交后,调查员经抽查无误后造口数册二份,一份存调查处,另一份存调查长。口数册后附册内年届七岁之学童及年届十六岁之壮丁总数。《调查户口章程》施行后,"所有从前保甲一概停办"③。清末的各项户政规定,是我国户口管理现代化的一次有益尝试。

河南省警察制度起源于 1903 年,当时河南巡抚根据朝廷通令,在省会开封试行巡警制度,裁撤执行部分警察职能的河南省保甲局,改设河南巡警总

---

① 公安部户政管理局编《清朝末期至中华民国民籍管理法规》,1996 年群众出版社,第 97 页。

② 公安部户政管理局编《清朝末期至中华民国民籍管理法规》,1996 年群众出版社,第 102 页。

③ 公安部户政管理局编《清朝末期至中华民国民籍管理法规》,1996 年群众出版社,第 109 页。

局,隶属巡抚衙门。1909 年清廷下令各省实行巡警道制,河南省裁巡警总局,改设巡警道署。县级警察的出现各地区先后不一,均晚于省城。至 1905 年年底,河南全省共有 53 个县设立巡警局,后逐步在全省普及。县级警察机构的名称不断变化,以安阳县为例,光绪三十四年(1908 年),安阳县设立保甲局,宣统元年(1909 年)易名为安阳县巡警局。民国元年(1912 年),改为安阳县警察所,清末民初,安阳县虽已设立了警察机构,但是警务运作仍由班役担任县署的行政催输等事宜。民国 17 年,安阳县警察所改为安阳县公安局,民国20 年,裁撤班役,由商会保送壮丁 120 名,编为政务警察,1932 年安阳县公安局改为安阳县警察所①。

河南省的警察机构对清末筹备立宪时的户口调查起到了较好的作用。在各地警察的具体工作和协助下,宣统二年六月,该项工作已有重大进展,河南全省人户总数"先后依限汇咨,其人口总数,除尉氏、宁陵、西华、许州、郑州等数十州县正在赶办外,其余均已遵照部表填齐详报",省会开封户口也在本年下半年"悉数清查"。宣统三年六月,"省城及陈留等四十九厅州县业已先后查竣,汇造表册核咨","其未经造报,及造报而不合定式之各属,亦经分别督催,务令于本年以内一律查报齐全,免误部定期限"②。宣统年间的普查结果在民国元年予以公布。由于警察制度初创,各地警力均尚不足,所以有后人对于此次普查效果质疑,但因其调查内容之详细,调查范围之全面,无疑是"中国历史上第一次现代意义上的人口普查"③,为民国初年的人口普查奠定了基础。

第三节　民国时期河南省的人口统计制度

一、民国时期河南省人口统计制度概述

民国成立后,即进行了人口普查,然而关于 1912 年人口普查的制度及其执行情况,无论是当时还是现在都未能查找到相关的资料,从《内务统计第七编·河南人口之部》来看,普查项目计有户口数(含户、口、男女数)、年龄、职

---

① 该部分内容综合自《安阳公安志》,中州古籍出版社 2007 年版。
② 王士达:《民政部户口统计及各家估计》。
③ 葛剑雄:《中国人口史》第一卷,复旦大学出版社 2001 年版,第 125 页。

业、婚姻状况、出生状况(含生产、死产)、死亡(分死因、死因及年龄、患传染病死亡三部分)及外侨国籍和职业等八大项,"1912 年人口普查是中国有史以来人口统计最为详细的一次"①。

民国四年(1915 年)内务部公布了《县治户口编查规则》及《警察厅户口调查规则》,《县治户口编查规则》规定"于各县编查户口时适用之,但京师及各省会、商埠设有警察厅地方,不在此限";县以下编制区,区内住户编牌保。袁世凯曾颁布《地方保卫团条例》,以十户为牌,牌设排长,十牌为甲,甲设甲长,五甲为保,保设保董。保卫团的职权主要是清查户口、办理死亡、迁徙、外出及生殖、寄居等项登记,该条例至 20 年代中期无形中止②。在这期间农村有关户口调查的相关事宜,由保卫团行使,遗憾的是,至今尚未查阅到河南地方保卫团清查户口的原始记录和相关章程。《警察厅户口调查规则》规定了警察的工作范围,"于京师及各省会商埠设有警察厅的地方,调查户口时适用之"。

根据规则规定,基层具体负责调查户口事务的户口调查长、调查员分别由警察署长、警区属员充任,办公处附设于警区署内。户口调查区域以警察厅管辖区域为限,并且具体调查区域之划分依警区定之。未设有警察制的各县乡,户口编查适用《县治户口编查规则》,施行牌甲制。原则上设有县治警察的地方,依警区;设有保卫团的地方,依保卫团区域;未设警察及保卫团的地方,由县知事参照地方情形酌量划分。牌长负责本牌户口清查,造具本牌户口清册,报甲长复查,底册牌长保存;甲长复查后,汇造本甲户口清册,报编查长抽查。底册甲长保存;编查长抽查后,汇造本区户口册,详报县知事,县知事派员抽查后,汇造全县户口,再逐级上报。按照这个制度的要求,河南省 1916 年上报了本省的人口统计数字。

1928 年 7 月,南京国民政府成立,内政部颁布《户口调查统计报告规则》,后又公布了《人事登记暂行条例》,进行人口普查,通令全国予以实施,规定人事登记分出生、死亡、婚姻、继承、分居、迁徙、失踪等七项,但是此次统计截至1930 年 7 月底,全国也只有 16 个省及 5 个特别市上报了户口统计数字③,河南省在此次统计中未报数据。1931 年颁布的《户籍法》和 1934 年颁布的《户籍法施行细则》对河南影响也不大。20 世纪 30 年代初期,河南省实行的是

---

①　侯杨方:《中国人口史》(第六卷·1910—1953),复旦大学出版社 2001 年版,第 57 页。
②　李德芳:《民国乡村自治问题研究》,人民出版社 2001 年版,第 154 页。
③　侯杨方:《中国人口史》(第六卷·1910—1953),复旦大学出版社 2001 年版,第 64 页。

1932 年颁布的《剿匪区内各县编查户口条例》,以及同年 12 月颁布的《剿匪区内各县户口异动登记办法》,登记种类分出生、死亡、婚姻、迁入、迁出五种。

《剿匪区内各县编查户口条例》在河南推行以后,保甲机构成为县以下户口登记调查的唯一机构,城市户口登记调查则大多仍由警察部门负责。1932 年 8 月,豫鄂皖“剿匪”总司令部颁布《剿匪区内各县编查户口条例》,河南等省率先推行,实行保甲制度。在户籍制度尚未完全建立时,编组保甲制度,实际上就包含着清查户口。1936 年国民政府进行了全国范围内的户口统计,这次户口统计结果于 1938 年公布。1936 年的户口统计是抗战前最后一次全国范围的户口统计。

抗战时期,国民政府在国统区进行了户口统计工作,颁布了一系列的法规。据笔者统计,抗战期间国民政府施行以及先后颁布的主要户口法规条例计有:《户籍法》(1931 年颁布,1934 年第一次修订,1946 年第二次修订)、《保甲条例》(1937 年)、《县保甲户口编查办法》(1941 年)、《户口普查条例》(1941 年颁布,1942 年修订)、《非常时期各大城市户口查报暂行办法〉(1941 年)、《暂居户口登记办法》(1942 年)、《迁徙人口登记办法》(1943 年)、《各省市办理户籍及人事登记实施程序》(1943 年)、《省市县各级户政机构充实办法草案》(1944 年)、《各省市户政干部人员训练办法》(1944 年)等,所有这些法规条例的制定,目的主要是要加强对人口、特别是流动人口的管理,其中《保甲条例》和《县保甲户口编查办法》成为抗战期间县以下地区户口调查的法律依据。这些规定在河南的落实情况目前未见有文字记载,从上报的户口数据看,最多的年份,也只统计了国统区 69 个县的数据,1947 年仅整理上报了 11 个县的户口数。抗战胜利后,尽管也有相关的规定陆续出台,但是由于 1946 年全面内战的爆发,实际上已无任何意义。

二、河南省人口调查与统计的组织体系

1.警察体系

民国成立后,河南省警察制度仍袭旧制,目前尚未找到 1912 年进行人口普查时的河南省警察总额①。1913 年,北京政府颁布《警察组织法》,全省警

---

① 《河南省志·公安志》,河南人民出版社 1992 年版,第 40 页。

务归民政厅办理,1915年,河南省依照《各省整理警政办法大纲》,成立河南全省警务处,1915年北洋政府颁布《警察厅户口调查规则》以法律形式明确了警察机关是人口登记的主管机关(后警察厅改名为内政部)。

民国期间河南人口统计制度以1933年为界分为前后两个阶段,前期是牌甲制和警察制,后期是保甲制和警察制,1933年改为保甲制后,警察局(后改为公安局)成为辅助人口登记的部门。

民国初年至30年代,河南警察力量仍十分薄弱,1909年河南全省共有警察1200人左右,1914年林县有巡警40名①。1930年地处交通要道的郑州有警佐2名,司书生1名,巡长2名,巡警56名②。1932年,全省共有警察9829名③,各县警察只部署在县城,乡镇警察在30年代以前基本没有配备,政府对乡镇的治安管理趋于失控状态。各县警察员额不足情况直到30年代仍十分严重,"民国二十年调查年警额不足者有三十余县,民国二十一年有二十余县,至二十二年八月止尚有十余县警额不足"④。至1934年,"尚有十余县不足额"⑤。各县虚报现象屡见不鲜,信阳县"长警额册报九十名,实在不过五十余名"⑥。1934年,河南全省警额达9817人,而此时全国警察总数是263110人,河南警额大约占全国总数的4%⑦。

警察的重要职责之一是进行户口调查,这一点省政府不可谓体会不深,"调查户口,在警察职务中最为重要"⑧,"户籍警为警察中最重要分子,以其工作为一般警工作之基础也"⑨,从组织机构上来说,尽管存在警力不足的问题,河南省的户籍管理至30年代初也已基本健全,户籍管理作为警察工作的一个重要组成部分,各县在公安局内设户籍主任一职,专司其事。各区乡镇设有户籍员警。1934年后,裁户籍主任,在县政府内设一事务员,专门负责户籍

①　《林县志》,民国二十一年石印本,成文出版社1968年版,第271页。
②　《郑县志》,民国二十年重印本。
③　《河南省志·公安志》,河南人民出版社1992年版,第40页。
④　《三年来之民政》,《河南民政月刊》1933年第9期,第5页。
⑤　《河南省民政厅二十三年行政计划》,《河南民政月刊》1933年第12期,第5页。
⑥　河南省信阳县志总编辑室:《重修信阳县志》,1985年,第164页。
⑦　《全国各地警察统计》,《河南政治月刊》1934年第7期,第32页。
⑧　《工作报告》,《河南省政府年刊》上册,1932年,第26页。
⑨　《三年来之民政》,《河南民政月刊》1933年第9期,第5页。

事宜,由原户籍主任改充。1933 年河南省推行保甲制度后,保甲机构成为县以下户口登记调查的唯一机构,但城市户口登记调查则仍由警察部门负责,从户籍警察的职责要求上来说,也不可谓不明确,户籍警察的主要任务是清查户口和办理户口异动登记,并定期呈报调查结果。

2.保甲体系

保甲制度是北宋以来我国历代控制乡村社会的主要方式之一,至清时臻于成熟,其中户口统计是其主要职能之一,清朝后期保甲制度成为统计人口的唯一渠道。随着清末警察体系的建立,1902 年保甲人口登记制度正式废止。民国初年,由于人力财力的局限,在河南省县城以下的农村,警察系统尚未建立。在这种情况下,1911—1932 年河南农村基层政权中曾沿用保甲制度和晚清时期的村里制度。此时保甲制度的实行"无成文法可资稽考,凡事皆沿习惯为之"[1]。1932 年以前各地推行的保甲制度,闻钧天曾有如下评论:"民国十七年以前,各地保甲之形式,皆范围于民团保卫团村等项政令职务之内。民国十七年以后,保甲运动大兴,各地保甲之组织渐备"[2]。因此,可以推断出,在 1933 年保甲制度推行前,保卫团的职责中有编查户口的职责。

清末民初的地方自治机关,也曾参与到户口统计的过程当中,如以滑县为例,1928 年成立自治筹备分处后,旋即于"九月奉令协同本县户口局调查城厢户口","十八年协同本县户口局调查全县户口",1929 年"协同本县清乡局、驻滑陆军队查勘全县户口,清理门牌","旋接收本县户口清乡两局结束未尽手续"[3]。类似的记载在其他方志中也屡屡得见。

30 年代初期,处于"剿匪"和控制人口的需要,南京政府又开始推行保甲制度,保甲制度首先在"剿匪区"推行,而河南是"剿匪区"内推行的重点省份之一。1932 年 8 月,豫鄂皖三省颁发了《豫鄂皖三省剿匪总司令部施行保甲训令》及《剿匪区内各县编查户口条例》,蒋介石在《豫鄂皖三省剿匪总司令部施行保甲训令》中分析了户口调查不精确的原因,认为在于农村最基层的组织体系未能建立。"乡镇邻各长一日未能依法选出,区乡镇各公所一日未能

① 闻钧天:《中国保甲制度》,商务印书馆 1935 年版,第 401 页。
② 闻钧天:《中国保甲制度》,商务印书馆 1935 年版,第 367、429 页。
③ 《重修滑县志》民国二十一年铅印本,成文出版社 1966 年版,第 547 页。

组织健全,则清乡条例、保卫团法及清查户口暂行办法……即一日无从实施"①。他同时指出:"欲谋完成户口清查之要政……非融合于保甲之中而同时具办不可",并且提出了推行保甲时与户口调查的工作顺序,"初步只确定户数及户长,以为推定保长甲长之根据,一切户口确数及其变迁,则俟保长甲长户长确定后,即责令详查确报。"②

1932 年 10 月,河南省政府通令各县依《剿匪区内各县完成保甲组限期进度表》编组保甲,由省保安处主管督促;又严令各行政督察专员实施督催工作。规定自 1932 年 12 月 1 日起,分三期完成全省保甲户口编查工作。第一期 20 天,第二、第三期均为 30 天,合计 80 天;由各县政府选派保甲编查委员,分赴各区协同编查。到 80 天期满之时,呈报完成保甲建立上报者不及半数。1933 年 3 月与 6 月河南省政府两次派出视察团前往各地视察督导,在检查过程中发现的问题确系不少,关于户口统计方面的问题有:"编查保甲户口有不按顺序的,有超过规定的,有表册项目填载不符或不详者,有漏填者,亦有并未实地调查,仅凭自治处清乡所造册籍依数填写";"户口异动情形,多不随时查报"③。经过指导与督促,1933 年 10 月全省保甲编组工作完成。据 1933 年11 月的统计,河南省各县保甲户口总计为:111 县、762 区、53923 保、547886 甲、5749768 户、壮丁数为 4836021④。河南是民国时期编组保甲最为迅速的省份,有学者评论到"三十年代初至抗战前国民政府所辖区域在北方地区仅有河南实行保甲,因此,河南理当列为国民政府时期即三十年代北方保甲的典型"⑤。

保甲体系的两个基本工作是"一是清查户口,二是人事登记"⑥,对于户口调查与地方治安的关系,当时的人们不可谓不清楚,"地方治安问题得不到彻底的解决,其原因固多,而户口没有调查清楚,是其中最大的一个原因"⑦。即

---

① 闻钧天:《中国保甲制度》,商务印书馆 1935 年版,第 547 页。

② 闻钧天:《中国保甲制度》,商务印书馆 1935 年版,第 549 页。

③ 河南省政府秘书处编:《四年来之保安》,《河南政治月刊》第 4 卷第 10 期,1934 年 10 月。

④ 国民政府内政部年鉴编撰委员会编:《内政年鉴》,商务印书馆 1936 年版,第 388 页。

⑤ 朱德新:《二十世纪三四十年代河南冀东保甲制度研究》,中国社会科学出版社 1994 年版,第 12 页。

⑥ 《近代中国史料丛刊》三编第七十五辑:《保甲运动丛刊》民国二十年,文海出版社,第 16 页。

⑦ 《近代中国史料丛刊》三编第七十五辑:《保甲运动丛刊》民国二十年,文海出版社,第 16 页。

使在国民党溃败之时,蒋介石仍然强调人口统计工作与保甲对于巩固政权的重要性:"户政是建国的基本问题,对于戡乱也特别重要,假如我们的户籍调查清楚,人口统计确实,保甲严密,共产党怎能窜得进,藏得住"①。

3.专职统计人员的设立

河南省人口统计工作的质量,以保甲推行的 1932 年为起点,至 1934 年步入正轨,1934—1937 年抗战爆发前统计工作有序开展。1934 年 9 月以前,城市以警察为主,乡村以保甲长为主,而保甲长之统计结果交由警察统一汇总上报。时任河南省政府主席的刘峙深感统计之混乱,于 1934 年 9 月成立秘书处统计室,统一全省各部门的统计汇总上报事宜,所有统计工作,均归统计室办理,各厅均不设统计人员。同时在每县设专职统计员一名,并明令统计员不得兼做他事。后由于每县只有一名统计员,人手不够,在全省各县每区设统计调查通讯员 2—3 人,其资格"以乡村小学校长,教师,或文字通顺学识相当之地方知识分子,热心公益熟悉当地情形者任之"②,有效地提高了人口统计的准确性。时人认为"本省下级统计基础之树立,自此发轫"③。县统计员的薪俸由省财政支付,保证了统计员的基本生活条件。省政府按年份对县统计员的工作情况进行考评,考评结果由省政府通令予以奖惩,成绩在八十分以上者调升,70 分以上者记功,60 分以下或调或记过处分,1936 年年初对县统计员的考评结果,9 人升职,18 人记功,7 人调降职,11 人受记过处分④。总体来说,30 年代中期的河南人口统计体系之规范程度以及制度的落实均高于其他年份。

三、人口统计人员的培训与提高

河南在民国元年上报的人口统计数字错误居全国之冠,成为 1912 年人口普查的典型省份,凡谈及 1912 年人口普查者,无一不对河南人口统计之荒唐有所评论。"错误最多者,莫如河南人口统计","显系随意编列填报,并未经

①　河南省档案馆藏,M8-8-209《维护治安》,1948 年。
②　《河南统计月报》1935 年第 1 期,第 158 页。
③　《河南统计月报》1936 年第 4 期,第 152 页。
④　《河南统计月报》1936 年第 3 期,第 134 页。

过实际调查"①。这种现象当然说明了 1912 年河南人口普查的质量不高,同时也说明民国初年统计人员没有最基本的人口统计概念,倘若有一点统计知识,胡编乱造也不至于如此离谱,因此对于相关人员的培训以及招聘具有一定素质的人员就显得非常重要。

户口调查有非常明确而具体的要求,如 1913 年国民政府内务部规定的人口统计表中,表由省、道统计的有 23 种,由县统计的有 22 种②。这就需要统计者具有一定的文化知识和最基本的人口统计知识,而河南警官的任用"漫无标准,兼自军兴以来,各军纷纷保荐,每以退伍编余军官,滥竽充数,素无警察学识及经验"③。普通警察的任用也属如此,《警察录用暂行办法》对录用警察的文化程度规定倒是十分的明确,要求"高小毕业或相当程度,文理粗通,具有普通常识者"④。但在实际执行时就是另外一种情况了,"募补时徇情滥收,致老弱参差,智力不健"⑤。

保甲长的文化素质也不高。1933 年行政院农村复兴委员会到河南调查,在调查总结中提到:"保长多数没受过正式教育,不过粗通文字而已"⑥。第六区视察团主任王春元在 1935 年 1 月 25 日的视察中发现,联保主任和保甲长多不识字,对政府的政令无法了解,对自身应负的责任更是茫然无知,即使履行职责也不切实际。"盖县以下各级工作人员,未能注重乡村政治,宜乎政治法令及县政工作之不易推行于下层也"⑦。1935 年 9 月 3 日,刘峙到临漳县视察,在与联保主任进行交流时,分别提出以下几个问题:"你是第几联保?""共辖几保几甲?""户数多少,男多少,女多少?"其结果"圆满答复者,殆无一人"。询问保甲长,亦大多数答不出来。9 月 5 日,刘峙在内黄县询问也出现类似情形,他感叹道:"联保主任及保甲长乃民众中优秀分子,居领导地位,知识尚如

---

① 陈长蘅:《人口》,载民国实业部《中国经济年鉴》,商务印书馆 1934 年版,"第三章"第 16 页。

② 《河南省志·公安志》,河南人民出版社 1992 年版,第 97 页。

③ 《河南民政厅行政总报告》,载河南省政府秘书处编:《河南省民政厅十九年度政治总报告》,1930 年,第 87 页。

④ 徐白齐编:《中华民国法规大全》,第 1 册,商务印书馆 1936 年版,第 829 页。

⑤ 《行政计划》,《河南省政府年刊》上册,1934 年,第 11 页。

⑥ 朱德新:《二十世纪三四十年代河南冀东保甲制度研究》,中国社会科学出版社 1994 年版,第 121 页。

⑦ 王春元:《视察日记》,《河南政治》第 6 卷第 8 期,1936 年 8 月。

此简陋,可见人民使用民权之能力,养成犹需时日。"①河南省民政厅在 1937 年 2 月的《一月来之民政》一文中指出,保甲主干人员"惟以分子庸杂,知识欠缺,对于保甲意义多数不甚了解","一切政令推至区,非被搁置,即至换目"②。

30 年代河南省政府一直重视统计人才的培养,为提高户籍登记水平,1931 年河南省设立户籍人员训练班,由各县选送一至二名学员,学员"须具有中学毕业或中学毕业相等之程度,经县长考选及格者"③。学员毕业返回县后任县公安局户籍主任,筹办县户籍警察训练所,对各区乡镇人员进行培训。各区、乡镇长选送一人参加培训,要求粗通文理,身体强健。县训练所学员受训毕业后,学员回各区乡镇充任户籍员,专司该区乡镇户籍事宜。"1933 年 7 月,浚县开设户籍人员训练班,招收学员 70 名"④。1934 年省政府举办统计训练班,首批学员"分发各县 113 人"⑤,每县 1 人(111 个县,郑县、淮阳各增加一人),作为县政府专职统计员。在河南省政府 1937 年的工作计划中,仍然要求"各联保主任及保长,应即分别指定优秀之警卫员,施以简单训练,使其担负人事登记之责,遇有户口异动,务须随时登记,依照规定逐级呈报"。经过系统的培训,人员的基本素质得到了一定的提高。

四、影响人口统计质量的人为因素

保甲长对于户口登记工作的漠视,是户口统计不准确的原因之一。"查各县查报户口异动,不但玩延时日,抑且错误层出,考厥原因,盖由负责承办者,不能实心任事,及各专员县长,未能尽力督促所致"⑥,保甲长在填报户口的登记过程中,随意性较大,有不按顺序的,有超过规定的或不及限度者,有表册项目填载不符或不详者,有漏填者,亦有并未实地调查,仅凭"自治清乡"所造册籍依数填写的。联保连坐切结一般多系代填,未经本人签押。户口异动

①　《河南政治》1936 年第 6 卷第 12 期。
②　马元材:《视察日记》,《河南政治月刊》第 6 卷第 3 期。
③　《工作报告》,《河南省政府年刊》上册,1931 年,第 15 页。
④　朱德新:《试论二十世纪三十年代河南保甲制度的建立》,《史学月刊》1995 年第 1 期,第 70 页。
⑤　张务源:《本室工作报告》,《河南统计月报》第 1 卷第 1 期,1935 年 1 月出版。
⑥　《河南省政府二十五年度行政计划》,第 5 页。

情形,多不随时查报等①。汝南县有一少部分保长,没有按照1931年国民政府内部颁发的《户口调查统计报告规则》统计,而将住户分为三类既普字号、公字号、外字号(应为五类)。针对上述情况,河南省政府又于1935年6月规定各级呈报户口异动表的期限,要求保长将1月内异动状况,必须于下月5日前造表送区长②。

1938年时任泌阳县长的陈浴春回忆:"(1938年)河北省已全部被日军占领,有许多中学教师来豫,组织为战地服务队。我即请这些服务队的人,到泌阳做户口调查,把全县人口调查清楚,比原来人口增加了12万多人,纠正了过去不准确的现象(原来全县户口上报仅28万余人,调查后,实为40万余人),为此还使已交卸的前任县长蔡景琳受到永不叙用的处分。"③

即便各乡上报数字具有一定的准确度,各县从事户籍统计的人员如何上报对待,那就又是另外的问题了。由于民国时期战乱频仍,基于人口统计基础之上的抽丁、赋税使得百姓不堪其扰,基层工作人员出于各种考虑,故意瞒报,从而导致人口统计数字的不准确。1939年时任巩县民政科员杨景庆回忆,当时为了少出差款(即少出兵差、少交赋税),巩县少上报6万人口,实际人口279391人,上报213931人④。40年代后期发生了战争,战争结束后唐河县在没有自然灾害的情况下出现人口递减的情况,"人口数字光复后调查结果为494154人,该县政府每次呈报户口异动数字竟逐渐减少,现已减去31824人。显系任意捏造,意图蒙混"⑤,省政府据此给予该县户政主任、户政科员各记过一次的处分。这种大量的降低人口数的做法,不能不使人怀疑有减少差款的企图。诸如此类的情况,在河南各县程度不同的有所反映。

户口统计办法本身也给河南的人口统计工作带来了很多问题。如1931年的《户籍法》条文烦琐,手续复杂,完全不能适应当时的实际情况,以至于屡次修正仍然难以施行。除此之外,许多法规对人口登记调查的规定都缺乏严

①　《河南省户籍调查报告》,河南省档案馆藏,M8-52-1605。

②　河南省政府秘书处编:《四年来之保安》,《河南政治月刊》第4卷第10期,1934年10月。

③　陈浴春:《我任泌阳南阳县长的回忆》,载《河南文史资料》第28辑,1988年11月,第167页。

④　刘年成:《解放前巩县人口》,《巩县文史资料》第三辑,1983年7月,第40页。

⑤　河南省政府代电,1947年6月,河南省档案馆藏,M02—434。

密性,1941 年以前颁布的各项法规,都只注重调查法定人口,不能反映现实人口状况,势必造成漏记人口。抗战时期内政部为适应战时户口登记调查的需要而颁布的《暂居户口登记办法》和《迁徙人口登记办法》,虽起到一些补救作用,但又增添了登记调查的复杂性;另一方面又有重复统计现象。如《户口调查统计报告规则》所规定的普通户统计表,将家庭人口分为"现住"和"他往"两类,前者指"调查时各户现有人口之总数",后者指"各户户主之亲属因家务、职业或其他关系暂时他往者",人口总数系由两项相加而得。由于中国人亲属关系广泛,难免有一部分人既登记为"现住人口"又登记为"他往人口",造成重复计算。蒋介石在 1932 年推行保甲时总结之前的户口调查工作时,也承认户口调查"手续纷繁,违于事实,致不易推行"①。

人口登记的形式主义色彩浓厚,也是导致人口误差产生的原因,河南省政府在 1936 年工作计划中要求"甲长应于月终将所填报告表报送保长,保长应将一月内户口异动情况,于下月 5 日以前,造表送区,区长应于十日以前送县,县长应于十五日以前造表三份"②,每月一报似乎能够掌握动态的人口异动情况,但实际上每月都要求保甲长进行一次人口登记是不现实的。报表往往迟至数月后上交,早已失去时效性。户籍人员的精力主要集中于应付各式各样烦琐表格的填报修改中,无暇顾及实务,户籍工作就变成了各级户籍人员制造报表,失去了户口调查的本来意义。

小　　结

一、古代河南人口概述

河南是中华民族的发祥地之一,早在新石器时代,河南已是华夏族先民活动的中心区域之一,夏、商、周三代的政治活动和经济中心均在黄河中下游,今天的河南地域是其中心之一,从西汉到唐朝,河南人口占全国人口总数的 1/5 左右,当每个朝代社会政治经济形势稳定的时候,人口出现正常的增长状态,

---

① 《豫鄂皖三省剿匪总司令部施行保甲训令全文》,转引自闻钧天:《中国保甲制度》,商务印书馆 1935 年版,第 547 页。

② 《河南省政府二十五年度行政计划》,第 15 页。

每当朝代更替时,中原地区的人口有比较大的减少,之后会出现补偿性的增长,形成新的高峰。具体地说,西汉末年是河南人口的一个高峰,高达一千二百余万。此后,随着朝代的更替,有所减少,至西晋达到一个谷底,之后上升,至隋唐时期也保持在八九百万左右。唐代的安史之乱使河南地区的人口大规模南移,北宋末年又导致了河南地区的人口大规模南移,元代是历史时期河南省人口最少的时期,仅有八十余万人,明朝以后,人口逐渐上升,到清代嘉庆年间达到二千余万人,之后无论发生什么战争灾难,人口都保持在相对稳定的状态中。

二、清代人口统计调查制度的变化

中国古代传统的户籍制度从秦汉的"编户齐民"到清代康熙年间以前,一直承担着人口统计和核定赋税徭役的双重任务,沿袭了近两千多年。1712 年(康熙五十一年)实行"滋生人丁,永不加赋"政策,推行"摊丁入亩",使土地和人口关系有了重大变化,以土地税取代了人口税,将户籍与赋税剥离开来。从而使户籍制度的治安和人口统计功能凸显出来了,与地方基层组织的保甲制度有了更密切的结合。

庚子事变以后,清朝政府开始试行新政,废除保甲制度,在全国范围内推行警察制度,户籍管理也成为警察体系的重要任务。宣统年间,出于议会选举的需要,依据民政部《调查户口章程》,清政府进行了人口普查,这是中国历史上第一次现代意义上的人口普查,为民国初年的人口普查奠定了基础。

三、民国时期河南人口统计的实施

民国四年(1915 年)内务部公布了《县治户口编查规则》及《警察厅户口调查规则》,《县治户口编查规则》成为民国初年人口调查的主要依据。

20 世纪 30 年代初期开始,《剿匪区内各县编查户口条例》在河南推行以后,保甲机构成为县以下户口登记调查的唯一机构,城市户口登记调查则大多仍由警察部门负责。1932 年 8 月,豫鄂皖"剿匪"总司令部颁布《剿匪区内各县编查户口条例》后,河南等省率先推行,实行保甲制度,清查户口。

民国期间人口统计制度以 1934 年为界分为前后两个阶段,前期是牌甲制和警察制,后期是保甲制和警察制,1934 年改为保甲制后,警察局(后改为公安局)成为辅助人口登记的部门。

　　河南省的人口统计工作的质量,以保甲推行的 1932 年为起点,至 1934 年步入正轨,1934—1937 年抗战爆发前统计工作有序开展。1934 年 9 月以前,城市以警察为主,乡村以保甲长为主,河南省于 1934 年 9 月成立秘书处统计室,统一全省各部门的统计汇总上报事宜,所有统计工作,均归统计室办理,各厅均不设统计人员。同时在每县设专职统计员一名,各县每区设统计调查通讯员 2—3 人,有效地提高了人口统计的准确性。30 年代的河南各类人口统计的规范程度均高于其他年份。

　　然而由于各种因素的影响,始终存在着人口统计的质量问题,保甲长对于户口登记工作的漠视,是户口统计不准确的原因之一。由于民国时期战乱频仍,基于人口统计基础之上的抽丁、赋税使得百姓不堪其扰,基层工作人员出于各种考虑,故意瞒报,从而导致人口统计数字的不准确的事情时有发生。户口统计的制度设计本身也给人口统计工作带来了很多问题,致使人口登记的形式主义色彩浓厚。

第三章　民国时期河南人口数据的分析

民国时期的人口统计数据很多,既有官方的,也有民间的,河南省的人口数据除了 1921—1930 年数据较少外,其余年份均有较多的统计数据,而且同一年份不同部门数据不一,中央和地方的统计数据也不一致,十分混乱。"民国时期的中国人口数量始终是一个谜:一方面现存有大量的民国时期的人口统计数字,但另一方面这些数字来源复杂,彼此矛盾,让人难以适从"①。本章将仔细考察河南省各年份人口数据的产生过程,对目前所能搜集到的河南人口数据进行深入分析,以判定各年份人口数据的质量并决定其取舍。

第一节　河南省户口统计数据的来源

从河南人口数据发布的来源看,主要有内务部(后称内政部)人口普查、户口调查数据和河南省政府的统计数据,此外教会、邮局在 20 世纪 20 年代前后也有过人口情况的调查。

一、宣统年间河南省人口统计的回顾

宣统年间所举行的人口普查是中国历史上第一次现代意义上的人口普查,据侯杨方考证,此次普查第一级普查地区上报民政部项目为五项,即户数、

① 侯杨方:《中国人口史》(第六卷・1910—1953),复旦大学出版社 2001 年版,第 225 页。

男子人口数、女子人口数、学童总数、壮丁总数①，"职业、婚姻、种族、宗教、语言、文化程度及残疾"②未列入普查范围。侯杨方考证了清末民初历次有关宣统人口普查的普查报告，并对宣统人口普查的制度及其执行情况进行了全面考察，认为宣统年间的人口普查结果"完全是建立在得到切实执行的人口普查基础上的，因此是十分可信的"③。同时他认为，"《清史稿·地理志》中的记载实际上可能即为宣统人口普查的最后结果"④，那么依据《清史稿·地理志》所修正的河南人口数就可以作为我们参照的一个年份。陈长蘅、王士达、侯杨方均对宣统人口普查数进行了修正和复原。

二、1912 年河南省人口普查

1912 年，内务部举行了全国性的人口普查，目前关于该年度河南省人口普查的执行情况尚不清楚，1917 年内务部统计科出版了《内务统计第七编·河南人口之部》，登载了民国元年（1912 年）河南省 108 个县的人口普查数据，此次人口普查项目和宣统普查比较，项目更加详细。从河南人口普查资料看，民国元年的普查内容共有八大项，每项又有许多详细分类，兹将各普查项目录之于后（普查项目均以县为单位）：

第一：现住户口地方别，包含现住户数、现住人口男、女及合计；

第二：现住人口年龄别，按五岁一个年龄组统计，每组分男、女、计；

第三：现住人口职业地方别，包括十七类：议员、官吏、公吏、教员、生徒、僧侣教徒、律师、新闻记者、医士、稳婆、农业、矿业、商业、工业、渔业、其他各业、未详；

第四：现住人口已婚及未婚地方别，分性别统计，已婚、未婚、合计；

第五：现住人口出生地方别，分出生、体性，包括生产（男、女、计）、死产（男、女、计）、合计（男、女、计）；

第六：现住人口死亡，

　　　甲：死因地方别

---

① 侯杨方：《中国人口史》（第六卷·1910—1953），复旦大学出版社 2001 年版，第 29 页。
② 侯杨方：《中国人口史》（第六卷·1910—1953），复旦大学出版社 2001 年版，第 51 页。
③ 侯杨方：《中国人口史》（第六卷·1910—1953），复旦大学出版社 2001 年版，第 238 页。
④ 侯杨方：《中国人口史》（第六卷·1910—1953），复旦大学出版社 2001 年版，第 125 页。

死因,分六类:

变死:男、女、计,

自杀:男、女、计,

病死:八种传染病:男、女、计,

其他各病:男、女、计,

不明:男、女、计,

计:男、女、计,

先天性弱及畸形:男、女、计

老衰:男、女、计,

未详:男、女、计,

合计:男、女、计,

乙:死因年龄别

乙项将甲项中自杀、变死、病死、先天性弱及畸形、老衰、未详七项按五岁年龄组分组统计,从1—5岁组到101以上组,另有年龄未详组。每年龄组分男、女、计三类。

丙:患八种传染病死亡者地方别:共有八种传染病:霍乱、赤痢、伤寒、痘疮、疹热症、猩红热、白喉、黑死病,分男、女统计。

第七:寄居外国人地方别,统计的侨民国籍有:美国、法国、英国、瑞典、哪喊(原文如此,应为挪威)、比国、义国、奥国、未详,每国均按男、女统计。

第八:寄居外国人地方职业别,统计的职业有矿业、交通业、教士、医士、教员、未详,按男女性别分别统计。

《内务统计第七编·河南人口之部》一书还制作了河南现住人口年龄别比较图、河南人口职业别图、河南人口已婚及未婚图、河南现住人口患八种传染病死亡别图、河南人口现住人口出生别比较图、河南寄居外国人国籍别比较图。

三、1916 年河南省人口普查

1915 年民国政府颁布了《警察厅户口调查规则》和《县治户口编查规则》两个人口普查规则,目前未见此次人口普查河南省的执行情况,河南省此次普查结果《内务统计·民国五年分河南人口之部》由内务部统计科于 1918 年 6 月出版,河南省民国五年(1916 年)的人口普查与民国元年比,普查内容高度一致,大类分为七项,将民国元年的第七、第八项合并为外国人项,但增加了各普查内容之"民国元年至民国五年的比较",项目如下。

第一:户口,内分现住户口地方别(项目与民国元年相同)、现住户口最近五年比较。

第二:年龄,分现住人口年龄别(项目与民国元年同)、现住人口年龄最近五年比较。

第三:职业,分现住人口职业地方别(职业类别与民国元年比较,去掉了稳婆,其他同)、现住人口职业最近五年比较。

第四:已婚及未婚,分现住人口已婚及未婚地方别(项目与民国元年同)、现住人口已婚及未婚最近五年比较。

第五:出生,分现住人口出生地方别(项目与民国元年同)、现住人口出生最近五年比较。

第六:死亡,分甲、乙、丙三项,与民国元年不同的是,取消了死因年龄别,在死因地方别已经统计了自杀人数的情况下,又将自杀作为单独的一项,统计了自杀者年龄最近五年比较、自杀原因、自杀手段,即:

甲项死因地方,内分现住人口死亡者死因地方别(与民国元年同)、现住人口死亡者最近五年比较。

乙项八种传染病,分现住人患八种传染病死亡者地方别(与民国元年同),现住人患八种传染病死亡者最近五年比较,现住人患八种传染病死亡者年龄最近五年比较。

丙项自杀,为三项,分现住人口自杀者年龄最近五年比较(年龄按16岁未满、16岁以上、20岁以上、30岁以上、40岁以上、50岁以上、60岁以上、年龄未详);现住人口自杀者原因最近五年比较(死因分类:精神错乱、生计艰难、病苦、家庭不睦、亲庭谴责、婚姻不自由、情妒、畏罪发觉、悔恨、畏分娩之苦、老弱不自由、负债难偿、原因未详);现住人口自杀者手段最近五年比较(自杀手段:自刃、自经、入水、赴火、投崖、铳戕、服毒、其他)。

第七:外国人,分甲乙两项,甲项为寄居外国人国籍地方别及五年比较(与民国元年比较,去掉了比国和奥国,增加德国和日本);乙项为寄居外国人职业地方别及五年比较(与民国元年比较,增加了工业、商业和公务)。

民国五年(1916年)的统计项目因有民国元年至五年(1912—1916年)的

比较数而显得更为系统,同时还制作了现住人口增减最近五年比较图、现住人口职业及无职业别最近五年比较图、现住人口已婚及未婚图最近五年比较图、现住人口出生体性别最近五年比较图、现住人口死亡者死因类别比较图、现住人口死亡者最近五年比较图、现住人患八种传染病死亡者类别比较图、现住人患八种传染病死亡者五年比较图。

　　笔者认为:就河南省而言,1912 年和 1916 年是民国时期河南省仅有的两次人口普查,其调查项目之多,远较宣统普查详细,其中 1916 年人口普查中各普查内容还回溯了民国元年至五年(1912—1916 年)的数据,因而比 1912 年内容更加丰富。

四、20 世纪 20 年代官方统计的空缺和民间调查的开展

　　袁世凯的死亡标志着国内军阀混战的开始,直到 1927 年南京政府建立,在此期间仅有中华续行委办会和北京邮政总局对河南人口进行了调查,1925 年有学者对河南农村的状况进行过调查,但重点不在人口。总的说来是没有官方的人口统计数字。而教会和邮局的统计也仅有总人口数,这可能与这些机构的需要有关,教会和邮局所关心的是单位地区间人员的多少,目的不是为了进行人口普查。

　　1928 年 6 月南京国民政府宣布实现统一,同时于 7 月颁发户口调查报告规则及调查表、统计表等,要求各省普查户口,限定于年底前办理完成。而此时的河南,正处于战争状态,时任河南省政府主席的冯玉祥先是于 1927 年年底至 1928 年年初与直鲁联军交战,继而于 1928 年 4 月与奉军争雄,1929 年 5 月第一次蒋冯战争、10—12 月的第二次蒋冯战争、12 月蒋介石与唐生智的蒋唐战争、1930 年 4 月至 11 月的蒋、冯、阎中原大战,所有这些战争河南均是主要战场,战争所及之处,生民涂炭,良田变战场,战区遍地壕沟,伤亡惊人。在这种情况下,河南人口普查根本无法进行。因此国民政府内政部只是公布了一个河南省的户口估测数。

五、20 世纪 30 年代的人口统计

　　中原大战后,刘峙出任河南省政府主席,1931 年以后至抗战爆发前,河南整体局势趋于稳定,统计工作趋向正常,前文已述,此处不赘。其间重要的人

口统计是 1931 年的全国各县市土地调查和 1936 年的全国选举区户口统计。1932 年 8 月，豫鄂皖三省颁发了《豫鄂皖三省剿匪总司令部施行保甲训令》及《剿匪区内各县编查户口条例》，编查保甲的重要任务就是清查户口。关于 1931 年河南省各县市土地调查和 1936 年的全国选举区户口统计的具体执行情况尚未有详细资料可供了解。然而河南省 1936 年在《河南统计月报》上发表了 1935 年人口统计数据，却是民国以来人口调查和统计最为详尽的，其项目之多甚至超过了 1912 年和 1916 年的人口普查。对于此次人口统计的具体情况，可从该次统计的引言中有比较具体的了解。引言介绍了此次统计的经过：

> "本省人口，自民国二十年后，历年均有近似数发表，惟分析资料，尚付缺如。二十三年九月本府实行合署办公后，于秘书处设置统计室，综综全省统计调查，并即设计进行；于各县政府，则设置统计员，办理全县初级调查，自二十四年一月起，各县政府，尚能依法查报。本篇系根据二十四年年报表中之人口调查资料，整理分析；原资料间有遗漏失误者，均经参酌其他资料补充修正"。

六、抗战期间至 1949 年的户口统计

抗战爆发以后，处于四战之地的河南更是战争与自然灾害并行，各种统计大多是估测。1937 年全面抗战爆发后，河南省政府几度迁移，先由开封迁至镇平，后又随着抗战形势变化先后辗转迁往洛阳、鲁山、西峡、卢氏等处，颠沛流离中，政府运转十分困难。国民政府历次要求上报的户口统计资料完成得十分勉强，1943 年国民政府要求上报后方各县人口登记情况，河南省 111 个县中上报了 69 个县，1946 年 1 月《户籍法》修正公布后，河南省也只上报了 11 个县的户籍登记数[1]，1947 年整理出了 51 个县[2]，1946 年户口统计数字系推

---

[1] 1945 年 5 月 1 日，中国国民党第六次全国代表大会代表、国民党河南省党部执行委员燕化棠在重庆对《大公报》记者说："全省除全陷、半陷县份外，尚有灵宝、阌乡、卢氏、沈丘、项城、新蔡、潢川、商城、固始、光山、息县十一个完整县。"据此推断，很可能上报的 11 个县为未受日军侵占的这十一个完整县。

[2] 侯杨方：《中国人口史》（第六卷·1910—1953），复旦大学出版社 2001 年版，第 80、81 页。

算而来。

1946 年后的形势也使得人口统计不可能正常进行。抗日战争时期,中国
共产党在河南相继有太行、太岳、冀鲁豫、豫皖苏、豫鄂边、豫西等抗日根据地,
抗日战争结束后,豫北地区为晋冀鲁豫解放区所辖,国民党政权在豫中、豫东、
豫北等地并无实际治理权,豫南则有中原解放区,因此这就导致 1945 年秋季
以后的多次战争。1946 年 6 月国民党进攻中原解放区,更成为全面内战爆发
的起点,河南在解放战争中多次出现拉锯战,在这样的情况下,国民党政权无
法对河南的保甲户口数进行有效的统计。

第二节　各年份的户口数据分析

为方便研究,本章搜集了民国时期各个年份的人口数字(见表 3-1、3-
2),综合运用各种方法对其加以鉴定,确定了人口数据相对齐全的几个年份,
在此基础上进一步对这几个年份数据进行研究比较,确定质量相对较好的年
份。考察的前提是首先将民国时期直至解放初河南省县级政区的变迁进行梳
理并作出相应调整,为以后的历年分地区人口数比较奠定基础。从搜集到的
各年份的河南省户口统计数据可以看出民国时期统计数字之混乱,不但不同
部门同一时间的数据不一,就是同一部门不同表格的转抄过程中也错误颇多。

一、各个年份的统计数据

表 3-1　清末至民国时期河南户口统计一览表(一)

出处及人口年份	户	男	女	人口	户均口数	性别比
1.北京官报 1901	—	—	—	35316800	—	—
2.宣统普查陈长蘅修正数	4661566	13826775	12283156	26109931	5.6	112.6
3.宣统普查王士达修正数	4661566			26894945	5.8	—
4.宣统普查侯杨方修正数	4661566	—	—	26898430	5.8	112.6
5.《内政年鉴》1912	4838612	19575700	16324383	35900083	7.4	119.9
6. 1912 年份内务统计	4814668	19935000	16324383	36259383	7.5	122.1
7. 1916—1912	4838612	19542909	15327174	34870083	7.2	127.5
8.《人口》1913	4730983	14881578	13636859	28518437	6.0	109.1

续表

出处及人口年份	户	男	女	人口	户均口数	性别比
9. 1916—1913	4730983	15101885	13213251	28315136	6.0	114.3
10. 1916—1914	6304880	13915539	16062127	29977666	4.8	86.6
11. 统计年鉴 1914	6204880	16202321	14409678	30611999	4.9	112.4
12. 1916—1915	6210770	14760877	15696337	30457214	5.0	94.4
13. 统计年鉴 1915	6210577	16281811	14449985	30731796	4.9	112.6
14. 统计年鉴 1916	5839172	16083790	14503434	30587224	5.2	111.0
15.《内务统计》总表 1916	9563274	16367227	14500795	30868022	3.2	112.9
16. 1916 分内务统计	5963273	16188288	14429822	30618110	5.1	112.1
17. 中华续行委办会 1918	—	—	—	32547366	—	—
18. 北京邮电总局 1919	—	—	—	30831909	—	—
19. 北京邮电总局 1920	—	—	—	30831909	—	—
20. 北京邮电总局 1925	—	—	—	35289752	—	—
21. 1928 年教会估计数	—	—	—	3254 万	—	—
22. 1928 年内政部估计数	—	—	—	30565651	—	—
23. 1928 年陈长蘅修正数	5194675	15407123	13683057	29090180	5.6	112.6
24. 统计年鉴 1931	5235947	15067471	13231885	28299356	5.4	114.0
25. 内政年鉴 1932	5727787	17598024	15037699	32635723	5.7	117.0
26. 统计年鉴 1933	5731303	17634421	15038507	32672928	5.7	117.0
27. 统计年鉴 1934	5851263	18109728	15732039	33841767	5.8	115.0
28. 统计年鉴 1935	5838896	18274231	16015617	34289848	5.9	114.0
29. 统计月报 1935	5686287	18446701	16126535	34573236	6.1	114.4
30. 统计年鉴 1936	5685472	18379481	16139683	34519164	6.1	114.0
31. 选举统计 1936	5838819	18274231	16015617	34289848	5.9	114.1

（注:1912 年河南人口普查内政部修正数系陈长蘅用 1913 年的人口数作为替代,此表不再列入）

（资料来源:1.转引自侯著表 6-4,第 237 页;2.《中国经济年鉴》第三章（人口）第一表,3.转引自侯著表 6-5,第 239 页;4.侯著表 6-7,第 246 页;5.《内政年鉴》第六章《户籍行政》,第 402 页,转引自侯著第 125 页;6.内务部统计科《内务统计第七编·河南人口之部》,1917 年版,第 6 页;7.9.10.12.16:内务部统计科《内务统计·民国五年分河南人口之部》,1918 年版,第 8 页;8.《中国经济年鉴》第三章（人口）第二表;11.13.14.24.26.27.28.30.《河南统计年鉴》表 8,1947 年版,第 7 页;15.内务部统计科《内务统计》（1922 年度）,总表,转引自侯著第 126 页;17.侯著表 6-1,第 233 页,18.19.20.邮局估计数,转引自侯著表 6-1,第 235 页;21.引自《河南通史》第四卷,第 281 页;22.23:引自侯著表 6-10,第 256 页;25.《内政年鉴》第六章《户籍行政》,第 415—416 页,转引自侯著表 4-18,第 126 页;29.《河南统计月报》第二卷第七期,1936 年 7 月,第 3 页。31.内政部统计处《全国各选举区户口统计》第 125—126 页,转引自侯著表 4-18,第 126 页。）

表 3-2　清末至民国时期河南人口统计一览表(二)

出处及年份	户	男	女	人口	户均口数	性别比
1.统计年鉴 1937	5302458	—	—	34293175	6.5	—
2.统计年鉴 1938	5213445	—	—	33409092	6.4	—
3.统计年鉴 1939	4894626	—	—	29600377	6.0	—
4.统计年鉴 1940	4946673	—	—	30666225	6.2	—
5.统计年鉴 1941	4651705	—	—	29308816	6.3	—
6.统计年鉴 1942	4356546	—	—	27979859	6.4	—
7.统计年鉴 1943	4095544	—	—	25950278	6.3	—
8.统计年鉴 1944	3557549	—	—	24710986	6.9	—
9.统计年鉴 1945	4574190	—	—	27878490	6.1	—
10.户口统计 1946	4128023	13864769	13129440	26994209	6.5	105.6
11.统计年鉴 1946 年	4792449	14632363	13840662	28473025	5.9	105.7
12.1946 年侯杨方修正数	—			38136246	—	—
13.户口统计 1947	4782449	14632363	13840662	28473025	6.0	105.7
14.户口统计 1948	5238350	15097753	14556342	29654095	5.7	103.7
15.资料汇编 1949	—	2153 万	2021 万	4174 万	—	106.5
16.资料汇编 1950	—	2186 万	2096 万	4282 万	—	104.3
17.资料汇编 1951	—	2215 万	2127 万	4342 万	—	104.1
18.资料汇编 1952	—	2238 万	2133 万	4371 万	—	104.9
19.统计年鉴 1953	9898360	22745054	21469540	44214594	4.5	105.9

[资料来源:1.2.3.4.5.6.7.8.9.11.《河南省统计年鉴》表 8,1947 年版,第 7 页;10.内政部统计处《各省市乡镇保甲户口统计》,转引自侯著表 4-18,第 126 页;12.侯著表 6-17,第 279 页;13.内政部人口局《全国户口统计》,转引自 126 页;14.内政部人口局《民国三十七年上半年全国户口统计》,转引自 126 页。15.16.17.18:侯杨方根据国家统计局综合司《全国各省、自治区、直辖市历史统计资料汇编(1949—1989)》编制,引自侯著表 4-19,第 127 页;19:《中国人口统计年鉴·1988》,第 272 页。]

　　葛剑雄指出,人口史对于人口各个过程——诸如出生率、死亡率、性别年龄结构等的研究有个前提,即"有比较完整的分地区统计数据,统计数据越详尽,研究成果越能精确","反映数量的地域差别的最科学的标准,也是分地区的统计数据,而不是没有定量分析的文字描述"[①]。从表 2-1、2-2 可知,民国时期,河南省每年都有相应的人口数据公布,但各个年份的人口数据质量参差不齐,同一年份各个地方的数据存在较大差别,同时项目较多、较为详细的分

---

　　①　葛剑雄:《中国人口史》第一卷,复旦大学出版社 2001 年版,第 86、87 页。

县人口数据的年份并不多,相对比较齐全的,主要有民国元年(1912 年)、民国五年(1916 年)、民国二十四年(1935 年)、民国二十五年(1936 年)、民国三十五年(1946 年)、民国三十六年(1947 年)几个年份,其中 1912 年、1916 年系人口普查数字,1935 年系《河南统计月报》统计数字,1936 年数字系选举区户口统计结果,1946 年数字系保甲户口统计结果。

二、相关年份的数据分析

下面本书将对具体分类户口统计数据的六个年份进行比较,这六个年份是 1912 年、1916 年、1935 年、1936 年、1946 年、1947 年,为充分考察相关年份数据的可靠性,本文将综合运用前后比较法、内部分析法、人口金字塔观察法等方法进行比较,进一步分析人口数据出现质量问题的原因,选出数据质量较好的年份,作为本书研究的标准年份。

要判定某一年人口数据的质量,应遵循以下几个原则:首先与相邻年份比较,如果整体偏差较大,或某些县份存在剧烈波动,则至少有一年的数据质量有较大问题。其次,1953 年人口普查质量高于民国时期任何一次人口普查,因此1953 年人口数字是重要的参照。再次,考察其分县性别比和户的规模,如果严重偏离常态的县份太多,则该年数据质量有较大问题。最后,分析人口年龄—性别金字塔(如果有的话),若出现严重异常,则也可判定该年数据有质量问题。

1. 1912 年与 1916 年数据的比较

1912 年、1916 年户口数据均系人口普查结果,首先在这两者之间展开比较。1912 年户数 4814668,人口数 36259383,其中男性人口 19935000,女性人口16324383,性别比 122.1,户的规模为 7.53。1916 年户数 5963273,人口数30618110,其中男性人口 16188288,女性人口 14429822,性别比 112.1,户的规模为 5.13。两者相比,1916 年比 1912 年多了 1148605 户,却少了 5641273 人,因此至少有一年的人口数据存在较大问题。将这两个年份与宣统年间普查数字①进

---

① 河南省宣统普查陈长蘅修正数为:户数 4661566,男性人口 13826775,女性人口12283156,人口计 26109931;王士达复原的河南省户数 4661566,人口 26894945;侯杨方复原的河南省户数 4661566,人口计 26898430。本文采用侯杨方复原的河南省人口数。根据侯杨方的户口数,宣统普查河南省户的规模为 5.77。侯杨方:《中国人口史》(第六卷·1910—1953),复旦大学出版社 2001 年版,第 239、241、246 页。

行比较,1912 年户数多了 153102,人口数多了 9360953;1916 年户数多了 1301707,人口数多了 3719680。这就是说 1912 年人口普查质量有严重问题。与 1953 年相比,按 1912 年数字计算的年均增长率为 4.30‰,明显偏低。而按 1916 年数字计算的年均增长率为 9.37‰,可信度更高一些。

分县(全省共 108 县)性别比和户的规模也可进一步看出两个年份质量的差异:1912 年分县性别比最大值为 6426.9(临汝县),最小值 55.9,中位数 108.4,平均值 181.0,平均值与全省性别比 122.1 相差甚远;1916 年最大值为 928.7,最小值为 11.9,中位数 109.5,平均值 119.0,平均值与全省性别比 112.1 基本一致。户的规模呈现出类似的情况,1912 年户均最大 334.3 人(息县),最小 0.97 人(新蔡县),中位数 6.4,平均值 12.3,平均值与全省户均规模 7.53 相差甚远。1916 年户均最大 16 人,最小 1.5 人,中位数 6.0,平均值 6.3,平均值与全省户均规模 5.13 比较接近。分县性别比和户的规模的分析都说明了 1912 年的数据偏离常态,1916 年则基本接近正常。1912 年的数据中还出现了整数的情况,如登封的户数为 1 万户;淅川县户数 4 万,人口数 37 万整,这些十分明显的编造痕迹更进一步说明了 1912 年的数据是不可信的。

再通过两个年份全省人口的年龄—性别结构来分析:

表 3-3　1912 年和 1916 年河南省人口年龄性别结构

年龄	1912 年		1916 年	
	男	女	男	女
1—5	1032080	976396	1654641	1667639
6—10	1161638	1035433	1526848	1423101
11—15	1137409	1134469	1443455	1329899
16—20	1311019	1166090	1433128	1249919
21—25	2566259	1277303	1314170	1149874
26—30	2377821	1191354	1462810	1233412
31—35	1868721	1555248	1260015	1123131
36—40	1637560	1627804	1069900	745095
41—45	1340138	1025960	1484085	887732
46—50	1141599	1143023	865603	83671
51—55	1112311	1225629	717825	623359
56—60	1108739	1145668	618500	554548

续表

年龄	1912 年		1916 年	
	男	女	男	女
61—65	2566259	1227303	542844	458736
66—70	2377821	1191354	360395	327967
71—75	1868721	1555248	232572	217907
76—80	1637560	1627804	103517	103102
81—85	248957	309764	43848	36489
86—90	190456	189412	24944	22732
91—95	4835	10440	14323	14622
96—100	3780	4708	2489	2387
101—105	937	2580	16	12
106+	200	19	3	1
年龄未详	448891	67528	12357	1174487

[资料来源:根据内务部统计科《内务统计第七编·河南人口之部》(民国六年四月出版)、《内务统计·民国五年分河南人口之部》(1918 年 5 月出版)中分年龄人口数字计算而得]

据此绘出 1912 年和 1916 年的河南人口金字塔,如图 2-1 所示。从图中可以看出,1912 年人口金字塔呈现出一种杂乱无章的状态,1912 年的人口性别年龄数据在人口金字塔的显示下很容易被"识破"是编造的,因为人口性别——年龄结构的编造较为困难。此外 1912 年的人口数据还有一个奇怪的现象,就是 21—40 岁和 61—80 岁年龄段人口明显偏多,而 20 岁以下年龄段人口明显偏少,而且上述两个人口偏多年龄段也是明显的男多于女。这种明显异常的年龄分布不禁让人想到了 1912 年的省议会议员选举,根据国民政府《省议会议员选举法》规定:"凡中华民国国籍之男子,年满二十岁以上,……有选举省议会议员之权",1912 年 9 月公布的河南省第一届省议会议员名额 128 位,居全国第七位[①]。《省议会议员选举法》中对于议员与选举人之比也有详细的规定:"以该省议员名额除全省选举人总数,视得数多寡定每选举人若干名得选出议员一名。再以此数分除各复选区选举人数,视得数多寡定各该复选区应出议员若干名。"也就是说,各区议员名额的分配是由选举人的多寡来确定的,而只有 20 岁以上的成年男性才有选举资格,因此虚报成年男性

① 《公布各省第一届省议会议员名额表》,《东方杂志》第 9 卷第 5 号,1912 年 9 月 26 日。

人数可以获得更多的议席,所以说1912年人口普查结果在很大程度上有编造的性质。

　　要进一步证明1916年的人口数字基本可信或相对准确,也需要通过人口金字塔进行验证,在1916年的人口金字塔中,我们发现46—50岁年龄段有明显的异常,男性人口865603人,女性人口83671人,性别比高达1034.5,对此我们可以判定这是一个明显的抄录错误,女性人数少写了一位,很可能是末位的数字(假设末位数是零,则该年龄段女性人数为836710)。如果进行这样的修正,那么这个年龄段的性别比就是103.5,是一个正常的性别比。还有就是41—45岁年龄段也是明显的男多于女,性别比达167.1,除了这两个明显的例外,1916年人口金字塔整体呈现出一个塔底宽大、从下往上递减的标准"金字塔"形状,反映了这是一种增长型的年龄结构,而这种年龄结构是农业社会下的共同人口特征。结合以上对户的规模和性别比的计算,可以证明1916年人口数据大体是真实可信的。

　　综合以上几个方面,可知1912年数据存在严重的问题,而1916年数据整体而言基本是可信的,修正后的1916年人口数为31371149,其中1916年户数5963273,人口数31371149,其中男性人口16188288,女性人口15182861,性别比106.62,户的规模为5.26。因此选择1916年数据作为1910年代的标准年份,与1953年等年份一起来进行比较研究。

　　需要指出的是,民国时期由河南省分类表向总表抄录的过程中存在着明显的抄录错误,"内政部原编《河南全省人口统计》中的户均口数为753人,后(陈长蘅)加以修订,也达7.42人"①,如此离谱的户均口数是抄录错误所致,即漏了一个小数点,因为即便是从不准确的民国元年(1912)的分县人口普查数据来看,户均口数最多的息县是334.3,全省的户均口数无论如何也不会高于此数。根据《内务统计第七编·河南人口之部》记载,1912年河南全省户数为4814668,男性19935000,女性16324383,人口总数36259383,据此计算户均为7.53人。

　　另外民国内务部总务厅统计科《内务统计》(1922年)总表所载1916年的河南户数也存在抄录错误的问题,该总表中所列1916年河南户数9563274,

---

　　①　侯杨方:《中国人口史》(第六卷·1910—1953),复旦大学出版社2001年版,第126页。

男性人口 16367227，女性人口 14500795，合计人口 30868022①，据此侯杨方认为 1916 年人口登记的户均口数为 3.23，"令人难以相信"②，这也是 1916 年户数转抄错误的缘故。内务部统计科《内务统计·民国五年分河南人口之部》所载 1916 年的户数为 5963273，男 16188288，女 14429822，人口总数为 30618610 人（该数据也有误，男女相加应为 30618110），户均 5.13，也就是说 1922 年抄录的时候将 1916 年户数最前面两位数字 5 和 9 抄颠倒了。

　　但指出 1912 年数据有编造嫌疑，并不等于否定该年份每一个县人口数据的可信性，因为对于同一普查任务，各地执行情况可能千差万别，因此分别考察很有必要。在没有天灾人祸的正常情况下，1912 年的人口数应当比 1916 年的人口数少，如果 1912 年的人口数明显高于 1916 的人口数，而这段时间又没有明显导致人口死亡的因素，则该年份的人口数据明显有问题，本文将 1912 年分县人口数除以 1916 年的分县人口数，来比较 1912 年哪些县份的数据出了严重问题。

表 3-4　河南省各县 1912 年人口数与 1916 年人口数之比值（1912 年除以 1916 年）

县别	得数	县别	得数	县别	得数	县别	得数
开封	0.74	扶沟	0.90	新蔡	0.11	郏县	2.04
陈留	0.79	许昌	0.98	西平	0.97	宝丰	6.18
杞县	0.97	临颍	0.90	遂平	0.96	伊阳	3.83
通许	1.13	襄城	0.97	信阳	0.98	安阳	2.82
尉氏	0.98	郾城	0.99	罗山	0.76	汤阴	1.08
洧川	1.00	长葛	1.12	潢川	1.49	林县	0.99
鄢陵	0.86	郑县	0.62	光山	0.50	临漳	0.95
中牟	0.62	荥阳	1.22	固始	0.94	武安	1.00
兰封	0.57	荥泽	0.81	息县	0.94	涉县	0.38
禹县	0.77	汜水	0.99	商城	1.13	内黄	0.97
密县	0.81	河阴	0.94	淅川	2.64	汲县	0.97
新郑	0.76	南阳	0.86	洛阳	3.83	新乡	0.87
商丘	1.09	沁源	0.97	偃师	1.82	辉县	1.00

① 侯杨方：《中国人口史》（第六卷·1910—1953），复旦大学出版社 2001 年版，第 126 页。
② 侯杨方：《中国人口史》（第六卷·1910—1953），复旦大学出版社 2001 年版，第 126 页。

续表

县别	得数	县别	得数	县别	得数	县别	得数
宁陵	2.56	邓县	0.66	巩县	1.88	获嘉	0.99
鹿邑	1.00	新野	0.16	孟津	2.23	淇县	0.93
夏邑	0.96	泌阳	2.12	登封	2.76	延津	1.00
永城	0.49	方城	0.29	新安	5.20	滑县	0.93
虞城	0.50	镇平	0.86	渑池	7.48	浚县	0.96
睢县	1.58	内乡	0.89	宜阳	2.86	封邱	1.00
考城	0.79	桐柏	0.46	洛宁	1.77	沁阳	2.32
柘城	0.21	舞阳	0.93	嵩县	2.00	济源	1.02
淮阳	0.48	南召	0.19	陕县	4.54	修武	0.83
商水	0.72	叶县	1.34	灵宝	5.13	武陟	1.03
西华	1.16	汝南	0.91	阌乡	9.59	孟县	0.99
项城	0.72	上蔡	1.24	卢氏	1.69	温县	1.00
沈邱	0.77	确山	0.99	临汝	1.71	原武	1.00
太康	1.41	正阳	0.90	鲁山	2.81	阳武	0.98

[资料来源:根据内务部统计科《内务统计第七编·河南人口之部》(民国六年四月出版)、《内务统计·民国五年分河南人口之部》(1918年5月出版)中分县户口数字计算而得]

由表3-4可以看出,1912年人口数与1916年人口数比较的结果,从最大的9.59(阌乡)到最小的0.11(新蔡)不等,其空间分布呈现出如下明显特征:1912年的人口数除宁陵、杞县、潢川、泌阳、淅川、安阳等个别县份高于1916年的人口数外,豫西各县集中地比1916年高出许多。也就是说,这一区域的1912年人口普查数字,发生了严重的故意编造的情况,这一情况的出现不是偶然的,这一区域正好与民国初年的河汝陕道范围完全吻合(如图3-1、3-3所示),查阅《河南省历代旱涝等水文气候资料》,1912—1916年该地区并没有特殊的自然灾害,查阅《河南近代大事记(1840—1949年)》该地区也没有大规模的战争。前文已述,1912年的人口数据中有议员选举的因素,那么河汝陕道利用此次人口普查来获得更多议席及更高政治地位的企图在这个比较中就显得十分清晰了。这个怀疑能够成立的另一原因是1912年议员复选区是按照道进行划分的,复选区分为四区:第一区即开归陈许郑道,第二区即彰德怀道,第三区即河汝陕道,第四区即南汝光淅道。河汝陕道地处山区,人口相对较少,因此编造人口数以期获得更多的议席似在地方官员及有意者的情理

1912 年河南省人口金字塔

1916 年河南省人口金字塔

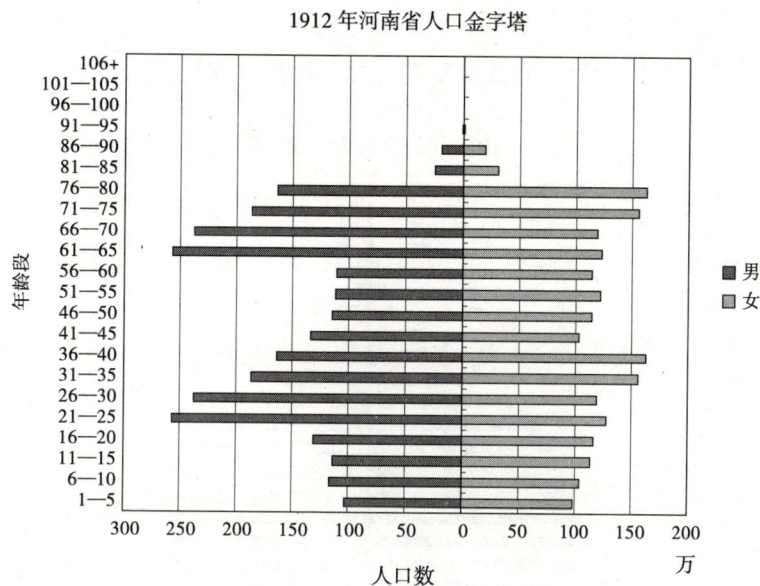

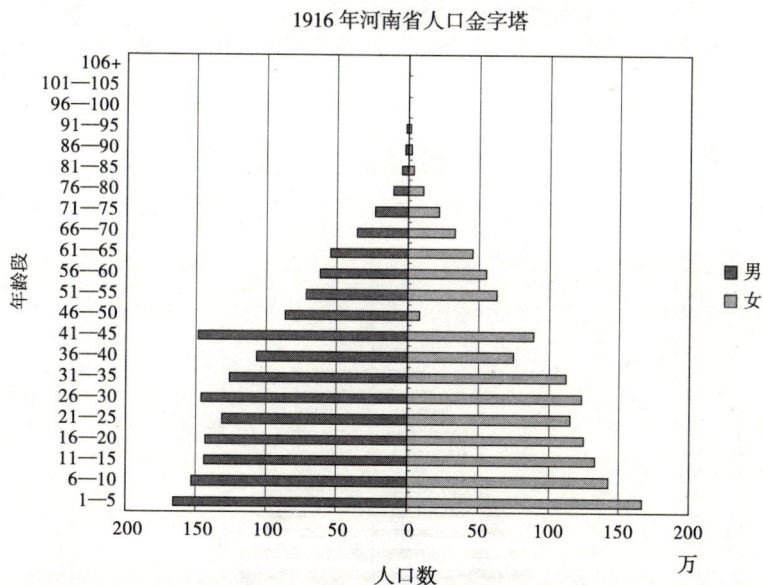

图3-1 1912年和1916年河南省人口金字塔(1916年系未修正数)

之中。除河汝陕道外,比较结果偏高的淅川、泌阳、潢川、沁阳、安阳几个县份
也各有其特殊情况,其中潢川(光州)、沁阳(怀庆府)、安阳(彰德府)都是前
清的府级治所,而淅川和泌阳两县,结合 1935 年和 1953 年数据分析(如图

3-2 所示），可知 1916 年人口数偏低，是个例外。因此可以说，除河汝陕道外热衷于夸大人口普查数字的县份基本上都是府城所在地，这也说明当时不少

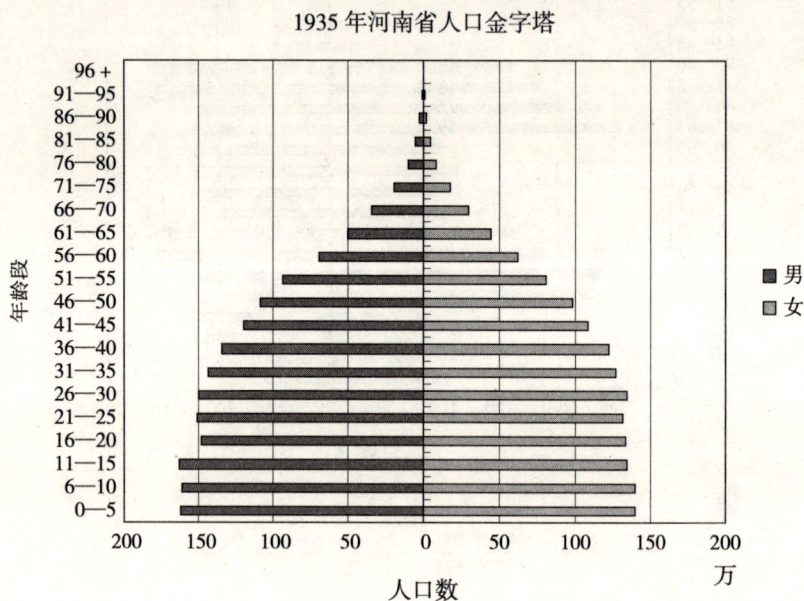

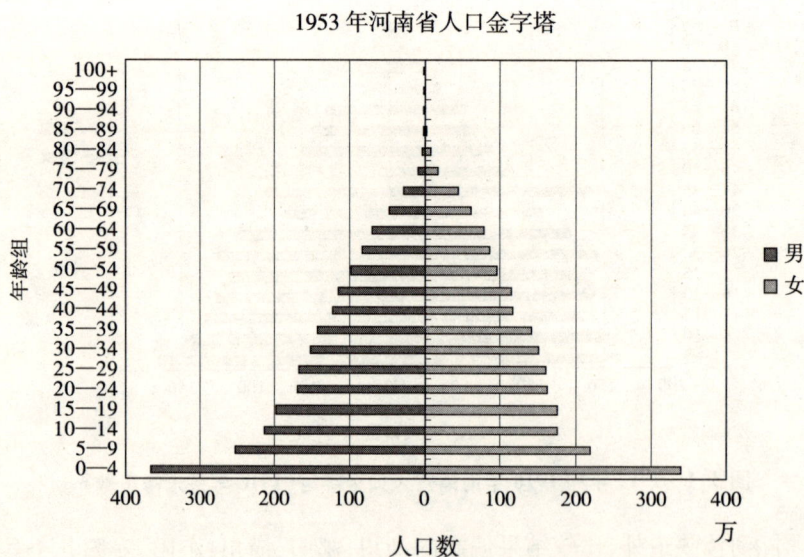

1935 年河南省人口金字塔

图 3-2   1935 年和 1953 年河南人口金字塔

地方官员意识到了人口普查结果对于各地议席分配和政治地位的影响并加以利用,从而使得人口普查结果可信度下降,甚至徒具形式。这也是动机、目的影响执行效果的一个例子。

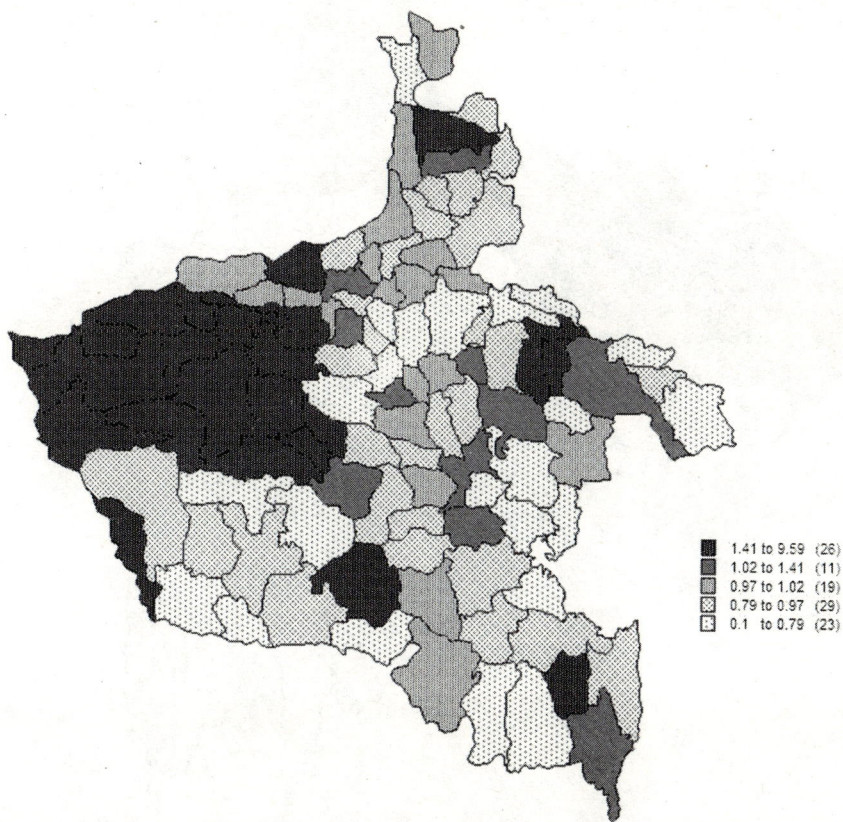

图 3-3　1912 年与 1916 年河南省各县人口数之比值

2.1935 年与 1936 年数据的选择

1935 年户数 5686287,人口数 34573236,其中男性人口 18446701,女性人口 16126535。性别比 114.4,户均 6.1 人。1936 年的数字系河南省上报的选举区户口统计结果,户数 5839946,人口数 34280128,其中男性人口 18264493,女性人口 16015635,性别比 114,户均 5.9 人。1936 年比 1935 年多了 153659 户,少了 293108 人。与 1953 年相比,按 1935 年数字计算人口年均增长率为 12.50‰,按 1936 年数字计算为 13.74‰,两者没有太大的差异。

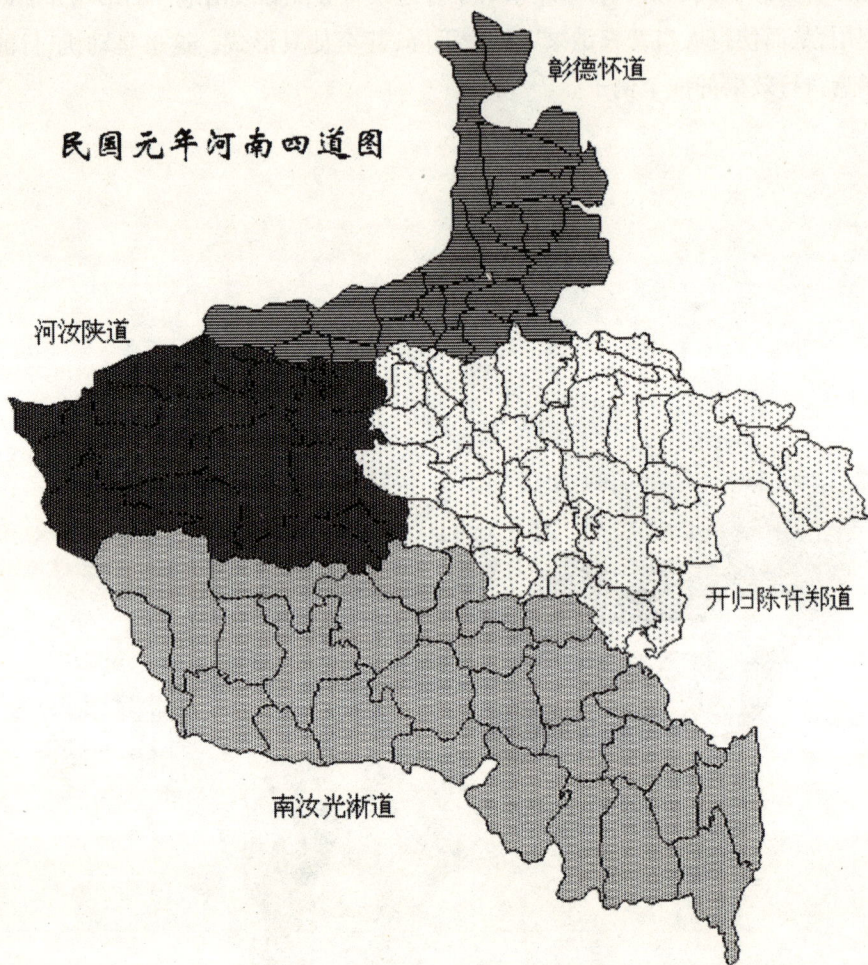

彰德怀道

民国元年河南四道图

河汝陕道

开归陈许郑道

南汝光淅道

图 3-4　民国元年河南省四道图

　　分县(111 县)性别比和户规模的比较也可发现二者具有相当的近似性,
首先来看分县性别比,1935 年分县性别比最大为 151.1,最小为 100.7,中位
数 111.1,平均值 114.6,平均值与全省性别比 114.4 高度一致。1936 年分县
性别比最大为 150.8,最小为 96.2,中位数 110.3,平均值 113.9,平均值与全
省性别比 114 也高度一致。其次再看户的规模,1935 年分县户规模最大为
9.2 人,最小为 4.4 人,中位数 6.0,平均值 6.2;1936 年分县户规模最大为 9.1
人,最小为 4.4 人,中位数 5.8,平均值 6.0。两个年份的平均值也都与全省的

户均规模高度一致。

在二者数据比较接近的情况下,本文选择1935年作为与1916年和1953年进行比较的标准年份。原因如下:

1935年的人口数据系河南省秘书处统计室根据1935年年报表中人口调查资料整理分析后,于1936年7月分三次刊登在《河南统计月报》上,而1936年河南省的选举区户口统计上报时间是1936年3月①,从1936年1月内政部电令上报各省户口,到河南省3月上报内政部,如此短的时间内得以上报,一方面当然可以说是保甲制度的严密性,另一方面也说明日常统计的相对规范。1934年9月河南省政府专门成立了河南省政府秘书处统计室,各县设专职统计员,并且规定相关的奖惩办法,对于保甲户口办理中的疏失,省政府在相关刊物上及时予以通报。从1936年上报的户口统计时间来看,极有可能是在1935年年底的人口统计基础上,进行加工后上报的,或者是直接上报1935年年底的统计数字。因为1935年的人口统计数字是经过整理分析后予以公布,所以二者有出入,但出入并不大。

1935年的人口统计项目更多、更全面,1936年的选举区户口统计项目仅有户数、口数、男女数、性比例。而1935年的人口统计项目则多达十余项,计有户数、口数、性比例、人口密度、平均每户人口数、壮丁数、人口识字能力、职业分类、年龄、婚姻、外侨人口、信教人数以及1935年1—12月的户口动态统计、出生死亡人数、出生婴儿统计、出生婴儿母亲年龄统计。如此详尽系统的人口统计,民国时期河南省仅有1935年这一年的数字。

如前所述,1935年的人口数据是民国时期河南省户口统计质量最高的。此外,由于已经选择了1916年和1953年作为纵向比较的标准年份,而1935年恰恰更接近两者的时间中点,因此选择1935年人口数字作为研究的标准年份是再合适不过了。

1935年的数据当然也还存在壮丁人数的隐瞒问题,1935年统计河南省的壮丁数为4516960②。何炳棣在《明初以降人口及其相关问题》中依据1935年《内政年鉴》户政部门的统计指出,河南省"1935年上报的总户数是5749768,

①　侯杨方:《中国人口史》(第六卷·1910—1953),复旦大学出版社2001年版,第74页。
②　《河南统计月报》1936年第7期,第9页。

但却只有 4836021 个成年男子。差不多有 16% 的户没有 20—45 岁的成年男子,这是完全不可能的"①。何炳棣所说的成年男子实际就是壮丁数,但所引用并非 1935 年数字,而是 1933 年 11 月保甲统计数字。1933 年 11 月河南省各县保甲户口上报数为:111 县、762 区、53923 保、547886 甲、5749768 户、壮丁数为 4836021②。用 1935 年的男子数除以 1933 年的户数,得每户男子数为 3.21 人,用 1931 年全国各县市土地调查男子数 17598024 除以 1933 年的户数,得平均每户男子 3.06 人,换言之 1931—1935 年间平均每户有男子 3 人以上,1935 年户均规模为 6.1 人,户均男子数为正常状态,那么 20—45 岁的男子数平均每户不到一人,确实不正常,这说明在整体男子数未隐瞒的情况下,将 20—45 年龄段的男子年龄或提高或降低,是为了逃避兵役。这也从另外一个角度说明了 1935 年整体数据的可信性。

1916 年与 1935 年数据的相对可靠,与当时河南省政局相对稳定也有很大的关系,民国期间,河南省战乱灾荒不断,政局时有动荡,省主要行政长官变动频繁,政府工作效率大受影响。1912—1936 年间河南省主要行政长官③更迭几达二十人之多,其中任职最短的仅两三个月时间。在这 14 年间,任职时间较长的是赵倜和刘峙,其中赵倜在河南主政时间最长,时间为 1914—1922 年(期间 1914—1916 赵倜任督军,田文烈任省长,1917 年春至 1920 年春赵倜任督军兼省长,1920 年至 1922 年任督军,王印川、张凤台先后任省长)。刘峙(字经扶)任河南省政府主席的时间为 1930 年 11 月至 1936 年年初,时间长达六年之久。刘峙主政河南期间,政府对统计工作十分重视,在省政府秘书处成立了统计室,出版刊印了《河南统计月报》。人口统计的相关工作也进展有序,1932 年的保甲编排进度之快在全国名列前茅。1936 年刘峙任豫皖绥靖公署主任后商震任省政府主席至 1938 年年初。在赵倜和刘峙、商震主政至抗战爆发前的时期内,河南政局相对稳定,政府系统运作相对有效,因此,各项建设工作较其他年份为规范,这也是 1916 年和 1935 年的数据较为可信的重要原因。从政局稳定的角度来说,由于 1927 年后河南是张作霖、吴佩孚、冯玉祥等军阀作

---

① 何炳棣:《明初以降人口及其相关问题(1368—1953)》,三联书店 2000 年版,第 98 页。
② 国民政府内政部年鉴编撰委员会编:《内政年鉴》,商务印书馆 1935 年版,第 388 页。
③ 主要行政长官有时单有军职,有时军职文职兼有,称谓也时有变化,有都督、民政长、巡按使、督军、省长、省政府主席等,此处一律称之为主要行政长官。

战的主要战场,全省已成混乱局面,1928 年的全国人口普查要求当然也就无法完成了。

3. 1946 年与 1947 年数据的比较

1946 年数字系保甲户口统计结果,户数 4128023,人口数 26994209,其中男性人口 13864769,女性人口 13129440。1947 年①户数 4792449②,人口数 28473025,其中男性人口 14632363,女性人口 13840662。1947 年比 1946 年多了 664426 户,1478816 人。与 1953 年相比,按 1946 年数字计算的人口年均增长率为 69.61‰,按 1947 年数字计算的为 72.10‰,两者都明显太高,说明这两个年份的人口数字都严重偏低。

对数据本身的考证也可证明其数据的可靠程度,本书将 1947 年的分县人口数除以 1946 年的分县人口数,将这两个年份的统计差异进行比较,见表 3-5。

表 3-5　1947 年与 1946 年各县人口数之比较(1947 年除以 1946 年)

地方别	得数	地方别	得数	地方别	得数	地方别	得数
修武	5.29	原武	1.00	汜水	1.00	济源	1.00
淮阳	5.07	虞城	1.00	渑池	1.00	获嘉	1.00
武陟	1.71	永城	1.00	沈丘	1.00	潢川	1.00
淇县	1.64	宜阳	1.00	涉县	1.00	滑县	1.00
巩县	1.63	伊阳	1.00	上蔡	1.00	光山	1.00
辉县	1.63	阳武	1.00	商丘	1.00	固始	1.00
正阳	1.60	郾城	1.00	商城	1.00	封丘	1.00
兰封	1.42	偃师	1.00	汝南	1.00	方城	1.00
尉氏	1.38	延津	1.00	确山	1.00	邓县	1.00
荥阳	1.27	许昌	1.00	沁阳	1.00	登封	1.00
汲县	1.24	信阳	1.00	杞县	1.00	陈留	1.00
郑县	1.19	新郑	1.00	宁陵	1.00	长葛	1.00
桐柏	1.13	新野	1.00	南召	1.00	博爱	1.00

① 实际上是 1946 年年底的数字。
② 侯著为 4782449,疑为《全国户口统计》抄录错误。

续表

地方别	得数	地方别	得数	地方别	得数	地方别	得数
开封	1.12	新蔡	1.00	内黄	1.00	宝丰	1.00
汤阴	1.06	新安	1.00	民权	1.00	安阳	1.00
全省总计	1.05	襄城	1.00	密县	1.00	商水	1.00
泌阳	1.05	夏邑	1.00	孟县	1.00	禹县	1.00
鲁山	1.04	息县	1.00	洛宁	1.00	嵩县	1.00
陕县	1.03	西平	1.00	罗山	1.00	内乡	1.00
鄢陵	1.02	西华	1.00	鹿邑	1.00	叶县	0.99
南阳	1.02	舞阳	1.00	卢氏	1.00	孟津	0.99
洛阳	1.02	武安	1.00	临漳	1.00	郏县	0.99
唐河	1.01	温县	1.00	临颍	1.00	广武	0.99
新乡	1.00	洧川	1.00	临汝	1.00	阌乡	0.99
中牟	1.00	通许	1.00	林县	1.00	伊川	0.99
灵宝	1.00	太康	1.00	考城	1.00	项城	0.98
镇平	1.00	遂平	1.00	浚县	1.00	淅川	0.97
柘城	1.00	睢县	1.00	经扶	1.00	扶沟	0.97

（资料来源：1946年数字根据内政部统计处《各省乡镇保甲户口统计》河南部分计算而得，1947年数字根据内政部人口局《全国户口统计》河南部分计算而得）

　　由表3-5可以看出，修武和淮阳两县1947年人口数是1946年的5倍以上，而这期间只差半年的时间。与此同时却有80个县，1947年与1946年的人口数字完全相同。由此可知，这一时段河南省的人口登记很大程度上带有编造的成分，但这个编造也是有基础的，有理由推断1946年的数据是在1935年、1936年数据的基础上，通过对战争灾害所导致死亡的大致估算（估算死亡数字过高），而得出的数字，这个数字显然忽视了出生的情况。正是由于政府无力执行有效的人口登记，才使得这个数据与1953年数据相比，显得远远小于实际数。因此，可以得出这样的结论：20世纪40年代的河南人口数据质量有很大问题，无法加以利用。

　　综上所述，河南省在民国元年（1912年）、民国五年（1916年）、民国二十四年（1935年）、民国二十五年（1936年）、民国三十五年（1946年）、民国三十六年（1947年）几个年份的人口数据中，只有1916年、1935年、1936年的统计质量较高,本书选取 1916 年、1935 年两个有代表性的年份,再结合非常可靠的 1953 年的人口普查结果,来考察民国时期近四十年间河南省人口发展的规律。

小　结

一、河南省户口统计数据的来源

就河南省而言,1912 年和 1916 年是民国时期河南省仅有的两次人口普查,其调查项目之多,远较宣统普查为详细,其中 1916 年人口普查中各普查内容还回溯了民国元年至五年(1912—1916 年)的数据,比 1912 年内容更加丰富。

20 世纪 20 年代官方统计空缺,开展民间调查。袁世凯的死亡标志着国内军阀混战的开始,直到 1928 年南京国民政府建立,在这期间仅有中华续行委办会和北京邮政总局对河南人口进行调查,1925 年有机构对河南农村的状况进行过调查。由于政局纷扰,1928 年的人口普查中河南省的人口普查根本无法进行。因此国民政府内政部只是公布了一个 1928 年河南户口估测数。

20 世纪 30 年代举行了 1931 年的全国各县市土地调查和 1936 年的全国选举区户口统计,其间 1932 年 8 月,豫鄂皖三省颁发的《豫鄂皖三省剿匪总司令部施行保甲训令》及《剿匪区内各县编查户口条例》成为河南人口统计的依据。河南省 1936 年在《河南统计月报》上发表的 1935 年人口统计数据,是民国以来河南省人口调查和统计最为详尽的,其项目之多甚至超过了 1912 年和 1916 年的人口普查。

抗战爆发以后,处于四战之地的河南更是战争与自然灾害并行,各种统计大多是估测,1943 年上报的后方各县人口登记情况,河南省 111 个县中上报了 69 个县,1946 年 1 月《户籍法》修正公布后,河南省也只上报了 11 个县的户籍登记数[①],1947 年整理出了 51 个县。1946 年户口统计数字系推算而来。

---

① 1945 年 5 月 1 日,中国国民党第六次全国代表大会代表、国民党河南省党部执行委员燕化棠在重庆对《大公报》记者说:"全省除全陷、半陷县份外,尚有灵宝、阌乡、卢氏、沈丘、项城、新蔡、潢川、商城、固始、光山、息县十一个完整县。"据此推断,很可能上报的 11 个县为未受日军侵占的这十一个完整县。

二、各年份的户口数据分析

为方便研究,本章搜集了民国时期各个年份的人口数字,从搜集到的各年份的河南省户口统计数据可以看出民国时期统计数字之混乱,不但不同部门在同一时间的数据不一,就是同一部门不同表格的转抄过程中也错误颇多。通过对所有户口数字的研究,综合运用各种方法对其加以鉴定,确定了人口数据质量比较好的几个年份进行鉴定。

通过对 1912 年与 1916 年、1935 年与 1936 年、1946 年与 1947 年的数据进行纵向对比(特别是与比较可靠的 1953 年数字作对比)、考察分县性别比和户的规模、分析全省人口年龄—性别金字塔,笔者认为 1916 年、1935 年、1936 年数字除个别县份外基本上是可靠的。

1912 年的人口普查发生了严重的编造行为,这些编造的地区主要在河洛道和其他几个原府级治所。某些地方官员利用人口普查机会虚报人口数字,目的是为当地博取更多议席和更高的政治地位。需要指出的是,民国时期由河南省分类表向总表抄录的过程中存在着明显的抄录错误,1916 年人口金字塔整体呈现出一个塔底宽大、从下往上递减的标准"金字塔"形状,反映了这是一种增长型的年龄结构,而这种年龄结构是传统农业社会下的共同人口特征。结合对该时期户的规模和性别比的计算,可以证明 1916 年人口数据大体是真实可信的。

1935 年与 1936 年数据具有相当的近似性。1935 年的人口数据系河南省秘书处统计室根据 1935 年年报表中人口调查资料整理分析后,于 1936 年 7 月发布。而 1936 年河南省的选举区户口统计上报时间是 1936 年 3 月,从 1936 年 1 月内政部电令上报各省户口,到 3 月河南省上报内政部,为期太短,所以很有可能是 1935 年年底的统计数字。1936 年的选举区户口统计项目仅有户数、口数、男女数、性比例,而 1935 年的人口统计项目则多达十余项,计有户数、口数、性比例、人口密度、平均每户人口数、壮丁数、人口识字能力、职业分类、年龄、婚姻、外侨人口、信教人数,以及 1935 年全年逐月的户口动态统计、出生死亡人数、出生婴儿统计、出生婴儿母之年龄统计。如此详尽的人口系统统计,民国时期河南省仅有 1935 年这一次。由于已经选择了 1916 年和 1953 年作为纵向比较的标准年份,而 1935 年恰恰更接近两者的时间中点,因此选择 1935 年人口数字作为研究的标准年份是最合适的。

何炳棣在《明初以降人口及其相关问题》中依据 1935 年《内政年鉴》户政部门的统计得出河南省 1935 年上报的总户数中成年男子数为四百多万，敏锐地指出了 1935 年隐瞒壮丁数的情况。但考察 1935 年前后数据，发现总男子数并未隐瞒，因此这也从另一个角度印证了 1935 年数据的可靠性。

1946 年与 1947 年有 80 个县人口数字完全相同，其人口登记很大程度上带有编造的成分，有理由推断 1946 年的数据是在 1935 年、1936 年数据的基础上，通过对战争灾害所导致死亡的大致估算（估算死亡数字过高），而得出的一个数字。正是由于政府无力执行有效的人口登记，才使得这个数据与 1953 年此数据相比，显得远远小于实际数。20 世纪 40 年代的河南人口数据质量有很大问题，无法加以利用。

综合来看，只有 1916 年、1935 年、1936 年的统计质量较高，本文选取 1916 年、1935 年两个有代表性的年份，再结合非常可靠的 1953 年的人口普查结果，来考察民国时期近四十年间河南省人口发展的规律。

第四章 分地区的人口密度及人口增长率

本章主要考察河南省各地的人口密度和人口增长率,并分析其影响因素。通常,影响人口密度的因素包括自然因素和社会因素、积极因素和消极因素,具体而言主要有地形、气候、天灾、交通、战争等方面。适宜的气候、平坦的地形、肥沃的土壤都会增加单位面积内人口的密度,而地形崎岖、气候恶劣、天灾频发的地区不适合农业的发展,不适合人类的生存,只能容纳较少的人口。交通发达的地区因为生活物资和资源运输的方便,容易形成大规模的聚落,也会显著地改变人口分布的空间形态。战争、灾害则打破了人们生活的常态,致使人们四处逃亡,降低人口密度,长时间的战争甚至会使原来的人口稠密地区"千里无人烟"。本章以 1916 年、1935 年、1953 年三个年份的数据进行河南省分县人口密度的比较研究,三个年份的密度情况如图 4-1、4-2、4-3 所示。各个年份的人口密度图之所以会有较大的差别,主要是各地区人口增长不平衡的结果,这反映在各地人口增长率的较大差别上。因此分地区的人口增长率还反映了人口密度空间分布的动态变化,两者互相依存,可以说是一个硬币的两面。

第一节 三个年份分县人口密度分析

所谓人口密度,是指某一时间内单位土地面积上居住的人口数,通常用每平方公里常住人口数来表示。安介生在研究历史时期人口密度时曾指出:"孤立而静止地谈论人口密度,并没有多大实际意义,我们对人口密度考察的

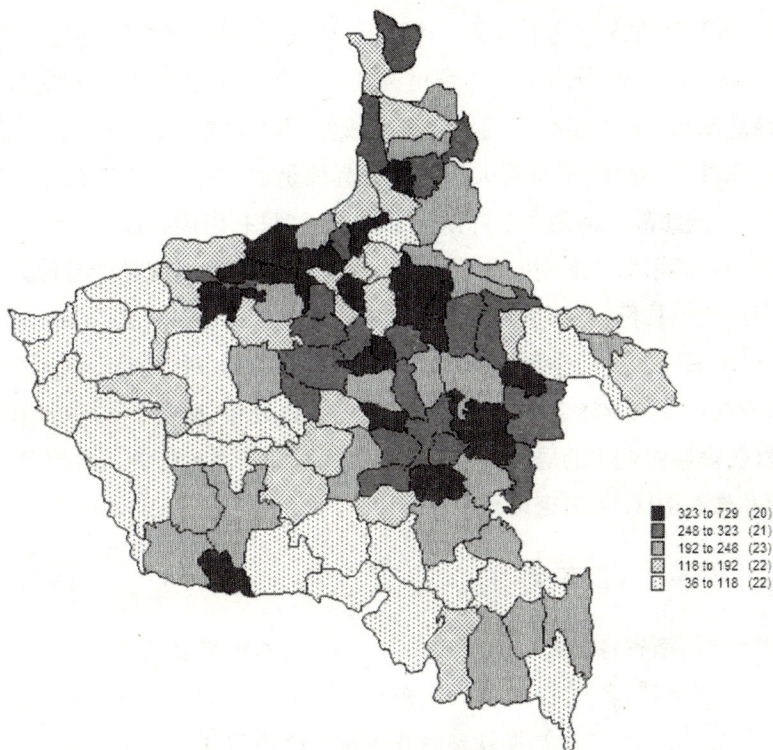

323 to 729　(20)
248 to 323　(21)
192 to 248　(23)
118 to 192　(22)
36 to 118　(22)

图 4-1　1916 年河南省各县人口密度图

真正目的,在于发现各个地区之间人口承载力的不同。"①河南省自古就是人口稠密地区,同时区域内不同地域又呈现出各自的特点,总体来说,人口密度最大的地区主要是伊洛河平原、黄淮平原和南阳盆地,西部和南部丘陵、山地人口密度最少。至民国年间,这种情况有了一定的变化。本章对所选取的三个标准年份的密度进行了分析,主要目的是通过考察民国时期河南各地区人口密度的历史变化,从中发现并分析影响人口增长的因素。

一、1916 年人口密度

1916 年河南省各县人口密度如图 4-1 所示,从图中可以观察到,人口密

① 安介生:《历史时期中国人口迁移若干规律的探讨》,载安介生:《历史地理与山西地方史新探》,山西人民出版社 2008 年版,第 180 页。

度最高的地区是洛阳到沁阳一线、省城开封周边、卫辉、许昌、郾城、淮阳等区域中心。人口密度次高的地区是上述地区的周边县份，大致从沁阳到淮阳沿西北到东南呈宽带状分布。人口密度高的县份绝大多数集中在该线以北以东，而该线以西以南的县份普遍人口密度较低。与反映全国范围人口密度的"黑河—腾冲"线相反，河南省人口密度分界线呈西北—东南走向，这主要是受地形影响的缘故。河南省西部南部都是山区，只有南阳盆地中心有几个县份平原较多，而东部北部则以平原为主。平原地区除黄河流经的县份人口密度较低外，其他县份，尤其是较少洪水之虞的山前县份，人口密度都相当的高。故人口密度最高的县份呈现一个西北—东南走向的宽带状分布。这也是历史时期河南在传统农业社会下相对比较稳定的人口分布，即在平原、盆地和山前低丘陵区，聚居着较多的居民，人口密度大，山区和丘陵地带的人口较少，尤其是豫西和豫南山区，人口密度稀少。

二、1935 年人口密度

1916 年河南省各县人口密度如图 4-1 所示，本年度全省平均人口密度为 211 人每平方公里，各县 1935 年人口密度如图 4-2 所示，与 1916 年的分布略有不同。20 世纪 20 年代初期铁路的开通对人口地理分布的变化有着较大的影响，人口密度最高的地区是沿陇海线从洛阳到郑县一线，及沿平汉线从许昌到郾城一线的县份。人口密度次高的地区是上述两个地区的中间地带，及许昌、郾城东南的淮阳地区。此外，安阳、商丘、南阳几个区域中心人口密度也相当高。与 1916 年相比，除两大铁路线沿线人口密度有所增加外，全省人口密度的空间地理分布并没有发生根本性的改变。另外一方面，铁路的兴起使得位于交通枢纽地位的乡镇发生了较大的变化，成为商业繁华地带，如郑州。同时在周围矿产资源丰富的地方，也出现了一些成规模的工矿区，这些意味着现代意义上的工商业城市已经渐次出现并迅速发展起来。

1937 年抗日战争爆发，加之 1941—1943 年的大灾荒，使得 1937—1945 年的人口分布有较大的改变。抗战时期的河南人口分布趋势为：敌我双方战争区域、交通要道人口明显减少；而交通不便的山地和非战争区人口有明显增加，如河南省政府后期所迁之地均为山区。1938 年花园口决堤所淹之豫东、豫东南地区 20 余县人口大量逃亡，使得这些地方"十室九空，流民载道"，人

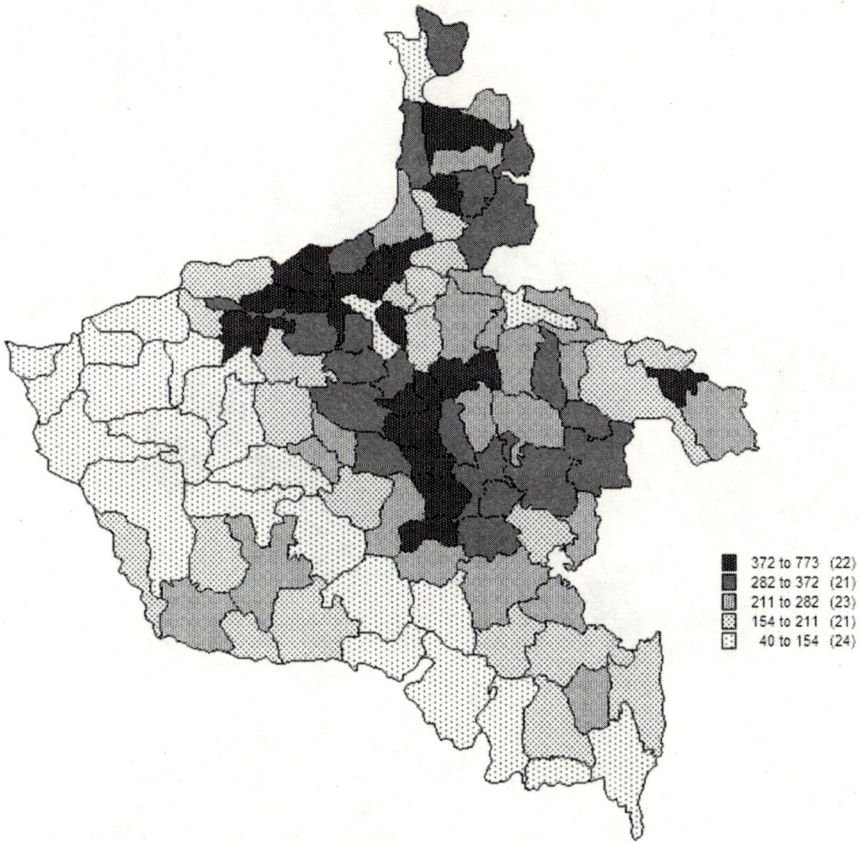

图 4-2 1935 年河南省各县人口密度图

口骤减。抗日战争胜利以后,流民返乡,人口分布逐渐向战前状态恢复。

三、1953 年人口密度

1953 年全省平均人口密度为 265 人每平方公里[1],较 1935 年有较大的增加,各县人口密度如图 4-3 所示。人口密度最高的是省辖市郑州、开封、商丘、洛阳、安阳、新乡、许昌、南阳、信阳、驻马店以及因大型煤矿企业而单独建制的焦作工矿区,这些大中城市,区域中心的人口密度更加突出。此外,周口

---

[1] 国家统计局人口统计司:《中国人口统计年鉴·1988》,中国展望出版社 1988 年版,第 343 页。

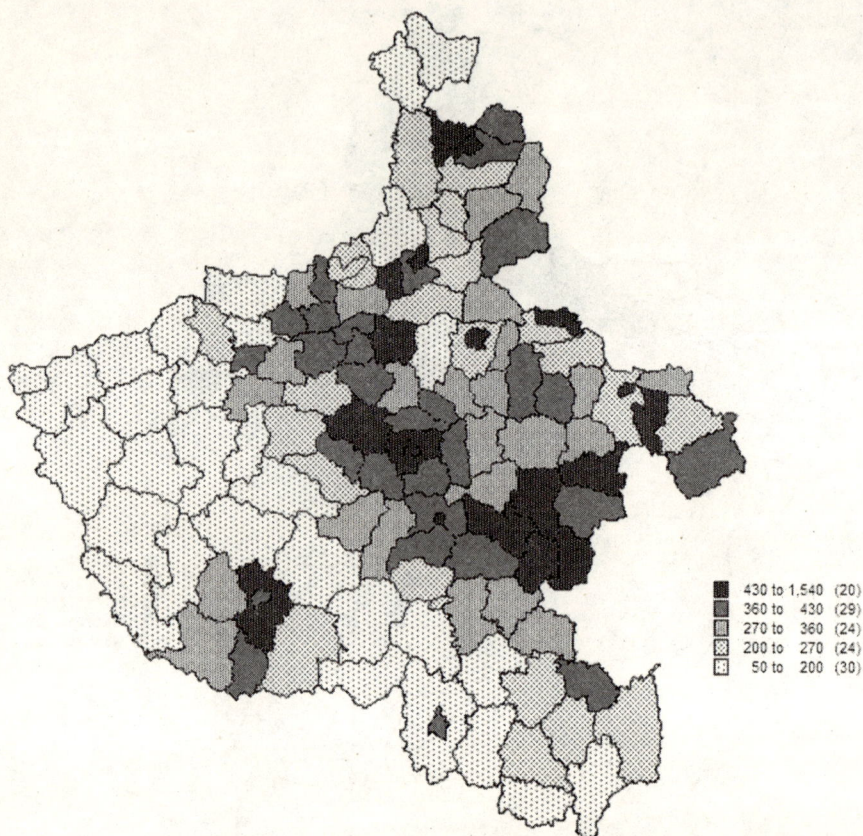

430 to 1,540　(20)
360 to 430　(29)
270 to 360　(24)
200 to 270　(24)
50 to 200　(30)

图 4-3　1953 年河南省各县人口密度图

地区几个县的人口密度也明显高于其他县份。人口密度次高的地区是从焦作到周口这一带状区域的县份,及南阳盆地中心的几个县。与 1916 年及 1935年相比,除人口更加向区域中心集中外,还有一个明显的变化,即从中牟、开封,经尉氏、鄢陵、扶沟到西华一线的几个县,人口密度有明显下降,仍未恢复至战前状态,这反映了 1938 年黄河花园口决堤的对人口分布的深远影响。

总之,1916 年全省人口密度图反映了地理因素对人口分布的直接影响,山区人口密度明显小于平原地区,故形成了人口密度分界线的西北—东南走向,绝大多数人口高密度县份集中在此线以东以北的一个带状区域。除了陇海线、平汉线两大铁路沿线的县份人口密度有较明显增长外,这一格局持续到1935 年没有发生根本性变化。到 1953 年,全省人口密度的空间格局有了较大变化,一方面是工业化、城市化的发展,区域中心城市的人口密度有明显增长,另一方面抗日战争中花园口决堤形成的黄泛区对沿线人口密度有相当程度的负面影响,而且这一影响持续了相当长的时间。

第二节 各行政督察区的人口增长率

民国元年,全省分为四道(开归陈许郑道、河陕汝道、彰德怀道、南汝光淅道,1913年更名为豫东道、豫西道、豫北道、豫南道,区划不变)。各道辖县多,面积大,为方便统计,本节将按照1932年国民政府所划行政督察区(如图4-4所示)来分别考察各个区的人口数字,见表4-1。

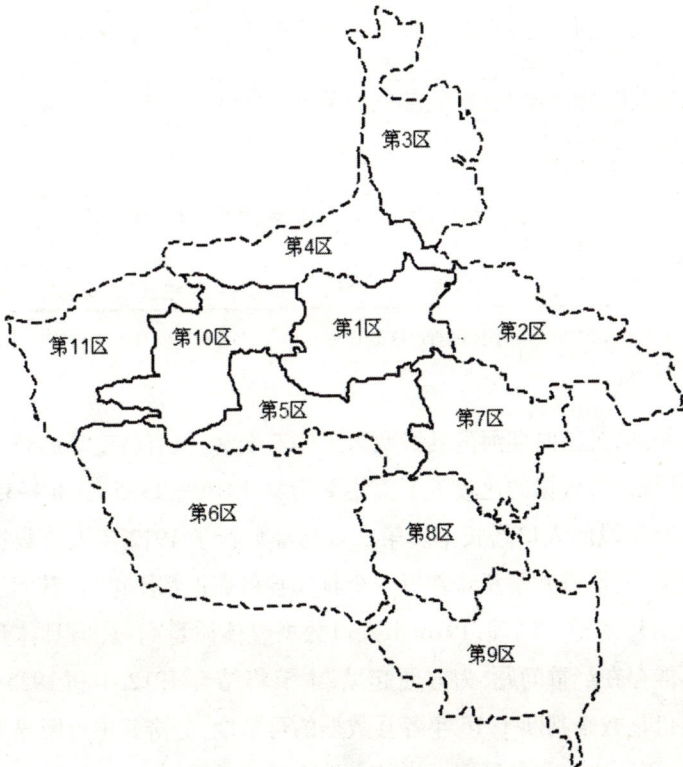

图4-4 1932年河南省行政督察区

表 4-1　1932 年河南省行政督察区概览

区别	专员公署驻地	辖县名称	辖县数
第 1 区	郑县	郑县、开封县、中牟县、尉氏县、通许县、密县、新郑县、禹县、洧川县、长葛县、广武县、汜水县、荥阳县。	13
第 2 区	商丘县	商丘县、陈留县、杞县、民权县、柘城县、永城县、夏邑县、虞城县、宁陵县、睢县、兰封县、考城县。	12
第 3 区	安阳县	安阳县、汤阴县、林县、临漳县、武安县、涉县、内黄县、汲县、浚县、滑县、淇县。	11
第 4 区	新乡县	新乡县、沁阳县、博爱县、修武县、武陟县、温县、孟县、济源县、获嘉县、封丘县、延津县、辉县、原武县、阳武县。	14
第 5 区	许昌县	许昌县、临颍县、襄城县、鄢陵县、郾城县、临汝县、鲁山县、宝丰县、郏县。	9
第 6 区	南阳县	南阳县、方城县、新野县、唐河县、泌阳县、内乡县、淅川县、邓县、镇平县、桐柏县、南召县、舞阳县、叶县。	13
第 7 区	淮阳县	淮阳县、沈丘县、商水县、西华县、鹿邑县、太康县、扶沟县、项城县。	8
第 8 区	汝南县	汝南县、上蔡县、西平县、遂平县、确山县、正阳县、新蔡县。	7
第 9 区	潢川县	潢川县、光山县、固始县、商城县、息县、信阳县、罗山县、经扶县。	8
第 10 区	洛阳县	洛阳县、巩县、偃师县、登封县、孟津县、伊川县、宜阳县、嵩县、伊阳县。	9
第 11 区	陕县	陕县、灵宝县、阌乡县、卢氏县、洛宁县、渑池县、新安县。	7

（资料来源：傅林祥、郑宝恒：《中华民国行政区划通史·中华民国卷》，复旦大学出版社 2007 年版，第 381 页）

　　如前所述，民国时期河南县级政区不断有变动，只有将变动的政区合并处理，方可进行人口数据的比较。下面主要考察 1916—1935 年和 1935—1953 年这两个时间段的人口增长率。第二章已经分析了 1912 年人口数据有严重的造假情况，但造假并不意味着每一个具体县份数据都不可信，其问题县份主要集中在河汝陕道。同理，1916 年人口数据整体质量尚可，但具体到某一县份则有可能存在严重问题，为方便起见，本节将结合 1912 年和 1935 年、1953 年各县人口指数来判断 1916 年各县数据的可信度，分辨其中有明显有问题的县份，借此还原出一个尽可能真实的各地人口增长情况。

一、第 1 区

表 4-2　第 1 区各县历年户口数字

地方＼年份	1916		1935		1953	
	户数	口数	户数	口数	户数	口数
郑县	53257	246079	46635	329269	108377	594728
开封	211398	972362	76334	456136	120492	587449
中牟	18347	179269	27498	217436	58159	283791
尉氏	41539	245771	46691	290056	56895	248246
通许	57348	281379	42706	240305	61443	256981
密县	46205	289074	41894	316643	77093	380205
新郑	31637	197913	35453	233021	59740	300205
禹县	67253	452143	93221	537274	129083	651304
洧川	23429	149604	30796	187521	40692	202221
长葛	33436	199662	45282	249742	55146	272939
广武+汜水	35153	223014	35857	267309	41579	168849
荥阳	33790	179313	33189	200856	39061	191768
合计	652792	3615583	555556	3525568	847760	4138686

(资料来源:1916 年系内务部统计科《内务统计第七编·河南人口之部》中分县户口数字,1935 年数字系《河南统计月报》第二卷第七期中分县户口数字,1953 年数字系《中国人口统计年鉴1988》中河南省分县户口数字)

　　1927 年开封市由开封县城区析置,1930 年裁撤,1948 年复置。1953 年开封市数据计入开封县。1927 年郑州市由郑县城区析置,1930 年 11 月裁撤,并入郑县,1948 年 10 月复置。郑县 1952 年 12 月撤销,并入郑州市。故可将1953 年郑州市数据与 1916 年、1935 年郑县数据相比。1948 年广武县与汜水县合并成为成皋县,为了与 1953 年数据进行比较,需要将广武县与汜水县历年数据进行合并计算。1931 年 6 月荥泽县与河阴县合并设立广武县,故要将1916 年荥泽县、河阴县和汜水县数据进行合并计算。由此可得该区各县各时段人口增长率如下,见表 4-3。

表 4-3 第 1 区各县各时段人口增长率

年份 地方别	指数				增长率		
	1912	1916	1935	1953	1916—1935	1935—1953	1916—1953
郑县	0.26	0.41	0.55	1.00	33.8	80.6	141.7
开封	1.22	1.66	0.78	1.00	−53.1	28.8	−39.6
中牟	0.39	0.63	0.77	1.00	21.3	30.5	58.3
尉氏	0.97	0.99	1.17	1.00	18.0	−14.4	1.0
通许	1.24	1.09	0.94	1.00	−14.6	6.9	−8.7
密县	0.62	0.76	0.83	1.00	9.5	20.1	31.5
新郑	0.50	0.66	0.78	1.00	17.7	28.8	51.7
禹县	0.53	0.69	0.82	1.00	18.8	21.2	44.0
洧川	0.74	0.74	0.93	1.00	25.3	7.8	35.2
长葛	0.82	0.73	0.92	1.00	25.1	9.3	36.7
广武+汜水	1.25	1.32	1.58	1.00	19.9	−36.8	−24.3
荥阳	1.14	0.94	1.05	1.00	12.0	−4.5	6.9
合计	0.74	0.87	0.85	1.00	−2.5	17.4	14.5

（资料来源：根据表 4-2 计算而得）

由表 4-3 可知,1916—1935 年间全区人口增长率为−2.5%,整体为负增长,郑县增长率最高,达 33.8%,开封增长率最低,为−53.1%,通许也出现了负增长。1935—1953 年间全区增长率为 17.4%,郑县增长率最高,达 80.6%,尉氏、广武、汜水、荥阳出现了负增长。综观 1916—1953 年间,全区人口增长率为 14.5%,郑县增长率最高,达 141.7%,开封、通许、广武、汜水出现了负增长,开封的负增长最为严重。因此本区人口增长的特点是:郑县急剧增长,且呈加速增长。开封严重衰落,人口减少主要发生在前 20 年。郑县西边各县(如广武、汜水、荥阳)负增长或增长率很低,人口减少主要发生在后 20 年。开封南边的尉氏、通许两县增长率也很低。

影响该区人口增长的因素主要是连年的战乱、水旱灾害、疫病,特别是中原大战的影响,这是开封、通许等地人口减少的主要因素,1932 年陇海铁路的全线开通使得郑州成为连接南北和东西的重要交通枢纽,这是人口加速增长的主要因素。

二、第2区

表4-4　第2区各县历年户口数字

地方 \ 年份	1916 户数	1916 口数	1935 户数	1935 口数	1953 户数	1953 口数
商丘	60141	326435	122753	725153	227862	960195
陈留	89729	298941	20871	125554	41216	182245
杞县+睢县+民权	146286	832981	150914	884337	262251	1094193
柘城	24979	289250	41066	252676	80342	341614
永城	66234	387079	68857	549015	181878	768977
夏邑	27140	178712	32542	283279	100785	395912
虞城	20909	159862	26569	169448	54952	219272
宁陵	19543	113547	30773	165637	58275	243279
兰封	19474	183786	22052	117999	39081	168734
考城	20005	152702	33475	166464	58573	242592
合计	494440	2923295	549872	3439562	1105215	4617013

（资料来源：同表4-2）

民权县系1929年7月由杞、睢两县析置，为了与1916年数据进行比较，需要将杞县、睢县、民权县历年数据进行合并计算。1953年商丘市数据计入商丘县。由此可得该区各县各时段人口增长率如下，见表4-5。

表4-5　第2区各县各时段人口增长率

地方别	指数 1912	指数 1916	指数 1935	指数 1953	增长率 1916—1935	增长率 1935—1953	增长率 1916—1953
商丘	0.37	0.34	0.76	1.00	122.1	32.4	194.1
陈留	1.30	1.64	0.69	1.00	−58.0	45.2	−39.0
杞县+睢县+民权	0.96	0.76	0.81	1.00	6.2	23.7	31.4
柘城	0.18	0.85	0.74	1.00	−12.6	35.2	18.1
永城	0.24	0.50	0.71	1.00	41.8	40.1	98.7
夏邑	0.43	0.45	0.72	1.00	58.5	39.8	121.5

续表

地方别	指数				增长率		
	1912	1916	1935	1953	1916—1935	1935—1953	1916—1953
虞城	0.36	0.73	0.77	1.00	6.0	29.4	37.2
宁陵	1.19	0.47	0.68	1.00	45.9	46.9	114.3
兰封	0.62	1.09	0.70	1.00	−35.8	43.0	−8.2
考城	0.49	0.63	0.69	1.00	9.0	45.7	58.9
合计	0.58	0.63	0.74	1.00	17.7	34.2	57.9

（资料来源：根据表4-4计算而得）

由表4-5可知，1916—1935年间全区人口增长率为17.7%，商丘增长率最高，达122.1%，陈留增长率最低，为−58.0%，还有柘城和兰封也出现了负增长。1935—1953年间全区增长率为34.2%，各县增长率相差不大。综观1916—1953年间，全区人口增长率为57.9%，商丘增长率最高，达194.1%，增长了两倍，永城、夏邑、宁陵也翻了一番，而陈留、兰封出现了负增长。因此本区人口增长的特点是：商丘及其周边几个县（永城、夏邑、宁陵）人口急剧增长，商丘人口增长主要发生在前20年。靠近开封的兰封、陈留出现了负增长，主要是在前20年。兰封、陈留的人口减少主要因素也在于战乱导致的人员的大量伤亡，尤其是在中原大战中，战争双方在兰封等地呈拉锯战状态，特别是1930年双方以兰封为中心多次交战，"睢县、民权、兰封、杞县、考城等地自春至秋，庄稼未种，房倒屋塌，十室九空，伤亡民众约万人以上，加以霍乱蔓延，日死多人"[①]，同时该时期本地区水旱灾害不断，百姓生活雪上加霜。

三、第3区

表4-6　第3区各县历年户口数字

地方 \ 年份	1916		1935		1953	
	户数	口数	户数	口数	户数	口数
安阳+临漳	96144	449730	158147	868055	225246	1012116

---

① 王天奖等：《河南近代大事记(1840—1949)》，河南人民出版社1990年版，第292页。

续表

地方 ＼ 年份	1916		1935		1953	
	户数	口数	户数	口数	户数	口数
汤阴	30880	190309	43473	237645	68930	279537
林县	34721	315629	65608	404646	104663	485356
武安	64008	314121	66833	375244	91589	364421
涉县	19284	148520	20264	121908	54289	193741
内黄	63327	184024	40760	216668	79477	333739
汲县	21676	137017	30589	185142	43726	200399
浚县	43851	281114	53680	313279	71869	331773
滑县	92334	596886	95722	731059	143500	674076
淇县	16358	89513	18780	102831	27035	117637
合计	482583	2706863	593856	3556477	910324	3992795

（资料来源：同表4-2）

临漳县1954年撤销，并入安阳县，为了与1953年数据进行比较，需要将安阳县与临漳县历年数据进行合并计算。1953年安阳市数据也计入安阳县。由此可得出该区各县各时段人口增长率如下：

表4-7　第3区各县各时段人口增长率

地方别	指数				增长率		
	1912	1916	1935	1953	1916—1935	1935—1953	1916—1953
安阳+临漳	0.98	0.44	0.86	1.00	93.0	16.6	125.0
汤阴	0.74	0.68	0.85	1.00	24.9	17.6	46.9
林县	0.65	0.65	0.83	1.00	28.2	19.9	53.8
武安	0.86	0.86	1.03	1.00	19.5	-2.9	16.0
涉县	0.29	0.77	0.63	1.00	-17.9	58.9	30.4
内黄	0.53	0.55	0.65	1.00	17.7	54.0	81.4
汲县	0.66	0.68	0.92	1.00	35.1	8.2	46.3
浚县	0.82	0.85	0.94	1.00	11.4	5.9	18.0
滑县	0.83	0.89	1.08	1.00	22.5	-7.8	12.9
淇县	0.71	0.76	0.87	1.00	14.9	14.4	31.4

续表

地方别	指数				增长率		
	1912	1916	1935	1953	1916—1935	1935—1953	1916—1953
合计	0.78	0.68	0.89	1.00	31.4	12.3	47.5

（资料来源：根据表4-6计算而得）

　　由表4-7可知，1916—1935年间全区人口增长率为31.4%，安阳和临漳增长率最高，达93.0%，几乎翻了一番，涉县出现了负增长。1935—1953年间全区增长率为12.3%，涉县和内黄增长率最高，武安和滑县出现了负增长。综观1916—1953年间，全区人口增长率为47.5%，安阳和临漳增长率最高，达125.0%，其次是内黄，而武安、浚县、滑县增长率最低。因此本区人口增长的特点是：安阳及其周边几个县（如临漳、内黄）人口急剧增长，而离安阳较远的武安、浚县、滑县增长率最低。

四、第4区

表4-8　第4区各县历年户口数字

年份 地方	1916		1935		1953	
	户数	口数	户数	口数	户数	口数
新乡	31843	214072	42102	266296	72934	389981
沁阳+博爱	72410	482629	115774	587864	99792	392513
修武	24931	166612	38273	237880	57497	254161
武陟	45455	296490	55810	341251	68696	300396
温县	22888	183393	30029	192360	49405	193174
孟县	39281	213134	37565	256204	53215	206689
济源	40162	240712	41138	333694	63265	263485
获嘉	24922	134105	28356	179228	42087	200112
封丘	22441	127751	24393	134177	69950	337617
延津	17351	91116	22172	132855	48020	251441
辉县	34966	201067	45723	279687	63019	320226
原武+阳武	26949	168639	32057	212564	61595	310100
合计	403599	2519720	513392	3154060	749475	3419895

（资料来源:同表4-2）

　　新乡市 1949 年 8 月由新乡县析置,1953 年新乡市数据计入新乡县。博爱县 1929 年 7 月由沁阳县析置,为了与 1916 年数据进行比较,需要将沁阳县与博爱县历年数据合并进行比较。焦作市 1945 年由修武县析置,1949 年设置焦作工矿区,1953 年焦作工矿区数据计入修武县。1947 年 1 月原武县与阳武县合并设立原阳县,为了与 1953 年数据进行比较,需要将原武县与阳武县历年数据合并进行比较。由此可得出该区各县各时段人口增长率如下,见表4-9。

表 4-9　第 4 区各县各时段人口增长率

地方别	指数				增长率		
	1912	1916	1935	1953	1916—1935	1935—1953	1916—1953
新乡	0.48	0.55	0.68	1.00	24.4	46.4	82.2
沁阳+博爱	2.85	1.23	1.50	1.00	21.8	−33.2	−18.7
修武	0.55	0.66	0.94	1.00	42.8	6.8	52.5
武陟	1.02	0.99	1.14	1.00	15.1	−12.0	1.3
温县	0.95	0.95	1.00	1.00	4.9	0.4	5.3
孟县	1.03	1.03	1.24	1.00	20.2	−19.3	−3.0
济源	0.93	0.91	1.27	1.00	38.6	−21.0	9.5
获嘉	0.67	0.67	0.90	1.00	33.6	11.7	49.2
封丘	0.38	0.38	0.40	1.00	5.0	151.6	164.3
延津	0.36	0.36	0.53	1.00	45.8	89.3	176.0
辉县	0.63	0.63	0.87	1.00	39.1	14.5	59.3
原武+阳武	0.54	0.54	0.69	1.00	26.0	45.9	83.9
合计	0.91	0.74	0.92	1.00	25.2	8.4	35.7

（资料来源:根据表4-8计算而得）

　　由表4-9可知,1916—1935 年间全区人口增长率为 25.2%,延津和修武增长率最高,在 40% 以上,温县和封丘增长率最低。1935—1953 年间全区增长率为 8.4%,封丘增长率最高,达 151.6%,其次是延津,达 89.3%,沁阳、博爱、武陟、孟县、济源等县出现了负增长。综观 1916—1953 年间,全区人口增长率为 35.7%,延津、封丘增长率最高,都在 150% 以上,其次是原武、阳武、新乡,都在80%以上,济源、温县、武陟增长率很低,都是1位数,沁阳、博爱、孟县还出现了负增长。因此本区人口增长的特点是:沿黄河几个县(原武、阳武、延津、封丘)人口急剧增长,其次区域新中心新乡及矿业发展的修武人口也迅速增长。区域原中心沁阳、博爱衰落最为严重。简言之,本区东部人口迅速增长,西部人口停滞不前甚至减少。但这一变化主要发生在后20年,前20年各地人口增长率差别并不大。

五、第5区

表4-10　第5区各县历年户口数字

年份 地方	1916		1935		1953	
	户数	口数	户数	口数	户数	口数
许昌	65458	290053	75762	454895	110765	569152
临颍	37702	249782	57347	334427	71200	340355
襄城	34755	179628	63635	342537	87207	390751
鄢陵	45763	278168	48904	272851	67682	315794
郾城	49027	267627	82482	452301	101035	490030
鲁山	33770	189582	43161	295067	90478	403743
宝丰	45446	150602	46971	236318	68848	307942
郏县	33921	230223	44558	237705	63389	289020
合计	345842	1835665	462820	2626101	660604	3106787

(资料来源:同表4-2)

　　1947年12月许昌市由许昌县城区析置,1953年许昌市数据计入许昌县。1948年11月漯河市由郾城县析置,1953年漯河市数据计入郾城县。由此可得出该区各县各时段人口增长率如下,见表4-11。

表4-11　第5区各县各时段人口增长率

地方别	指数				增长率		
	1912	1916	1935	1953	1916—1935	1935—1953	1916—1953
许昌	0.50	0.51	0.80	1.00	56.8	25.1	96.2
临颍	0.66	0.73	0.98	1.00	33.9	1.8	36.3

续表

地方别	指数				增长率		
	1912	1916	1935	1953	1916—1935	1935—1953	1916—1953
襄城	0.44	0.46	0.88	1.00	90.7	14.1	117.5
鄢陵	0.76	0.88	0.86	1.00	-1.9	15.7	13.5
郾城	0.54	0.55	0.92	1.00	69.0	8.3	83.1
鲁山	1.32	0.47	0.73	1.00	55.6	36.8	113.0
宝丰	1.62	0.49	0.77	1.00	56.9	30.3	104.5
郏县	1.63	0.80	0.82	1.00	3.2	21.6	25.5
合计	0.87	0.59	0.85	1.00	43.1	18.3	69.2

（资料来源：根据表4-10计算而得）

由表4-11可知，1916—1935年间全区人口增长率为43.1%，襄城增长率最高，达90.7%，鄢陵出现负增长，郏县增长率也只有3.2%。1935—1953年间全区增长率为18.3%，临颍增长率最低，为1.8%，郾城增长率也只有8.3%，除此之外其他各县增长率差别不是很大。综观1916—1953年间，全区人口增长率为69.2%，襄城、鲁山、宝丰增长率最高，都在100%以上，许昌、郾城增长率也接近100%，鄢陵增长率最低，只有13.5%，其增长率低应考虑到受黄河决堤之影响。因此本区人口增长的特点是：许昌及周边县襄城、郾城增长最为显著，而且这一增长主要发生在前20年。

参考1912年和1935年人口指数可知，1916年宝丰、鲁山人口数有些偏低，原因推断与白朗起义有关。白朗系宝丰人，1911年秋投身绿林，在宝丰南部、鲁山北部一带活动，其军中大部也为宝丰、鲁山一带人，民国成立后，张镇芳先后派员赴宝丰、鲁山围剿，官军所到之处"地尽焦土，墙尽走壁"，连地里即将收获的庄稼也"一炬化为乌有"①，当地农民"视匪如家人，视兵如仇雠，兵多则弥山耕夫，兵少则周村皆匪"②，白朗虽四处征战，但其核心队伍仍是宝丰、鲁山之人，这也是白朗起义失败的因素之一。1914年6月白朗率部返回

---

① 开封《大中民报》，1912年7月2—3日，转引自程有为等：《河南通史》第四卷，河南人民出版社2005年版，第191页。

② 杜春和：《白朗起义》，中国社会科学出版社1980年版，第205页，转引自《河南通史》第四卷，河南人民出版社2005年版，第192页。

河南时,许多人思乡心切,"四散归巢",队伍自动解体,最后留在白朗身边仅有一百余人,7 月底白朗战死于临汝、宝丰交界,起义被镇压下去,这应是宝丰、鲁山 1916 年人口数偏低的重要原因。

六、第 6 区

表 4-12　第 6 区各县历年户口数字

年份 地方	1916		1935		1953	
	户数	口数	户数	口数	户数	口数
南阳	239781	657705	103218	735031	192849	840914
方城	74889	523593	76552	392520	144776	615731
新野	65888	406132	44918	243254	90865	396984
唐河	157461	327122	85882	543145	175487	787491
泌阳	44231	234029	62066	355329	116359	491050
内乡	40983	396990	88798	451234	91431	630509
淅川	54672	139993	57828	282533	92424	405622
邓县	52863	587363	106752	570578	188634	802278
镇平	62985	416432	45165	415923	114758	504005
桐柏	34800	185933	22104	110368	42093	161628
南召	12811	184827	28340	194786	69037	288981
舞阳	79562	397230	83462	458863	110939	500779
叶县	50325	247509	68662	347518	104217	459559
合计	971251	4704858	873747	5101082	1533869	6885531

(资料来源:同表 4-2)

　　1948 年 11 月南阳市由南阳县城区析置,1953 年南阳市数据计入南阳县。西峡县 1948 年由内乡县析置,1953 年西峡县数据计入内乡县。由此可得出该区各县各时段人口增长率如下,见表 4-13。

表 4-13　第 6 区各县各时段人口增长率

地方别	指数				增长率		
	1912	1916	1935	1953	1916—1935	1935—1953	1916—1953
南阳	0.67	0.78	0.87	1.00	11.8	14.4	27.9
方城	0.25	0.85	0.64	1.00	-25.0	56.9	17.6
新野	0.17	1.02	0.61	1.00	-40.1	63.2	-2.3
唐河	0.40	0.42	0.69	1.00	66.0	45.0	140.7
泌阳	0.58	0.48	0.72	1.00	51.8	38.2	109.8
内乡	0.56	0.63	0.72	1.00	13.7	39.7	58.8
淅川	0.91	0.35	0.70	1.00	101.8	43.6	189.7
邓县	0.48	0.73	0.71	1.00	-2.9	40.6	36.6
镇平	0.71	0.83	0.83	1.00	-0.1	21.2	21.0
桐柏	0.53	1.15	0.68	1.00	-40.6	46.4	-13.1
南召	0.12	0.64	0.67	1.00	5.4	48.4	56.4
舞阳	0.74	0.79	0.92	1.00	15.5	9.1	26.1
叶县	0.72	0.54	0.76	1.00	40.4	32.2	85.7
合计	0.53	0.68	0.74	1.00	8.4	35.0	46.3

（资料来源：根据表 4-12 计算而得）

由表 4-13 可知，1916—1935 年间全区人口增长率为 8.4%，淅川增长率最高，达 101.8%，其次是唐河和泌阳，增长率也在 50%以上，方城、新野、邓县、镇平、桐柏出现了负增长。1935—1953 年间全区增长率为 35.0%，除南阳和舞阳较低外，其余各县相差不是很大。综观 1916—1953 年间，全区人口增长率为 46.3%，增长最快的是唐河、泌阳、淅川，都在 100%以上，新野、桐柏出现了负增长。然而参考 1912 年和 1935 年人口指数可知，新野、桐柏 1916 年人口数有些偏高，因此这两县事实上的人口负增长应该没有这么严重。同样，方城 1916 年人口数也有些偏高，因此其人口增长率也有些偏低。相反，泌阳、淅川 1916 年人口数有些偏低，因此这两县事实上的增长没有这么显著。因此在 1916 年人口数据中，南阳地区是质量最差的。本区人口增长的特点是：外围边缘县份人口增长率普遍高于中心县份（如南阳、镇平、邓县、新野、方城等），增长率的差异主要发生在前 20 年。

七、第7区

表4-14 第7区各县历年户口数字

年份 地方	1916		1935		1953	
	户数	口数	户数	口数	户数	口数
淮阳+沈丘+鹿邑	451392	2556904	299643	1703221	506075	2327310
商水	40574	230121	48166	267527	148923	729585
西华	63819	369297	72765	421734	84594	354190
太康	88194	414699	100364	545637	136746	572182
扶沟	43812	225669	48515	313863	82430	352753
项城	43587	302909	36522	297582	99028	471491
合计	731378	4099599	605975	3549564	1057796	4807511

(资料来源:同表4-2)

1952年8月郸城县由鹿邑、淮阳、沈丘3县析置,为了与1953年数据进行比较,需要将淮阳县、沈丘县、鹿邑县历年数据进行合并计算。1948年周口市由商水县析置,1953年周口市数据计入商水县。由此可得出该区各县各时段人口增长率如下:

表4-15 第7区各县各时段人口增长率

地方别	指数				增长率		
	1912	1916	1935	1953	1916—1935	1935—1953	1916—1953
淮阳+沈丘+鹿邑	0.72	1.10	0.73	1.00	-33.4	36.6	-9.0
商水	0.23	0.32	0.37	1.00	16.3	172.7	217.0
西华	1.21	1.04	1.19	1.00	14.2	-16.0	-4.1
太康	1.02	0.72	0.95	1.00	31.6	4.9	38.0
扶沟	0.57	0.64	0.89	1.00	39.1	12.4	56.3
项城	0.46	0.64	0.63	1.00	-1.8	58.4	55.7
合计	0.68	0.85	0.74	1.00	-13.4	35.4	17.3

(资料来源:根据表4-14计算而得)

由表 4-15 可知,1916—1935 年间全区人口增长率为-13.4%,扶沟和太康增长率最高,在 30% 以上,淮阳、沈丘、鹿邑、项城出现了负增长。1935—1953 年间全区增长率为 35.4%,商水增长率最高,达 172.7%,西华出现了负增长。综观 1916—1953 年间,全区人口增长率为 17.3%,商水增长率最高,达 217.0%,增长了两倍以上,淮阳、沈丘、鹿邑、西华出现了负增长。因此本区人口增长的特点是:周口镇所在的商水人口急剧增长,而邻近的西华、淮阳人口出现下降。淮阳作为原区域中心也在衰落。淮阳的衰落主要发生在前 20 年,而周口镇的崛起主要发生在后 20 年。参考 1912 年和 1935 年人口指数,淮阳、沈丘、鹿邑在 1916 年人口数有些偏高,因此这几县事实上的人口负增长应该没有这么严重。同时该区域还是 1937 年花园口决堤后的重灾区,所有县份均为黄泛区,人口负增长中还要考虑到黄河决堤所导致的人口减少等因素。

八、第 8 区

表 4-16　第 8 区各县历年户口数字

年份 地方	1916		1935		1953	
	户数	口数	户数	口数	户数	口数
汝南	107531	570222	114734	676327	198970	900674
上蔡	72861	469260	85658	473967	132093	635440
西平	48752	242955	63729	350374	95341	457266
遂平	34589	233903	55746	315156	76818	252886
确山	25934	209094	70636	313472	87885	353057
正阳	34241	205664	56562	308959	87899	361473
新蔡	39745	287932	56417	350997	106146	490335
合计	363653	2219030	503482	2789252	785152	3451131

(资料来源:同表 4-2)

平舆县 1951 年 4 月由汝南县析置,1953 年平舆县数据计入汝南县。1949 年驻马店市由确山县驻马店地方析置,1953 年驻马店市数据计入确山县。由此可得出该区各县各时段人口增长率如下,见表 4-17。

表 4-17　第 8 区各县各时段人口增长率

地方别	指数				增长率		
	1912	1916	1935	1953	1916—1935	1935—1953	1916—1953
汝南	0.58	0.63	0.75	1.00	18.6	33.2	58.0
上蔡	0.92	0.74	0.75	1.00	1.0	34.1	35.4
西平	0.51	0.53	0.77	1.00	44.2	30.5	88.2
遂平	0.89	0.92	1.25	1.00	34.7	-19.8	8.1
确山	0.59	0.59	0.89	1.00	49.9	12.6	68.9
正阳	0.51	0.57	0.85	1.00	50.2	17.0	75.8
新蔡	0.06	0.59	0.72	1.00	21.9	39.7	70.3
合计	0.57	0.64	0.81	1.00	25.7	23.7	55.5

（资料来源：根据表 4-16 计算而得）

　　由表 4-17 可知,1916—1935 年间全区人口增长率为 25.7%,西平、遂平、确山、正阳增长率最高,在 30% 以上,上蔡增长率最低,只有 1%。1935—1953 年间全区增长率为 23.7%,汝南、上蔡、西平、新蔡增长率最高,在 30% 以上,遂平出现了负增长。综观 1916—1953 年间,全区人口增长率为 55.5%,遂平增长率最低,只有 8.1%,上蔡也只有 35.4%,其余各县增长率都较高,在 50% 以上。遂平人口增长主要发生在前 20 年,后 20 年出现了负增长,相反上蔡人口增长主要发生在后 20 年,前 20 年几乎停滞不前。这两个县的人口增长都大大落后于平均水平。因此本区人口增长的特点是:沿平汉路和淮河的县份增长率都比较高,前 20 年的人口增长主要发生在西部,后 20 年的人口增长主要发生在东部。

九、第 9 区

表 4-18　第 9 区各县历年户口数字

地方	1916		1935		1953	
年份	户数	口数	户数	口数	户数	口数
潢川	70007	355487	51815	331387	92708	376644
光山+经扶	81802	670910	77189	488327	148684	619442

续表

地方 ＼ 年份	1916		1935		1953	
	户数	口数	户数	口数	户数	口数
固始+息县	144650	778330	160339	1034984	356528	1530090
商城	26642	195950	41102	359594	93072	402806
信阳	69579	394445	65595	390907	141568	568889
罗山	26237	372791	55185	330500	79063	306911
合计	418917	2767913	451225	2935699	911623	3804782

（资料来源:同表 4-2）

1933 年 9 月经扶县由光山县析置,为了与 1916 年数据进行比较,需要将光山县与经扶县历年数据进行合并计算。1952 年 8 月淮滨县由固始、息县析置,为了与 1953 年数据进行比较,需要将固始县与息县历年数据合并进行计算。1949 年 4 月信阳市由信阳县城区析置,1953 年信阳市数据计入信阳县。由此可得出该区各县各时段人口增长率如下。见表 4-19

表 4-19　第 9 区各县各时段人口增长率

地方别	指数				增长率		
	1912	1916	1935	1953	1916—1935	1935—1953	1916—1953
潢川	1.41	0.94	0.88	1.00	-6.8	13.7	6.0
光山+经扶	0.54	1.08	0.79	1.00	-27.2	26.8	-7.7
固始+息县	0.48	0.51	0.68	1.00	33.0	47.8	96.6
商城	0.55	0.49	0.89	1.00	83.5	12.0	105.6
信阳	0.68	0.69	0.69	1.00	-0.9	45.5	44.2
罗山	0.93	1.21	1.08	1.00	-11.3	-7.1	-17.7
合计	0.65	0.73	0.77	1.00	6.1	29.6	37.5

（资料来源:根据表 4-18 计算而得）

由表 4-19 可知,1916—1935 年间全区人口增长率为 6.1%,商城增长率最高,达 83.5%,其次是固始和息县,其余县份都出现了负增长。1935—1953 年间全区增长率为 29.6%,固始和息县增长率最高,达 47.8%,罗山出现了负增长。综观 1916—1953 年间,全区人口增长率为 37.5%,商城增长率最高,达 105.6%,翻了一番,光山、经扶、罗山出现了负增长,潢川增长率也很低。因此本区人口增长的特点是:整体而言东部(商城、固始、息县)增长超过西部(光山、经扶、罗山),区域原中心潢川在衰落,位于平汉路上的信阳获得较快增长。商城人口增长主要发生在前 20 年,其余各县人口增长主要发生在后20 年。如果参考 1912 年和 1935 年人口指数,将会得出这样一个结论:1916年光山、经扶、罗山人口数有些偏高,1916 年商城人口数有些偏低。

偏高与偏低应该与当时的情况结合来看。1927 年年底至 1930 年,中国共产党在湖北、河南、安徽交界各县开展武装斗争,建立了鄂豫皖根据地,成立了鄂豫皖苏维埃政权。其中在河南境内建立了赤城(商城及其北区)、赤南(商城南区)、光山、潢川、罗山、固始、信阳等县级政权,第九区所有县份均在鄂豫皖根据地范围内。国民党部队先后发动四次围剿,曾使商城南部一带近百里成无人区,1932 年 11 月豫鄂皖"三省部"颁布《移民办法》,规定将收复区"附匪"人们无论男女老幼概行迁出①。1932 年 10 月红四方面军离开鄂豫皖根据地。1934 年 11 月,红二十五军由罗山县开始长征。在这期间,各县一直是双方交战之地,特别是商城县,一直是双方战斗最集中的地区,商城县在1916—1935 年间不可能有高达 83.5%的人口增长率,固始、息县亦然。综合各种因素判断,1916 年商城县人口数字确实太低,有编造的嫌疑,1935 年的数据也偏高;固始、息县的统计数据也同样如此,1935 年这三个县的真实数据应同其他县一样,呈负增长。1916 年罗山县数据偏高。因此得出这样的结论:1916—1935 年间该区人口为负增长。这个结论是符合当时的情况的。

十、第 10 区

表 4-20　第 10 区各县历年户口数字

地方 ＼ 年份	1916		1935		1953	
	户数	口数	户数	口数	户数	口数
洛阳+登封+临汝+伊阳+伊川	196335	1369732	234916	1584537	286179	1367805
巩县	44699	278558	51668	361309	80435	390332

---

① 程有为等:《河南通史》第四卷,河南人民出版社 2005 年版,第 371 页。

续表

年份\地方	1916		1935		1953	
	户数	口数	户数	口数	户数	口数
偃师	32658	194065	42278	262119	56104	285744
孟津	17972	112029	18794	145719	30765	141205
宜阳	21991	198188	26601	200403	61449	278955
嵩县+卢氏	103378	520773	59074	392219	146621	614955
合计	417033	2673345	433331	2946306	661553	3078996

（资料来源：同表 4-2）

　　1929 年 7 月由洛阳、登封、临汝、伊阳 4 县析置自由县，1932 年 10 月改名伊川县。1929 年 7 月由洛阳、嵩、宜阳、伊阳 4 县析置平等县，1931 年 10 月裁撤，并入伊阳、嵩、宜阳、自由 4 县，旋又裁入伊川、伊阳两县。为了与 1916 年及 1953 年数据进行比较，需要将洛阳县、登封县、临汝县、伊阳县、伊川县历年数据进行合并计算。1948 年洛阳市由洛阳县城区析置，1953 年洛阳市数据计入洛阳县。1947 年栾川县由嵩县及卢氏县析置，为了与 1953 年数据进行比较，需要将嵩县与卢氏县历年数据进行合并计算。由此可得该区各县各时段人口增长率如下。见表 4-21

表 4-21　第 10 区各县各时段人口增长率

地方别	指数				增长率		
	1912	1916	1935	1953	1916—1935	1935—1953	1916—1953
洛阳+登封+临汝+伊阳+伊川	3.01	1.00	1.16	1.00	15.7	-13.7	-0.1
巩县	1.34	0.71	0.93	1.00	29.7	8.0	40.1
偃师	1.24	0.68	0.92	1.00	35.1	9.0	47.2
孟津	1.77	0.79	1.03	1.00	30.1	-3.1	26.0
宜阳	2.03	0.71	0.72	1.00	1.1	39.2	40.8
嵩县+卢氏	1.59	0.85	0.64	1.00	-24.7	56.8	18.1
合计	2.21	0.87	0.96	1.00	10.2	4.5	15.2

（资料来源：根据表 4-20 计算而得）

由表4-21可知,1916—1935年间全区人口增长率为10.2%,偃师、孟津、巩县增长率最高,基本在30%以上,嵩县、卢氏出现了负增长。1935—1953年间全区增长率为4.5%,嵩县、卢氏、宜阳增长率最高,孟津、洛阳、登封、临汝、伊阳、伊川出现了负增长。综观1916—1953年间,全区人口增长率为15.2%,洛阳、登封、临汝、伊阳、伊川人口增长停滞不前。因此本区人口增长的特点是:洛阳南边诸县(登封、临汝、伊阳、伊川)人口增长停滞不前,陇海线上几县(偃师、孟津、巩县)人口增长迅速。不过由于洛阳与南边诸县合并计算,因此并不能据此判断洛阳人口增长的真实情况。

十一、第11区

表4-22 第11区各县历年户口数字

地方 ＼ 年份	1916		1935		1953	
	户数	口数	户数	口数	户数	口数
陕县	94887	143177	28207	187470	49984	216165
灵宝	22713	126504	30617	172529	54034	233555
阌乡	11700	55500	12949	73466	22767	91891
洛宁	40800	199763	26612	211321	57709	234826
渑池	14276	89332	26483	138823	38312	173933
新安	10909	107963	18163	165956	48289	241228
合计	195285	722239	143031	949565	271095	1191598

(资料来源:同表4-2)

本区各县未经历政区变迁。由此可得该区各县各时段人口增长率如下。见表4-23

表4-23 第11区各县各时段人口增长率

地方别	指数				增长率		
	1912	1916	1935	1953	1916—1935	1935—1953	1916—1953
陕县	3.01	0.66	0.87	1.00	30.9	15.3	51.0
灵宝	2.78	0.54	0.74	1.00	36.4	35.4	84.6

续表

地方别	指数				增长率		
	1912	1916	1935	1953	1916—1935	1935—1953	1916—1953
阌乡	5.79	0.60	0.80	1.00	32.4	25.1	65.6
洛宁	1.51	0.85	0.90	1.00	5.8	11.1	17.6
渑池	3.84	0.51	0.80	1.00	55.4	25.3	94.7
新安	2.33	0.45	0.69	1.00	53.7	45.4	123.4
合计	2.87	0.61	0.80	1.00	31.5	25.5	65.0

（资料来源：根据表4-22计算而得）

　　由表4-23可知，1916—1935年间全区人口增长率为31.5%，渑池和新安增长率最高，在50%以上，洛宁增长率最低，只有5.8%。1935—1953年间全区增长率为25.5%，陕县和洛宁增长率最低，其余各县相差不大。综观1916—1953年间，全区人口增长率为65.0%，新安增长率最高，达123.4%，洛宁增长率最低，只有17.6%，其余县份增长率也均较高。因此本区人口增长的特点是：沿陇海线的县份人口增长都很迅速，且前后20年增速变化不大，相对来说前20年略快些。

十二、全省合计

表4-24　河南省相关年份户口数字

地方 ＼ 年份	1916		1935		1953	
	户数	口数	户数	口数	户数	口数
第1区	652792	3615583	555556	3525568	847760	4138686
第2区	494440	2923295	549872	3439562	1105215	4617013
第3区	482583	2706863	593856	3556477	910324	3992795
第4区	403599	2519720	513392	3154060	749475	3419895
第5区	345842	1835665	462820	2626101	660604	3106787
第6区	971251	4704858	873747	5101082	1533869	6885531
第7区	731378	4099599	605975	3549564	1057796	4807511
第8区	363653	2219030	503482	2789252	785152	3451131
第9区	418917	2767913	451225	2935699	911623	3804782

续表

地方 \ 年份	1916 户数	1916 口数	1935 户数	1935 口数	1953 户数	1953 口数
第 10 区	417033	2673345	433331	2946306	661553	3078996
第 11 区	195285	722239	143031	949565	271095	1191598
全省总计	5476773	30788110	5686287	34573236	9494466	42494725

(资料来源:同表4-2)

综上所述,可得全省各区历年户口数字,由此可得全省各区各时段人口增长率如下。见表4-25

表4-25　各区各时段人口增长率

地方别	指数 1912	指数 1916	指数 1935	指数 1953	增长率 1916—1935	增长率 1935—1953	增长率 1916—1953
第 1 区	0.74	0.87	0.85	1.00	-2.5	17.4	14.5
第 2 区	0.58	0.63	0.74	1.00	17.7	34.2	57.9
第 3 区	0.78	0.68	0.89	1.00	31.4	12.3	47.5
第 4 区	0.91	0.74	0.92	1.00	25.2	8.4	35.7
第 5 区	0.87	0.59	0.85	1.00	43.1	18.3	69.2
第 6 区	0.53	0.68	0.74	1.00	8.4	35.0	46.3
第 7 区	0.68	0.85	0.74	1.00	-13.4	35.4	17.3
第 8 区	0.57	0.64	0.81	1.00	25.7	23.7	55.5
第 9 区	0.65	0.73	0.77	1.00	6.1	29.6	37.5
第 10 区	2.21	0.87	0.96	1.00	10.2	4.5	15.2
第 11 区	2.87	0.61	0.80	1.00	31.5	25.5	65.0
全省总计	0.85	0.72	0.81	1.00	12.3	22.9	38.0

(资料来源:根据表4-24计算而得)

由表4-25可知,1916—1935年间全省人口增长率为12.3%,第5区(许昌)、第3区(安阳)、第11区(陕县)增长率最高,在30%以上。其次是第4区(沁阳)和第8区(汝南),在20%以上。第1区(郑县)和第7区(淮阳)出现了负增长。1935—1953年间全省增长率为22.9%,第2区(商丘)、第6区(南阳)、第 7 区(淮阳)增长率最高,在 30%以上。其次是第 8 区(汝南)、第 9 区(潢川)、第 11 区(陕县),在 20%以上。第 4 区(沁阳)和第 10 区(洛阳)最低,在 10%以下。综观 1916—1953 年间,全省人口增长率为 38.0%,第 5 区(许昌)和第 11 区(陕县)增长最高,在 60%以上。其次是第 2 区(商丘)、第 8 区(汝南)、第 3 区(安阳)、第 6 区(南阳),在 40%以上。其余各区都在平均水平以下,特别是第 1 区(郑县)、第 7 区(淮阳)和第 10 区(洛阳),都不到 20%。

　　再比较各区前后两个阶段的人口增长率。第 3 区(安阳)、第 4 区(新乡)、第 5 区(许昌)第一阶段(1916—1935 年间)人口增长率远高于第二阶段(1935—1953 年间),第 10 区(洛阳)、第 11 区(陕县)、第 8 区(淮阳)第一阶段人口增长率也高于第二阶段。而第 1 区(郑县)、第 2 区(商丘)、第 6 区(南阳)、第 7 区(汝南)、第 9 区(潢川)则是第一阶段人口增长率远低于第二阶段。为什么会出现如此明显的反差呢? 将这些差别显示在地图上,可以直观地看出,第一类地区(即第一阶段人口增长率高于第二阶段的地区),从北向西再到南呈弧状分布,将第二类地区(即第一阶段人口增长率低于第二阶段的地区)分成两部分。第一类地区构成的弧状地带在抗日战争时期是中日双方势力的交错地带,长期沦为战场,人口受到战火的摧残远较其他地区为甚,所以在第二阶段人口增长率普遍较低。而第二类地区在抗战时受战火蹂躏较轻,人口增长率相对高一些,其人口受到战火摧残,主要是在第一阶段。其中第 9 区和第 6 区部分,地处鄂豫皖根据地,是土地革命战争时期主战场之一。第 1 区、第 2 区、第 7 区,是中原大战等军阀混战的主战场之一。换句话说,河南省这两部分地区的命运非常不同:在 1916—1935 年间,战争以内战为主,第二类地区饱受战火蹂躏,人口增长率普遍较低,甚至出现了负增长;在 1935—1953 年间,战争以抗日战争为主,第一类地区地处中日势力交错地带,人口受到战火摧残,增长率较前一阶段有大幅降低。总的说来,第二阶段人口增长率明显超过了第一阶段,因此可以说,战争、灾害等负面因素在第一阶段的影响超过了第二阶段,如图 4-5 所示。

　　然而分区人口增长率只能提供粗线条的轮廓,各区的划分只是为了行政督察的方便,而且各区内部差异有可能非常之大,所以要想进一步了解人口增长的空间特征,需要综合各县分时段增长率的数据在地图上直观显示。如图 4-6、4-7、4-8 所示。

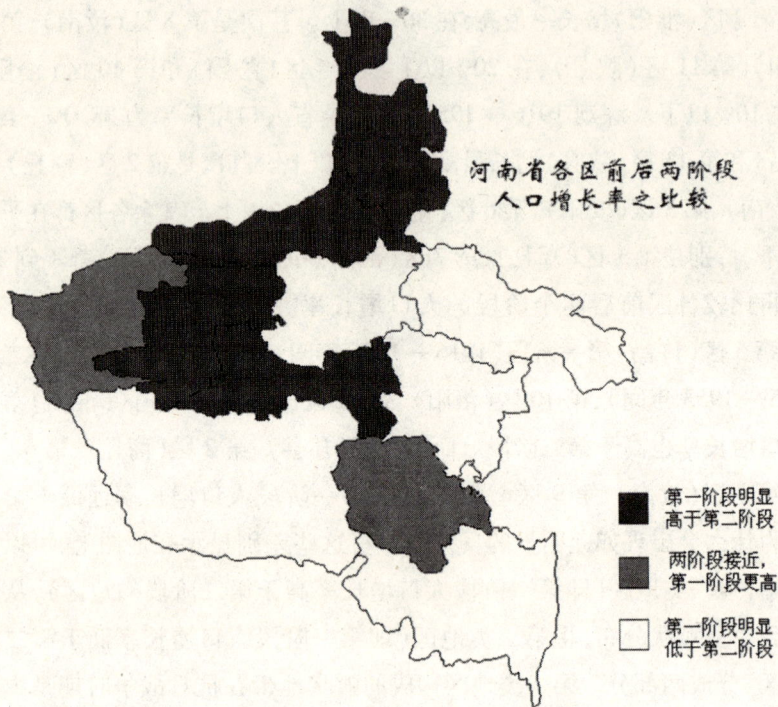

图4-5 河南省各区前后两阶段人口增长率之比较

从1916—1935年分县人口增长率图可以直观看出,这一时期人口增长最显著的县份基本集中在平汉、陇海两条铁路以及淮河沿线。除此以外增长较快的县份,如宝丰、鲁山、淅川、泌阳、商城,前面已经分析过,可能是这些县份的1916年人口数据偏低进而导致这一时段增长率偏高的缘故。由此可见铁路对这一时期各地人口增长起到决定性影响,这一时期人口增长的空间格局主要受到积极性因素的影响。

从1935—1953年分县人口增长率图可以直观看出,豫北、豫西及豫中(郑县、开封、淮阳、鄢城之间一大片区域)增长率显著低于全省其他地区。这一时期正值抗日战争,豫西豫北在伪政权控制之下,接近中共抗日根据地,反复受到战火蹂躏。豫中地区(郑县、开封、淮阳、鄢城之间一大片区域)也处在国民政府与伪政权交界地,除饱受战争摧残外,还遭遇1937年花园口决堤的水灾重创。因此这几个区域人口增长率较低也就不难理解,这一时期人口增长的空间格局主要受到消极因素的影响。但这也是就整体而言,对于具体某

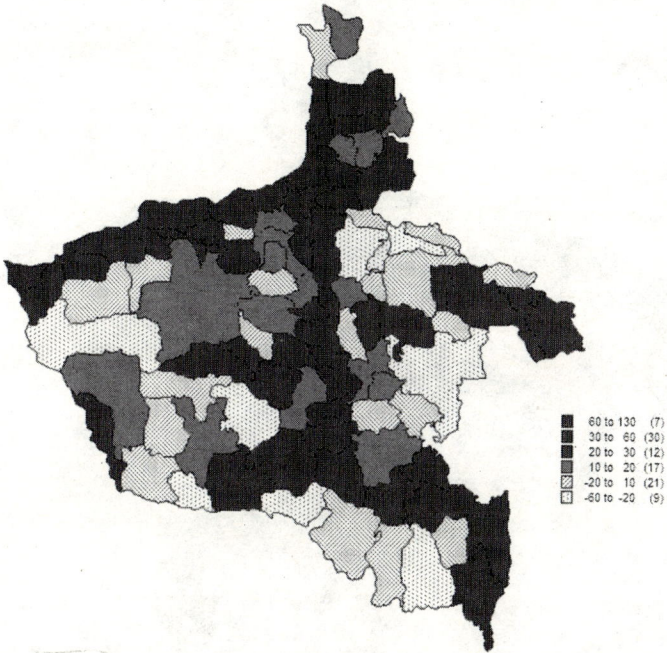

图 4-6　1916—1935 年河南分县人口增长率

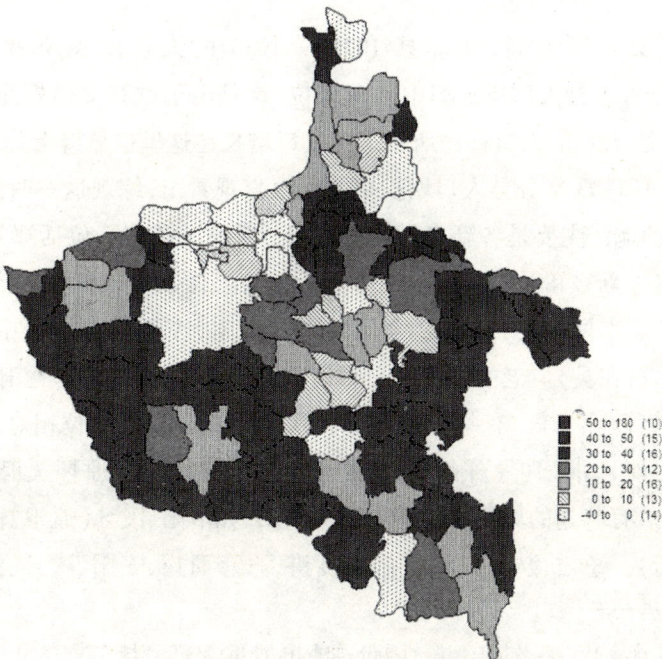

图 4-7　1935—1953 年河南分县人口增长率

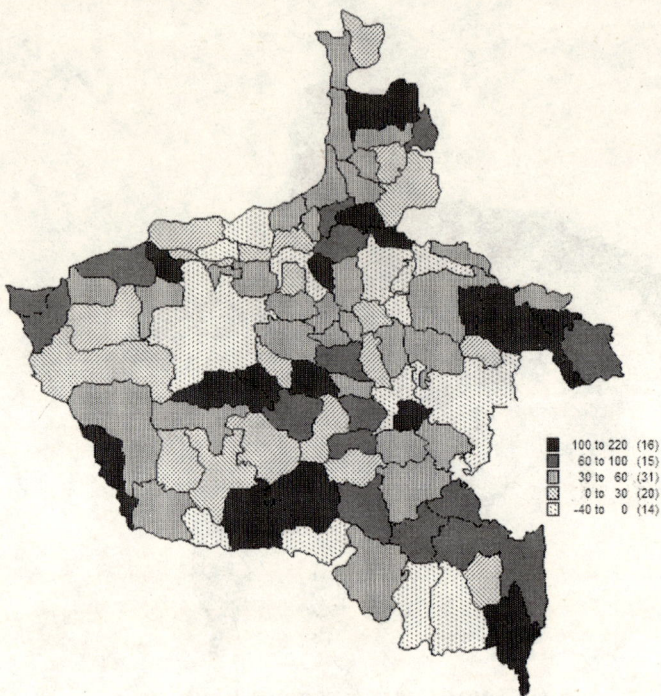

图 4-8 1916—1953 年河南分县人口增长率

个县则情况又有所不同,如郑县 1916 — 1935 的人口增长率就达到了 141.7%,在全省各县人口增长率中名列首位,这是由于铁路交通枢纽对于人口增长的作用,大量的人口移民所带来的人口增长在这里也显得十分突出。

从 1916—1953 年分县人口增长率图可以直观看出,综观这一时期,人口增长最显著的地区主要是各新老城镇中心①。新的城镇中心包括郑县(今郑州市)、新乡(今新乡市)、修武(今焦作市所在县)、郾城(今漯河市所在县)、确山(今驻马店市所在县)、信阳(今信阳市)、宝丰(今平顶山市所在县)、商水(今周口市所在县)。老的城镇中心有商丘(归德府)、安阳(彰德府)、许昌(许州)、陕县(陕州)等。有些老的城镇中心人口增长缓慢,地位相对衰落,如开封(原开封府)、淮阳(原陈州府)、潢川(原光州)、沁阳(原怀庆府)、南阳(原南阳府)。有些老的城镇中心情况不太明朗,如洛阳、汲县(原卫辉府)、汝南(原汝宁府)。总之,从人口增长的角度讲,只有商丘、安阳、陕县、洛阳、许

---

① 前提是排除 1916 年数据有问题的县份,如鲁山、淅川、泌阳、商城等。

昌保住了自己的区域中心地位,这些地方都在平汉、陇海铁路沿线。在第一区,区域中心有从开封转移到郑县的趋势;在第四区,区域中心有从沁阳转移到修武(焦作)、从汲县转移到新乡的趋势;在第七区,区域中心有从淮阳转移到商水(周口)的趋势;在第八区,区域中心有从汝南转移到确山(驻马店)的趋势;在第九区,区域中心有从潢川转移到信阳的趋势。第五区中,郾城(漯河)和宝丰(平顶山)也开始崛起,日益挑战许昌的中心地位。衰落中的区域中心,如淮阳、汝南、潢川、沁阳,都远离两大铁路线。新兴的区域中心,如郾城(漯河)、确山(驻马店)、信阳都在平汉铁路沿线,郑州更是铁路枢纽。此外,商水(周口)是水运枢纽,修武(焦作)、宝丰(平顶山)则是因矿业而兴。总之,现代河南城市体系格局,在民国时期已现雏形,特别是在人口方面,而交通是关键性影响因素,其次是矿业,如图4-9所示。

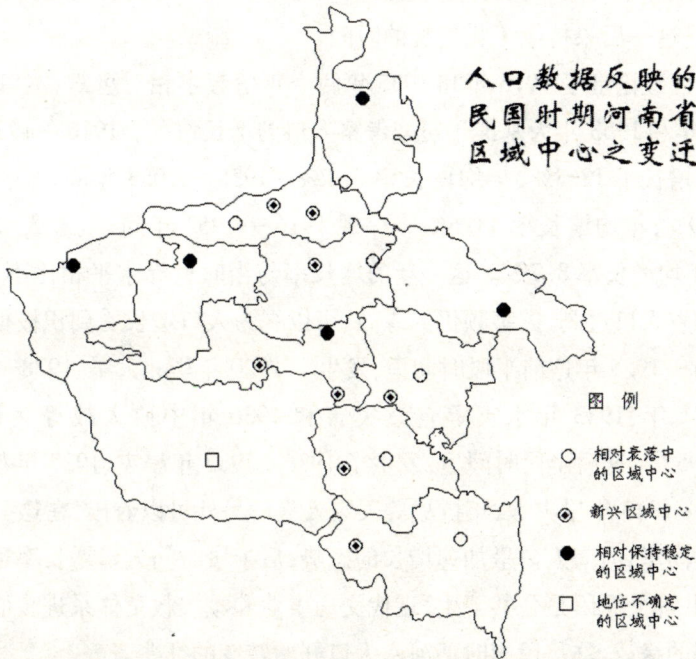

图4-9　人口数据所反映的民国时期河南省区域中心之变迁

小　结

　　本章通过 1916 年、1935 年的人口密度图来探索河南人口的地理分布及其变化。1916 年全省人口密度图反映了地理因素对人口分布的直接影响,山区人口密度明显小于平原地区,形成了人口密度分界线的西北—东南走向,绝大多数人口高密度县份集中在此线以东以北的一个带状区域。这一格局持续到 1935 年没有发生根本性变化,除了陇海线、平汉线两大铁路沿线的县份人口密度有较明显增长外,到 1953 年,全省人口密度的空间格局有了较大变化。一方面是工业化、城市化的发展,区域中心城市的人口密度有明显增长,另一方面抗日战争中花园口决堤形成的黄泛区对沿线人口密度有相当程度的负面影响,而且这一后果持续了相当长的时间。

　　前文已经论证了 1916 年和 1935 年两个年份数字相对可靠,本章以 1916 年、1935 年和 1953 年为基准年份来考察人口的增长情况。1916—1935 年间,全省人口增长了 12.3%,年均增长率 6.1‰。1935—1953 年间,全省人口增长了 22.9%,年均增长率 11.5‰。综观 1916—1953 年间,全省人口增长了 38.0%,年均增长率 8.7‰。这一年的增长率与当时世界水平相比不算高,主要是河南省人口过剩、灾害频仍的缘故,可以视为人口增长受到积极抑制的情形。1916—1935 年这前半段时间里,发生了 1920 年华北大旱、1928—1930 年灾荒、1931 年、1933 年水灾等自然灾害和 1930 年中原大战等兵祸匪患。1935—1953 年这后半段时间里,发生了 1936—1937 年旱灾、1937 年花园口决堤、1942—1943 年旱灾、八年抗战等天灾人祸。另外可以看出,在这一时期近四十年时间里,河南人口呈加速增长的态势,后半段时间人口增长率远高于前半段时间,部分原因是公共卫生、现代交通事业和救灾救荒体系进步而引起死亡率下降的缘故,这是民国时期河南人口开始转变的征兆。

　　对分地区人口增长的研究表明,1916—1935 年间人口增长最显著的县份基本集中在平汉、陇海两条铁路以及淮河沿线,这一时期人口增长的空间格局主要受到积极性因素的影响。1935—1953 年间人口增长率普遍较高,只有豫北、豫西及豫中地区增长率明显偏低,这些地区是抗战时期受战争蹂躏最多的地区,这一时期人口增长的空间格局主要受到消极性因素的影响。就1916—1953年间总体而言,人口增长最显著的地区主要是各新老城镇中心。沿平汉、陇海铁路的新城镇中心(即人口聚集区)不断涌现,沿平汉、陇海铁路的老城镇中心也能保持其原有的地位,而远离两大铁路干线的老城镇中心相对衰落,此外一些矿山地区也开始兴起,人口显著增长。总之,现代河南城市体系格局,在民国时期已现雏形,特别是在人口上,而交通是关键性影响因素,其次是矿业。

第五章　人口的性别与年龄结构

如第三章所述,1912 年及 20 世纪 40 年代人口数据有较大质量问题,因此本章主要从 1916 年及 1935 年两个年份的人口数据来考查河南人口的性别与年龄结构。此外,1942 年伪省署也有部分县的人口性别年龄统计,也可作为参考。

第一节　人口的性别结构

人口的性别结构通常使用性别比来衡量,即男性人口数与女性人口数的比值再乘以 100 所得的数值,也叫"女百值男数",又叫性别比。20 世纪上半期中国官方人口统计中,性别比太高是一个较为普遍的现象。侯杨方认为中国人口的性别比不可能超过 120,甚至 110,民国时期官方人口统计中女性人口的漏报率远远高于男性[1]。从民国时期全国历次人口统计(包括宣统普查、1912 年普查、1922 年《内务统计》、1931 年全国各县市土地人口调查、1936 年全国各选举区户口统计、1943 年全国户口统计、1947 年全国户口统计)的结果(见表 5-1)[2]来看,河南省的性别比在全国各省中一直处于一个较低的地位,常常在倒数几位以内。也就是说,河南省的女性人口漏报率远比全国平均水平低。1953 年人口普查河南全省性别比为 105.9,与 1916、1935 年性别比

---

[1] 侯杨方:《中国人口史》(第六卷·1910—1953),复旦大学出版社 2001 年版,第 282 页。
[2] 侯杨方:《中国人口史》(第六卷·1910—1953),复旦大学出版社 2001 年版,第 283—298 页。

相差不是很大。

表 5-1　宣统至 1953 年全国与河南人口性别比

地区别	宣统普查	1912	1922	1931	1936	1943	1947	1953
全国	121.83	122	121.71	122.13	119.42	108.77	110.1	107.1
河南省	115.57	119.92	112.87	117.03	114.1	104.28	105.72	105.94

[资料来源:综合侯杨方:《中国人口史》(第六卷·1910—1953)》第七章有关数字而得]

一、1916 年性别比

1916 年全省性别比为 112.2,即 100 个女性人口对应 112.2 个男性人口,分县性别比如下,见表 5-2。

表 5-2　1916 年河南省分县性别比

地方别	性别比	地方别	性别比	地方别	性别比
开封	107.8	氾水	122.4	宜阳	110.1
陈留	99.5	河阴	118.5	洛宁	112.7
杞县	106.0	南阳	153.7	嵩县	124.1
通许	100.6	沘源	93.5	陕县	112.5
尉氏	112.7	邓县	169.9	灵宝	114.3
洧川	117.3	新野	117.5	阌乡	117.6
鄢陵	115.2	泌阳	14.2	卢氏	112.1
中牟	99.5	方城	161.5	临汝	119.4
兰封	101.3	镇平	159.9	鲁山	99.2
禹县	119.1	内乡	116.9	郏县	100.9
密县	133.8	桐柏	160.7	宝丰	928.7
新郑	109.3	舞阳	118.3	伊阳	98.9
商丘	121.2	南召	111.4	安阳	98.6
宁陵	118.6	叶县	111.0	汤阴	111.0
鹿邑	123.4	汝南	96.4	林县	91.6
夏邑	98.8	上蔡	109.5	临漳	107.1
永城	103.2	确山	105.8	武安	132.1

续表

地方别	性别比	地方别	性别比	地方别	性别比
虞城	102.0	正阳	119.2	涉县	135.2
睢县	104.1	新蔡	150.0	内黄	104.1
考城	101.6	西平	192.9	汲县	113.6
柘城	101.2	遂平	110.1	新乡	115.7
淮阳	104.1	信阳	128.7	辉县	115.7
商水	120.1	罗山	158.7	获嘉	111.5
西华	112.1	潢川	108.4	淇县	115.3
项城	102.6	光山	92.9	延津	104.5
沈丘	99.9	固始	150.0	滑县	107.6
太康	101.5	息县	109.5	浚县	103.7
扶沟	118.9	商城	97.8	封丘	97.8
许昌	119.1	淅川	11.9	沁阳	113.9
临颍	92.2	洛阳	99.6	济源	116.8
襄城	108.6	偃师	108.1	修武	103.5
郾城	117.9	巩县	104.8	武陟	95.2
长葛	99.8	孟津	106.7	孟县	98.1
郑县	106.5	登封	101.4	温县	100.5
荥阳	101.3	新安	82.0	原武	98.3
荥泽	121.3	渑池	101.9	阳武	114.2

[资料来源:根据内务部统计科《内务统计·民国五年分河南人口之部》(1918 年 5 月出版)中分县人口数字计算而得]

　　由表 5-2 可知,分县性别比最大值为宝丰的 928.7,最小值为淅川的 11.9。这样的结果应是抄录时的错误所致,前者女性人口漏登一位数(1916年户口统计宝丰县男性人口 72767 人,女性人口 7835 人,显系抄录错误),后者男性人口漏登一位数(淅川登录男性人口 14842,女性人口 125151)。将宝丰县女性加一位数,淅川县男性加一位数,修正后的两县性别比为:92.87 和 119。将分县性别比在地图上直观显示,可以看出中部、西部、南部山区县份人口性别比普遍较高,这可能有两方面的原因:一是这些地区登记质量较差,女性漏登比较严重,二是这些地区条件艰苦,单身男性比例明显较其他地区为多。

二、1935 年性别比

1935 年全省性别比为 114.4，即 100 个女性人口对应 114.4 个男性人口，分县性别比如下，见表 5-3。

表 5-3　1935 年河南省分县性别比

地方别	性别比	地方别	性别比	地方别	性别比
郑县	123.4	辉县	108.3	太康	108.6
开封	120.4	沁阳	106.5	西华	110.2
禹县	111.9	济源	103.0	扶沟	117.6
尉氏	111.6	博爱	107.1	商水	102.4
通许	104.4	武陟	104.1	项城	120.7
中牟	112.1	修武	105.2	沈丘	105.2
洧川	110.6	获嘉	104.3	汝南	106.5
长葛	112.1	延津	110.0	确山	109.1
新郑	112.2	封丘	110.3	遂平	110.3
密县	115.0	阳武	111.1	西平	105.1
荥阳	105.5	原武	113.5	正阳	114.7
广武	109.1	温县	101.8	新蔡	100.7
汜水	103.9	孟县	101.9	上蔡	106.0
商丘	108.4	许昌	115.7	潢川	116.6
杞县	113.0	临汝	110.9	信阳	112.9
永城	114.9	郾城	110.2	罗山	118.9
睢县	108.5	襄城	106.4	光山	120.6
陈留	118.5	鄢陵	113.3	商城	127.0
兰封	113.9	临颍	108.1	固始	126.4
考城	115.4	宝丰	141.9	息县	116.8
民权	111.0	郏县	104.9	经扶	138.2
宁陵	117.2	鲁山	124.6	洛阳	106.4
柘城	110.8	南阳	142.2	嵩县	117.0

续表

地方别	性别比	地方别	性别比	地方别	性别比
夏邑	112.9	叶县	110.9	孟津	102.0
虞城	107.0	舞阳	111.8	巩县	106.3
安阳	108.2	方城	142.8	偃师	101.6
滑县	108.4	泌阳	151.1	登封	110.2
浚县	114.0	唐河	144.4	伊川	104.6
汲县	107.7	邓县	148.1	伊阳	121.7
林县	106.3	淅川	120.2	宜阳	107.7
武安	127.2	内乡	125.8	陕县	118.1
涉县	134.8	南召	138.8	灵宝	116.0
临漳	103.9	镇平	148.4	卢氏	116.8
内黄	115.1	新野	135.8	新安	111.7
汤阴	106.1	桐柏	138.9	渑池	115.8
淇县	105.4	淮阳	110.9	洛宁	107.5
新乡	112.3	鹿邑	108.8	阌乡	108.6

（资料来源：根据《河南统计月报》1936 年第 7 期分县人口数字计算而得）

　　由表 5-3 可知，分县性别比最大值为泌阳的 151.1，最小值为新蔡的 100.7，将分县性别比在地图上直观显示，可以看出：第 6 区（南阳地区）和第 9 区（潢川地区）这两个区的各县性别比普遍明显高出其他地区。如第二章所述，这两个区在 1935—1953 年间人口增长率明显较高，结合起来分析可知，这两个区在 1935 年很可能发生了较为普遍的女性人口漏报。后面的各地区分年龄性别比也证明了这一点。另外就是一些中心城市及新兴城镇所在县性别比明显偏高，如开封、郑县、许昌、修武（焦作所在县）、陕县等。特别是开封、郑县、许昌之间沿平汉铁路一带，是性别比明显偏高的地区。通常流入城镇地区找工作的主要是单身男性人口，这是这些地区性别比偏高的主要原因。

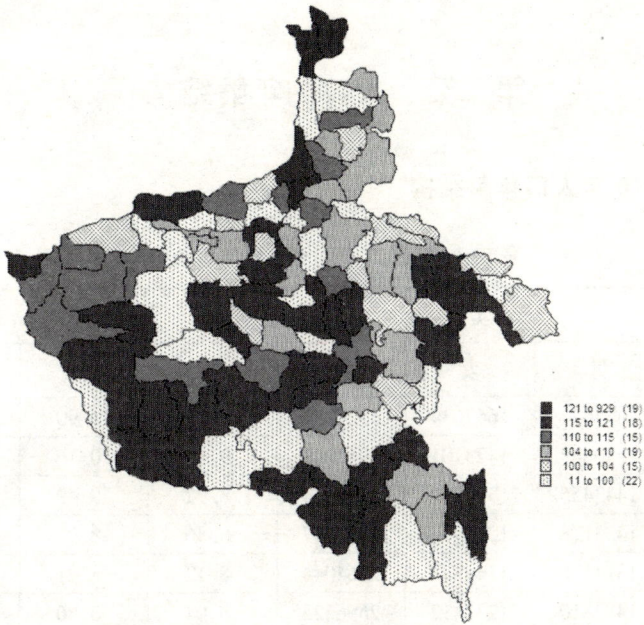

图 5-1 1916 年分县性别比分布图

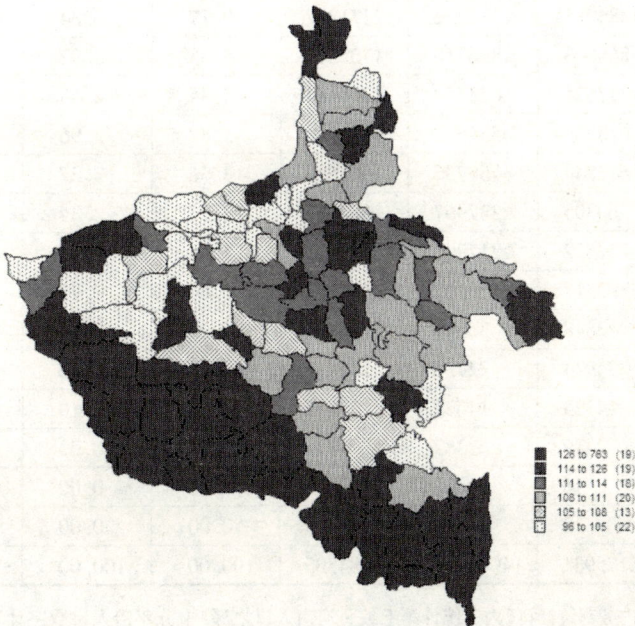

图 5-2 1935 年分县性别比分布图

第二节 人口的年龄结构

一、1916 年人口年龄结构

表 5-4 1916 年河南省人口年龄结构

年龄段 （岁）	实数			比例		
	男	女	共计	男	女	共计
1—5	1654641	1667639	3322280	10.23	11.90	11.01
6—10	1526848	1423101	2949949	9.44	10.16	9.77
11—15	1443455	1329899	2773354	8.92	9.49	9.19
16—20	1433128	1249919	2683047	8.86	8.92	8.89
21—25	1314170	1149874	2464044	8.12	8.21	8.16
26—30	1462810	1233412	2696222	9.04	8.80	8.93
31—35	1260015	1123131	2383146	7.79	8.02	7.90
36—40	1069900	745095	1814995	6.61	5.32	6.01
41—45	1484085	887732	2371817	9.17	6.34	7.86
46—50	865603	836710	1702313	5.35	5.97	5.64
51—55	717825	623359	1341184	4.44	4.45	4.44
56—60	618500	554548	1173048	3.82	3.96	3.89
61—65	542844	458736	1001580	3.36	3.27	3.32
66—70	360395	327967	688362	2.23	2.34	2.28
71—75	232572	217907	450479	1.44	1.56	1.49
76—80	103517	103102	206619	0.64	0.74	0.68
81—85	43848	36489	80337	0.27	0.26	0.27
86—90	24944	22732	47676	0.15	0.16	0.16
91—95	14323	14622	28945	0.09	0.10	0.10
96—100	2489	2387	4876	0.02	0.02	0.02
101—105	16	12	28	0.00	0.00	0.00
106 以上	3	1	4	0.00	0.00	0.00
合计	16175931	14008374	30184305	100.00	100.00	100.00

（资料来源:根据内务部统计科《内务统计第七编·河南人口之部》中分年龄人口数字计算而得。注:
合计时排除了年龄未详部分,因此结果与 1916 年原数据中总人数有出入。原数据中 46—
50 岁年龄段女性人口明显少了一位数,在此予以修正）

由表5-4可以看出,1916年河南省15岁以下未成年人口所占比例为29.97%,16—50岁成年人口所占比例为53.39%,这一结果与1953年人口普查结果相近似。相比之下,1912年人口数据中河南省15岁以下未成年人口所占比例仅为13.69%,而16—50岁成年人口所占比例为44.87%,51岁以上人口所占比例为41.44%,这样的年龄结构明显是不可信的。

二、1935年人口年龄结构

表5-5　1935年河南省人口年龄结构

年龄段	实数			比例		
	男	女	共计	男	女	共计
1—5	1624350	1401933	3026283	9.40	9.22	9.32
6—10	1615323	1397230	3012553	9.35	9.19	9.28
11—15	1625235	1343691	2968926	9.41	8.84	9.14
16—20	1478793	1334117	2812910	8.56	8.78	8.66
21—25	1506530	1319204	2825734	8.72	8.68	8.70
26—30	1502792	1345345	2848137	8.70	8.85	8.77
31—35	1434702	1264399	2699101	8.30	8.32	8.31
36—40	1343781	1224582	2568363	7.78	8.06	7.91
41—45	1193906	1083393	2277299	6.91	7.13	7.01
46—50	1083471	982716	2066187	6.27	6.46	6.36
51—55	939338	809811	1749149	5.44	5.33	5.39
56—60	698664	622049	1320713	4.04	4.09	4.07
61—65	499720	447568	947288	2.89	2.94	2.92
66—70	340796	294461	635257	1.97	1.94	1.96
71—75	198951	175403	374354	1.15	1.15	1.15
76—80	103314	83617	186931	0.60	0.55	0.58
81—85	54014	42150	96164	0.31	0.28	0.30
86—90	23546	20523	44069	0.14	0.14	0.14
91—95	7515	6554	14069	0.04	0.04	0.04
96以上	1666	2444	4110	0.01	0.02	0.01
合计	17276407	15201190	32477597	100.00	100.00	100.00

(资料来源:根据《河南统计月报》1936年第7期分年龄人口数字计算而得。注:合计时排除了年龄未详部分,因此结果与1935年原数据中总人数有出入)

由表 5-5 可以看出,1935 年河南省 15 岁以下未成年人口所占比例为
27.74%,16—50 岁成年人口所占比例为 55.72%,与 1916 年相比,未成年人
比例有所下降,而成年人比例有所上升。这一结果也与 1953 年人口普查结果
相近似。

三、1953 年人口年龄结构

表 5-6 　1953 年河南省人口年龄结构

年龄段	实数			比例		
	男	女	共计	男	女	共计
0—4	3660939	3397033	7057972	16.41	15.82	16.12
5—9	2523196	2181979	4705175	11.31	10.16	10.75
10—14	2119785	1750643	3870428	9.50	8.15	8.84
15—19	1983282	1752989	3736271	8.89	8.17	8.53
20—24	1691750	1616350	3308100	7.58	7.53	7.56
25—29	1678638	1591009	3269647	7.52	7.41	7.47
30—34	1528974	1499812	3028786	6.85	6.99	6.92
35—39	1421186	1399974	2821160	6.37	6.52	6.44
40—44	1223501	1171287	2394788	5.48	5.46	5.47
45—49	1138921	1138746	2277667	5.10	5.30	5.20
50—54	969793	950770	1920563	4.35	4.43	4.39
55—59	816705	853958	1670663	3.66	3.98	3.82
60—64	682744	793473	1476217	3.06	3.70	3.37
65—69	458981	612793	1071774	2.06	2.85	2.45
70—74	279966	450830	730796	1.25	2.10	1.67
75—79	91371	181279	272650	0.41	0.84	0.62
80—84	36293	94418	130711	0.16	0.44	0.30
85—89	7798	26100	33898	0.03	0.12	0.08
90—94	976	4606	5582	0.00	0.02	0.01
95—99	226	1267	1493	0.00	0.01	0.00
100+	29	224	253	0.00	0.00	0.00
合计	22315054	21469540	43784594	100.00	100.00	100.00

(注:1953 年人口年龄系采用周岁统计,与前面两个年份有所不同)

(资料来源:根据中央人口调查登记办公室《中华人民共和国一九五三年人口调查统计汇编》河南省相
　　关部分整理而成。)

由表 5-6 可以看出,1953 年河南省 14 岁以下未成年人口所占比例为
35.71%,其中 0—4 岁年龄组人口所占比例高达 16.12%,14—49 岁成年人口
所占比例为 47.59%,未成年人的比例比前面两个年份的都要高,而成年人的
比例则有所下降。

将 1916 年、1935 年和 1953 年三个年份的河南人口年龄结构用人口金字
塔显示出来,如图 5-3 和 5-4 所示。由此可以看出,1916 年 41—45 岁年龄段
男性人口明显偏多,而 36—40 岁年龄段女性人口明显偏少,这样的问题很有
可能是抄录时发生错误所致。除此之外,1916 年河南人口金字塔大致呈三角
形,即各年龄段所占比例由下到上依次减少,人口越年轻,所占比例越高。这
种塔底宽大的人口金字塔反映的是一种增长型的人口年龄结构。而 1935 年
河南人口金字塔则有所不同,30 岁以下年龄段所占比例相差不多,30 岁以上
年龄段始呈三角形。即 1916 年金字塔向上平移几个台阶保持不变,而塔基没
有进一步扩大。这反映了近 20 年来出生率的下降,或婴幼儿死亡率的上升,
如果人口登记中未成年人漏报率没有明显上升的话。前面第四章的分析也显
示 1916—1935 年间是人口增长率较低的时期。这当是受到此时种种天灾人
祸影响的结果。此外,1935 年人口金字塔 20 岁年龄组以上部分与 1916 年人
口金字塔非常相似这一点,也相互印证了这两个年份人口数据的可靠性。

1953 年分年龄段金字塔整体也呈三角形,同样反映了一种增长型的年龄
结构。其最大的特点就是 0—4 岁年龄组人口所占比例非常高,这反映了
1949 年以来人口出生率的迅速上升及婴幼儿死亡率的下降。此外,10—14
岁年龄段和 20—24 岁年龄段人口所占比例明显偏低,以至影响了该人口金
字塔边缘曲线的连续性,说明这两个年龄段人口的出生率明显偏低。10—14
岁年龄段人口出生年份约在 1939—1943 年间,正值八年抗战期间。而 20—
24 岁年龄段人口出生年份约在 1929—1933 年间,正值中原大战、国共内战期
间。这三个年龄段出生率的巨大反差,充分说明了战争环境对人口出生率的
巨大影响。两者再进行比较,可知 20—24 岁年龄段人口出生率更低,因此可
以说 20 世纪 30 年代初的内战比抗日战争对河南人口出生率的影响更为
显著。

再结合详细的分年龄人口金字塔(如图 5-4)可知,分年龄人口数在从上
到下呈整体增长趋势的同时,还存在一个周期波动的趋势。1953 年时 9 岁、

1916年河南省人口金字塔

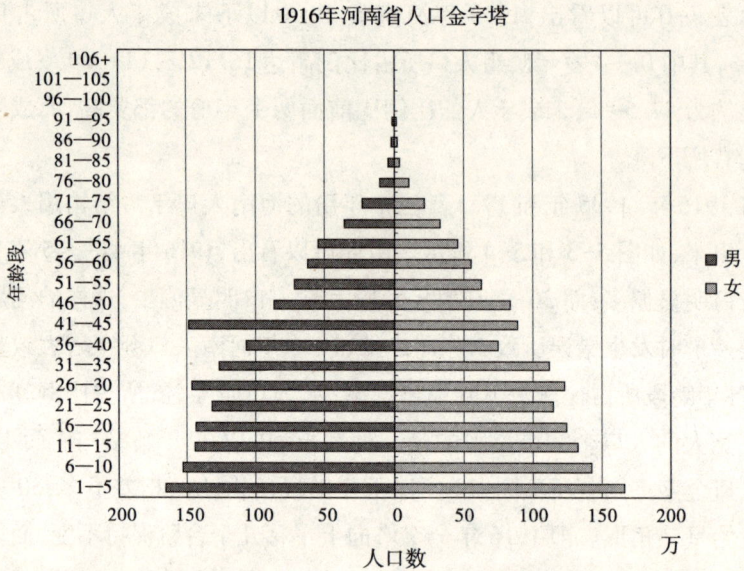

1935年河南省人口金字塔

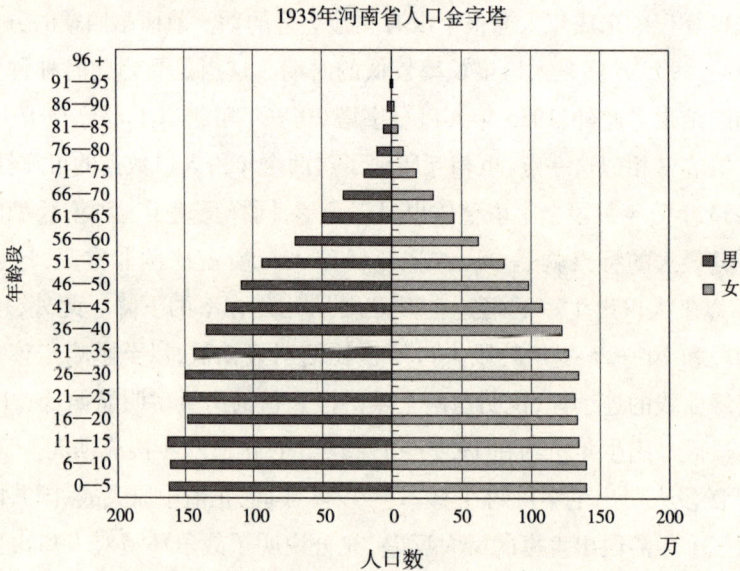

图 5-3　1916 年与 1935 年河南省人口金字塔

15 岁、21 岁、31 岁、41 岁人口数处在周期的谷底,即 1944、1938、1932、1922、1912 年时人口出生率降到谷底;而 18 岁、28 岁、34 岁、44 岁人口处在周期的波峰,即 1935、1925、1919、1909 年时人口出生率升至波峰。即逐年人口出生

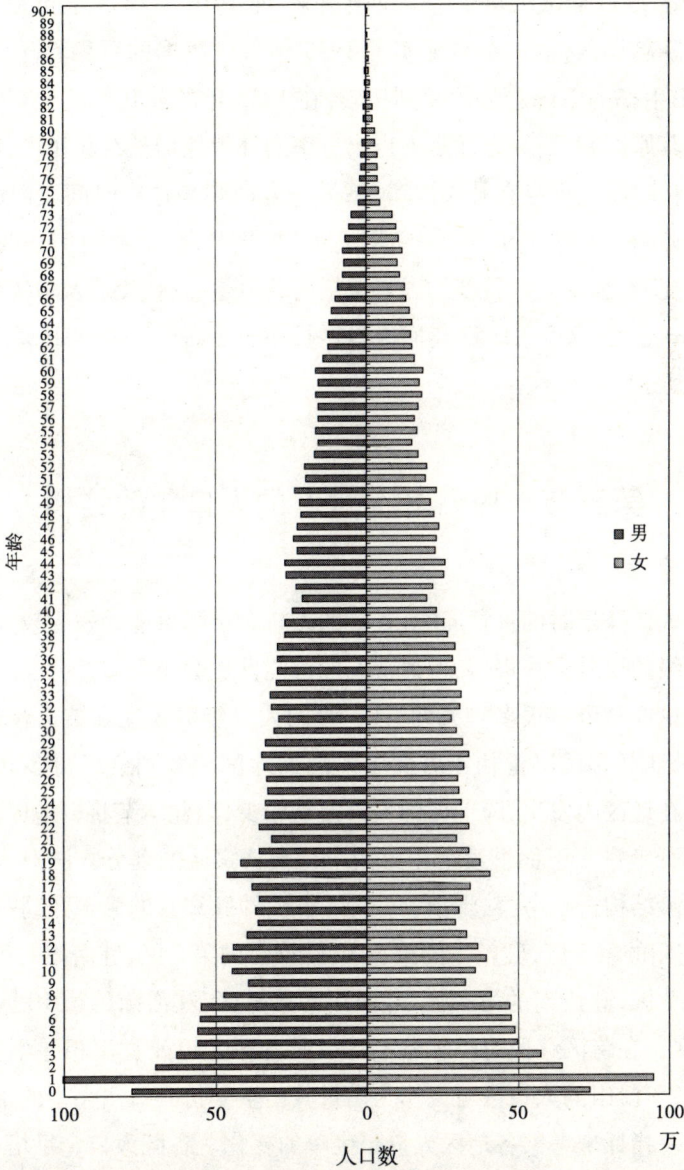

图 5-4　1953 年河南省人口金字塔

率也存在一个波动的趋势。人口出生率降至谷底的年份往往有重大战争或灾
荒爆发,在接下来的几年时间里出生率往往会出现补偿性增长。

比较 1935 年和 1953 年人口金字塔可以看出,1935 年人口金字塔的形状完全能够在 1953 年人口金字塔上反映出来,即 1916—1935 年间人口出生率的持续下降趋势,这也进一步证实了 1935 年人口数据的可靠性。1935 年以后,人口出生率的下降趋势才得到扭转,在 1953 年的前几年甚至有了大幅度提高。究其原因有二:一方面是人口出生率的补偿性增长在起作用,也就是说人口在较长时段上也存在补偿性增长;另一方面则是这一时间段河南的人口转变已经开始,即从"高出生率—高死亡率"的模式向"高出生率—低死亡率"的模式转变,有利于人口转变的因素包括公共卫生、现代交通及救灾赈灾体系的发展。这也是 1935—1953 年间人口增长率明显高于 1916—1935 年间的重要原因,如图 5-4 所示。

第三节　1935 年分地区的人口年龄结构

由于人口登记时的种种问题,各县的人口金字塔可能会发生较大的误差,但地区一级的误差会小很多,偏离常态的可能性也会小很多,因此在这一层面得出的结论亦会可靠很多。另外,县一级的人口年龄—性别结构容易受到移民流动的影响(移民以青壮年男性居多),而地区一级则会好得多,因为人口流动主要在地区内发生,跨地区的人口流动较少,因此本节将以地区而不是县为单位展开考察。下面继续采用第四章行政督察区的划分方法对 1935 年分区人口年龄结构进行考察,将全省分为 11 区,即驻郑县的第 1 区,驻商丘的第 2 区,驻安阳的第 3 区,驻新乡的第 4 区,驻许昌的第 5 区,驻南阳的第 6 区,驻淮阳的第 7 区,驻汝南的第 8 区,驻潢川的第 9 区,驻洛阳的第 10 区,驻陕县的第 11 区。在跨区移民可以忽略不计以及各区人口死亡率相差不大这两个前提下,各年龄组的人口数可以作为衡量其出生年份人口出生率的指标,下面将运用这一指标来考察各地区人口出生率的变化。各区人口金字塔如图 5-5所示。

1935 年第 1 区人口金字塔

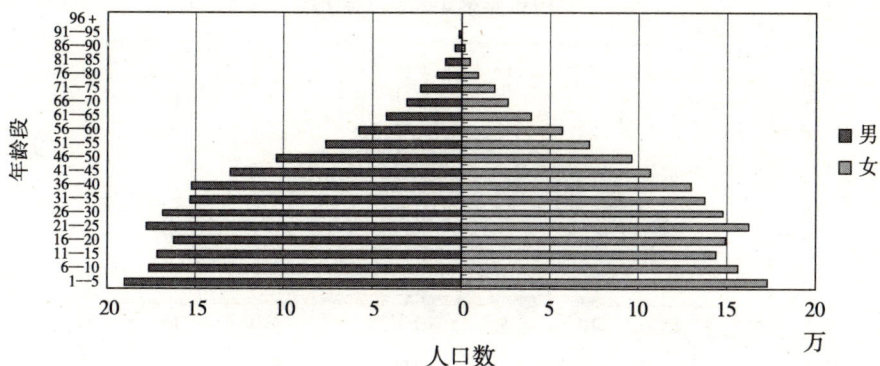

1935 年第 2 区人口金字塔

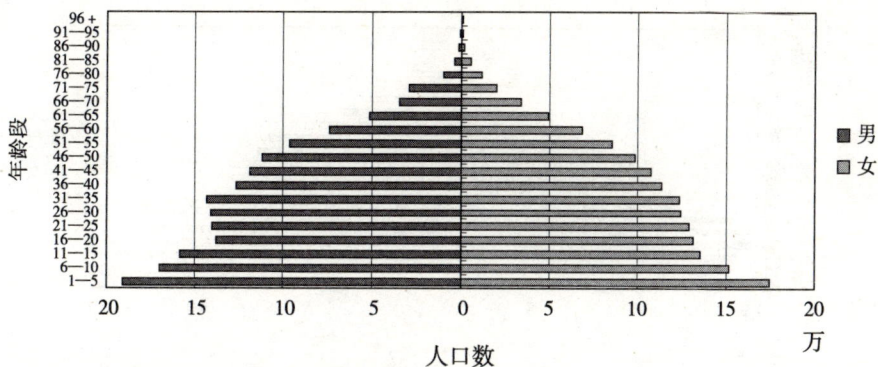

1935 年第 3 区人口金字塔

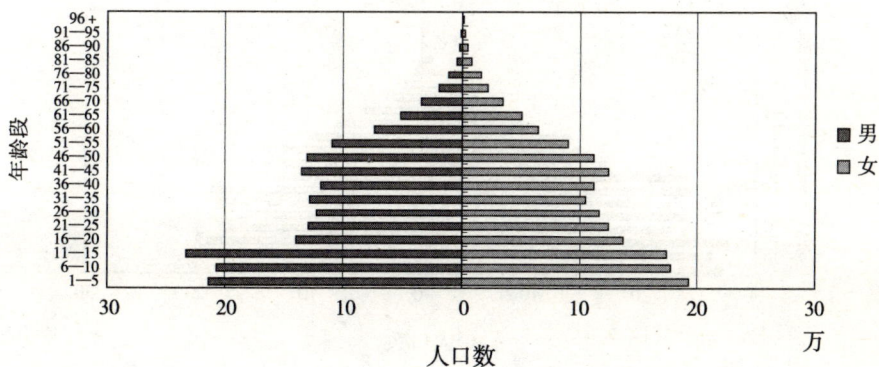

1935 年第 4 区人口金字塔

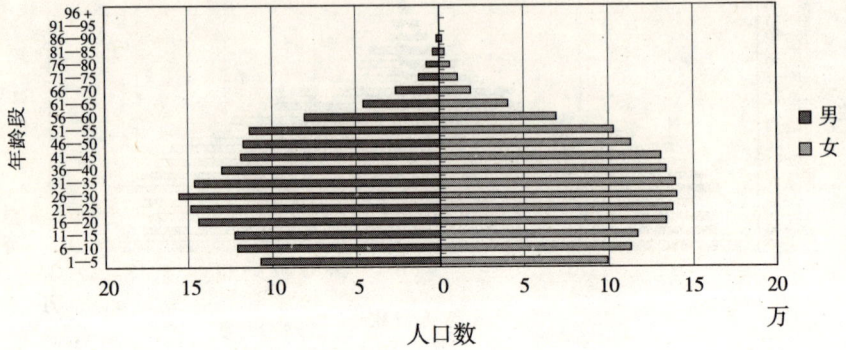

1935 年第 5 区人口金字塔

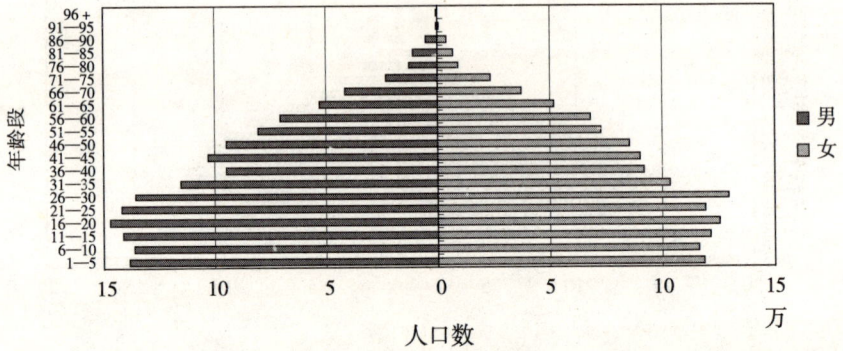

1935 年第 6 区人口金字塔

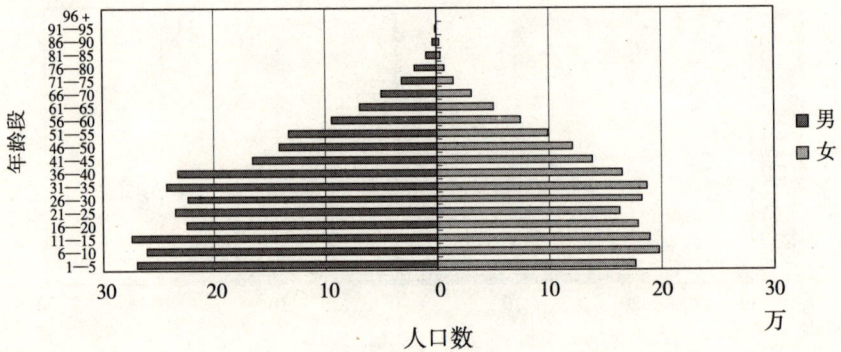

1935 年第 7 区人口金字塔

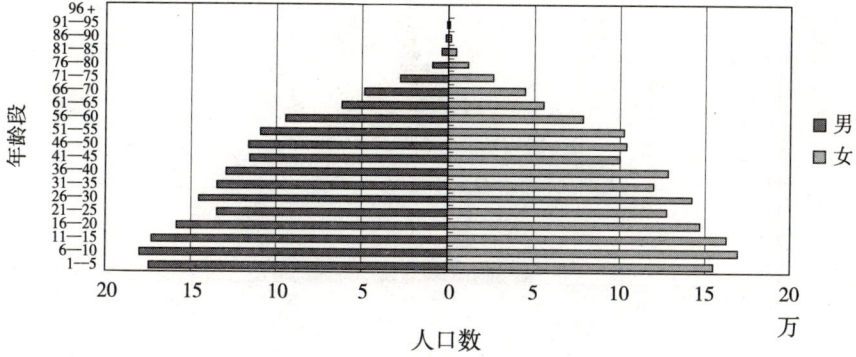

年龄段 / 人口数 / 万

男
女

1935 年第 8 区人口金字塔

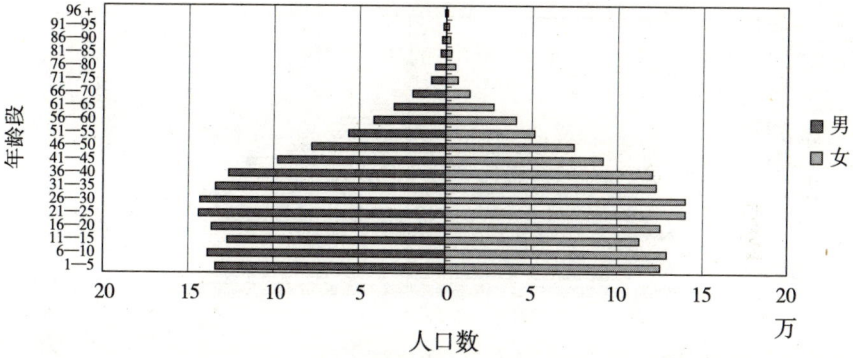

年龄段 / 人口数 / 万

男
女

1935 年第 9 区人口金字塔

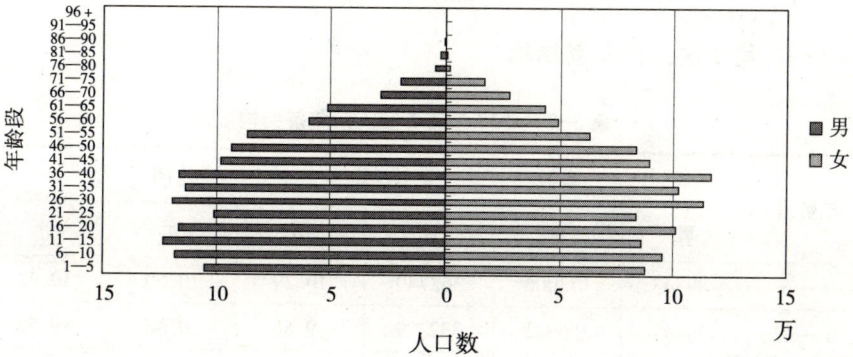

年龄段 / 人口数 / 万

男
女

1935 年第 10 区人口金字塔

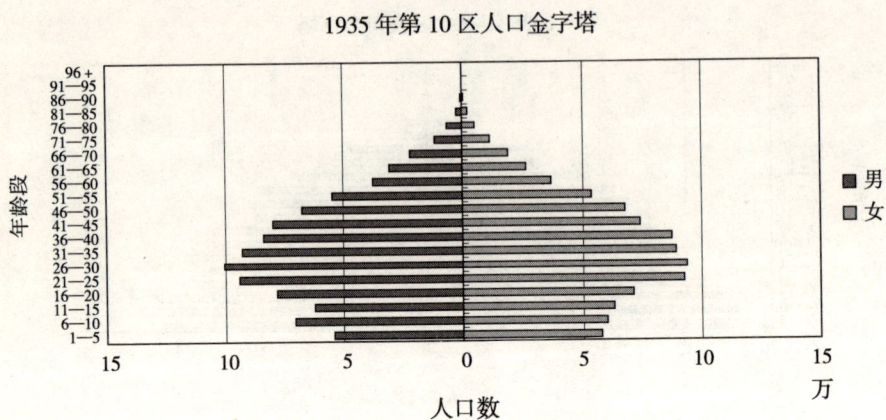

1935 年第 11 区人口金字塔

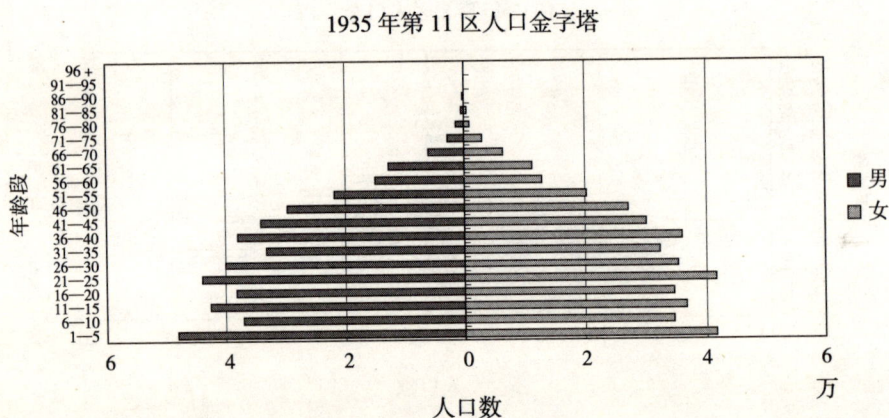

图 5-5　1935 年河南省第 1—11 区人口金字塔

一、第 1 区人口年龄结构

表 5-7　1935 年第 1 区人口年龄结构

年龄段	实数			比例		
	男	女	计	男	女	计
1—5	189743	173006	362749	10.29	10.60	10.43
6—10	176447	155942	332389	9.56	9.56	9.56
11—15	171812	144169	315981	9.31	8.83	9.09

年龄段	实数			比例		
	男	女	计	男	女	计
16—20	162173	149063	311236	8.79	9.13	8.95
21—25	177598	162349	339947	9.63	9.95	9.78
26—30	168393	147940	316333	9.13	9.07	9.10
31—35	153264	137352	290616	8.31	8.42	8.36
36—40	152502	130349	282851	8.27	7.99	8.14
41—45	129831	107083	236914	7.04	6.56	6.81
46—50	104012	96376	200388	5.64	5.91	5.76
51—55	76093	72166	148259	4.12	4.42	4.26
56—60	57754	56637	114391	3.13	3.47	3.29
61—65	42533	39456	81989	2.31	2.42	2.36
66—70	30556	26270	56826	1.66	1.61	1.63
71—75	22994	18471	41465	1.25	1.13	1.19
76—80	13754	9017	22771	0.75	0.55	0.65
81—85	9371	4499	13870	0.51	0.28	0.40
86—90	4174	1383	5557	0.23	0.08	0.16
91—95	1711	309	2020	0.09	0.02	0.06
96+	68	65	133	0.00	0.00	0.00
合计	1844783	1631902	3476685	100.00	100.00	100.00

（资料来源:根据《河南统计月报》1936年第7期分县分年龄人口数字计算而得）

　　由表5-7并结合其相应的人口金字塔可知,从老到幼各年龄组人口数持续上升,21—25岁年龄组人口数达到一个峰值,然后开始下降,16—20岁年龄组人口跌到谷底,之后又开始回升。也就是说,第1区人口出生率在1911—1915年间开始出现显著下降,到1916—1920年间跌到谷底。

二、第 2 区人口年龄结构

表 5-8　1935 年第 2 区人口年龄结构

年龄段	实数			比例		
	男	女	计	男	女	计
1—5	190829	174848	365677	10.98	11.15	11.06
6—10	170146	151282	321428	9.79	9.65	9.72
11—15	158298	135219	293517	9.10	8.63	8.88
16—20	137571	131754	269325	7.91	8.40	8.15
21—25	140345	129166	269511	8.07	8.24	8.15
26—30	140933	124369	265302	8.11	7.93	8.02
31—35	143297	123865	267162	8.24	7.90	8.08
36—40	126249	113485	239734	7.26	7.24	7.25
41—45	118130	107789	225919	6.79	6.88	6.83
46—50	111700	98312	210012	6.42	6.27	6.35
51—55	96378	85372	181750	5.54	5.45	5.50
56—60	73594	68708	142302	4.23	4.38	4.30
61—65	51485	49135	100620	2.96	3.13	3.04
66—70	34311	34186	68497	1.97	2.18	2.07
71—75	29071	20207	49278	1.67	1.29	1.49
76—80	9893	11327	21220	0.57	0.72	0.64
81—85	3826	5100	8926	0.22	0.33	0.27
86—90	1540	1839	3379	0.09	0.12	0.10
91—95	715	1001	1716	0.04	0.06	0.05
96+	274	686	960	0.02	0.04	0.03
合计	1738585	1567650	3306235	100.00	100.00	100.00

(资料来源:同表 5-6)

　　由表 5-8 并结合其相应的人口金字塔可知,从老到幼各年龄组人口数持续上升,31—35 岁年龄组人口数达到一个峰值,然后开始下降,26—30 岁年龄组人口数跌到谷底,之后又开始回升。也就是说,第 2 区人口出生率在1901—1905 年间开始出现显著下降,到 1906—1910 年间跌到谷底。

三、第 3 区人口年龄结构

表 5-9 1935 年第 3 区人口年龄结构

年龄段	实数			比例		
	男	女	计	男	女	计
1—5	214017	192487	406504	11.48	11.51	11.49
6—10	206106	178042	384148	11.05	10.65	10.86
11—15	232933	174794	407727	12.49	10.46	11.53
16—20	139217	137698	276915	7.47	8.24	7.83
21—25	128781	124357	253138	6.91	7.44	7.16
26—30	122177	116087	238264	6.55	6.94	6.74
31—35	127619	105361	232980	6.84	6.30	6.59
36—40	118625	112449	231074	6.36	6.73	6.53
41—45	134540	124841	259381	7.22	7.47	7.33
46—50	130380	112221	242601	6.99	6.71	6.86
51—55	109919	89435	199354	5.90	5.35	5.64
56—60	74228	64562	138790	3.98	3.86	3.92
61—65	51387	51195	102582	2.76	3.06	2.90
66—70	34495	34064	68559	1.85	2.04	1.94
71—75	19851	22210	42061	1.06	1.33	1.19
76—80	11325	16223	27548	0.61	0.97	0.78
81—85	4609	8361	12970	0.25	0.50	0.37
86—90	2791	4853	7644	0.15	0.29	0.22
91—95	1380	1870	3250	0.07	0.11	0.09
96+	216	670	886	0.01	0.04	0.03
合计	1864596	1671780	3536376	100.00	100.00	100.00

（资料来源：同表 5-6）

由表 5-9 并结合其相应的人口金字塔可知,从老到幼各年龄组人口数持续上升,41—45 岁年龄组人口数达到一个峰值,然后开始下降,36—40 岁年龄组人口数跌到谷底,直到 11—15 岁年龄组人口数才出现显著增长。也就是说,第 3 区人口出生率在 1891—1895 年间开始出现显著下降,到 1896—

1900 年间跌到谷底,直到 1921—1925 年间才又出现显著增长。

四、第 4 区人口年龄结构

表 5-10　1935 年第 4 区人口年龄结构

年龄段	实数			比例		
	男	女	计	男	女	计
1—5	106982	99362	206344	6.69	6.57	6.63
6—10	120936	113001	233937	7.56	7.47	7.52
11—15	121944	116823	238767	7.62	7.72	7.67
16—20	143716	134065	277781	8.98	8.86	8.93
21—25	148421	138025	286446	9.28	9.13	9.20
26—30	155037	139927	294964	9.69	9.25	9.48
31—35	146013	139325	285338	9.13	9.21	9.17
36—40	129686	133792	263478	8.11	8.85	8.47
41—45	118713	130972	249685	7.42	8.66	8.02
46—50	116642	113409	230051	7.29	7.50	7.39
51—55	112874	102807	215681	7.06	6.80	6.93
56—60	81070	69334	150404	5.07	4.58	4.83
61—65	45747	40809	86556	2.86	2.70	2.78
66—70	26465	18677	45142	1.65	1.23	1.45
71—75	11993	10875	22868	0.75	0.72	0.73
76—80	7540	6511	14051	0.47	0.43	0.45
81—85	3875	2972	6847	0.24	0.20	0.22
86—90	1737	1670	3407	0.11	0.11	0.11
91—95	121	108	229	0.01	0.01	0.01
96+	19	18	37	0.00	0.00	0.00
合计	1599531	1512482	3112013	100.00	100.00	100.00

(资料来源:同表 5-6)

　　由表 5-10 并结合其相应的人口金字塔可知,从老到幼各年龄组人口数持续上升,26—30 岁年龄组人口数达到一个峰值,然后开始一直下降,直到 1—5 岁年龄组。也就是说,第 4 区人口出生率在 1906—1910 年间开始出现显著下降,然后一直持续到1935年。

五、第5区人口年龄结构

表5-11 1935年第5区人口年龄结构

年龄段	实数			比例		
	男	女	计	男	女	计
1—5	138623	118478	257101	8.97	8.62	8.81
6—10	135877	115675	251552	8.79	8.42	8.62
11—15	141259	121038	262297	9.14	8.81	8.98
16—20	147338	125254	272592	9.53	9.12	9.34
21—25	142130	118792	260922	9.20	8.65	8.94
26—30	135453	129514	264967	8.76	9.43	9.08
31—35	114655	103453	218108	7.42	7.53	7.47
36—40	94329	91460	185789	6.10	6.66	6.36
41—45	102774	90004	192778	6.65	6.55	6.60
46—50	94861	85106	179967	6.14	6.19	6.16
51—55	80412	72955	153367	5.20	5.31	5.25
56—60	70128	68086	138214	4.54	4.96	4.73
61—65	53357	51734	105091	3.45	3.77	3.60
66—70	41576	37411	78987	2.69	2.72	2.71
71—75	23156	23495	46651	1.50	1.71	1.60
76—80	12589	9208	21797	0.81	0.67	0.75
81—85	10721	6941	17662	0.69	0.51	0.60
86—90	5188	4297	9485	0.34	0.31	0.32
91—95	863	857	1720	0.06	0.06	0.06
96+	323	51	374	0.02	0.02	0.01
合计	1545612	1373809	2919421	100.00	100.00	100.00

(资料来源:同表5-6)

由表5-11并结合其相应的人口金字塔可知,从老到幼各年龄组人口数基本上持续上升,16—20岁年龄组人口数达到一个峰值,然后开始下降,6—10岁年龄组人口数跌到谷底,之后又开始回升。也就是说,第5区人口出生率在 1916—1920 年间开始出现显著下降,到 1926—1930 年间跌到谷底。

六、第 6 区人口年龄结构

表 5-12　1935 年第 6 区人口年龄结构

年龄段	实数			比例		
	男	女	计	男	女	计
1—5	269534	176615	446149	10.07	8.91	9.57
6—10	260775	197338	458113	9.74	9.95	9.83
11—15	274220	189500	463720	10.24	9.56	9.95
16—20	223382	178534	401916	8.34	9.00	8.62
21—25	234610	162158	396768	8.76	8.18	8.51
26—30	222768	182831	405599	8.32	9.22	8.70
31—35	241761	187080	428841	9.03	9.44	9.20
36—40	232320	164598	396918	8.68	8.30	8.52
41—45	165553	138692	304245	6.18	6.99	6.53
46—50	141007	121417	262424	5.27	6.12	5.63
51—55	133251	99190	232441	4.98	5.00	4.99
56—60	94791	75183	169974	3.54	3.79	3.65
61—65	68948	50933	119881	2.58	2.57	2.57
66—70	49482	30968	80450	1.85	1.56	1.73
71—75	31516	15025	46541	1.18	0.76	1.00
76—80	19863	7044	26907	0.74	0.36	0.58
81—85	9178	2999	12177	0.34	0.15	0.26
86—90	3569	2229	5798	0.13	0.11	0.12
91—95	664	437	1101	0.02	0.02	0.02
96+	11	21	32	0.00	0.00	0.00
合计	2677203	1982792	4659995	100.00	100.00	100.00

(资料来源:同表 5-6)

　　由表 5-12 并结合其相应的人口金字塔可知,从老到幼各年龄组人口数持续上升,31—35 岁年龄组人口数达到一个峰值,然后开始下降,21—25 岁年龄组人口数跌到谷底,直到 11—15 岁年龄组人口数才出现显著增长。也就是说,第 6 区人口出生率在 1901—1905 年间开始出现显著下降,到 1911—1915 年间跌到谷底,直到 1921—1925 年间才又出现显著增长。另外可以注意到,该区的男女性别不平衡最为突出。第六区性别比的差异似应考虑到溺婴的问题,行政院农村复兴委员会在南阳地区调查时发现"唐河、邓县、南召一带溺女婴的风气很盛,因为嫁女时例须'赔田''赔枪',赔不起的人家,只得早些牺牲女儿"①。

七、第 7 区人口年龄结构

表 5-13 1935 年第 7 区人口年龄结构

年龄段	实数			比例		
	男	女	计	男	女	计
1—5	174547	154381	328928	9.60	9.19	9.40
6—10	179835	169012	348847	9.89	10.06	9.97
11—15	172743	162548	335291	9.50	9.68	9.59
16—20	158707	146589	305296	8.73	8.73	8.73
21—25	134869	127370	262239	7.42	7.58	7.50
26—30	145411	142502	287913	8.00	8.48	8.23
31—35	134795	120339	255134	7.41	7.16	7.29
36—40	129264	128160	257424	7.11	7.63	7.36
41—45	115482	99772	215254	6.35	5.94	6.15
46—50	115770	103869	219639	6.37	6.18	6.28
51—55	109030	102017	211047	6.00	6.07	6.03
56—60	94264	78236	172500	5.18	4.66	4.93
61—65	61572	55554	117126	3.39	3.31	3.35
66—70	48595	44428	93023	2.67	2.65	2.66
71—75	27943	26295	54238	1.54	1.57	1.55
76—80	9610	11560	21170	0.53	0.69	0.61
81—85	4059	4934	8993	0.22	0.29	0.26
86—90	1381	1353	2734	0.08	0.08	0.08

---

① 行政院农村复兴委员会:《河南省农村调查》,商务印书馆 1934 年版,第 116 页。

年龄段	实数			比例		
	男	女	计	男	女	计
91—95	532	567	1099	0.03	0.03	0.03
96+	72	88	160	0.00	0.01	0.00
合计	1818481	1679574	3498055	100.00	100.00	100.00

（资料来源：同表5-6）

由表5-13并结合其相应的人口金字塔可知,从老到幼各年龄组人口数基本上持续上升,26—30岁年龄组人口数达到一个峰值,然后开始下降,21—25岁年龄组人口数跌到谷底,16—20岁年龄组人口数又出现显著增长。也就是说,第7区人口出生率在1906—1910年间开始出现显著下降,到1911—1915年间跌到谷底,1916—1920年又有显著增长。

八、第8区人口年龄结构

表5-14 1935年第8区人口年龄结构

年龄段	实数			比例		
	男	女	计	男	女	计
1—5	134123	125048	259171	9.40	9.36	9.38
6—10	138747	129267	268014	9.72	9.68	9.70
11—15	127131	113260	240391	8.91	8.48	8.70
16—20	136186	125085	261271	9.54	9.36	9.46
21—25	143918	139891	283809	10.09	10.47	10.27
26—30	142870	139967	282837	10.01	10.48	10.24
31—35	133643	123376	257019	9.37	9.23	9.30
36—40	125939	120807	246746	8.83	9.04	8.93
41—45	97853	91261	189114	6.86	6.83	6.84
46—50	77822	74402	152224	5.45	5.57	5.51
51—55	56109	51879	107988	3.93	3.88	3.91
56—60	41276	40700	81976	2.89	3.05	2.97
61—65	30051	27913	57964	2.11	2.09	2.10

年龄段	实数			比例		
	男	女	计	男	女	计
66—70	19096	13784	32880	1.34	1.03	1.19
71—75	8514	6989	15503	0.60	0.52	0.56
76—80	6456	5079	11535	0.45	0.38	0.42
81—85	3396	3183	6579	0.24	0.24	0.24
86—90	1935	1980	3915	0.14	0.15	0.14
91—95	1356	1279	2635	0.10	0.10	0.10
96+	553	877	1430	0.04	0.07	0.05
合计	1426974	1336027	2763001	100.00	100.00	100.00

（资料来源：同表5-6）

　　由表5-14并结合其相应的人口金字塔可知，从老到幼各年龄组人口数持续上升，21—25岁年龄组人口数达到一个峰值，然后开始下降，11—15岁年龄组人口数跌到谷底，之后又开始回升。也就是说，第8区人口出生率在1911—1915年间开始出现显著下降，到1916—1920年间跌到谷底。

九、第9区人口年龄结构

表5-15　1935年第9区人口年龄结构

年龄段	实数			比例		
	男	女	计	男	女	计
1—5	104759	87653	192412	7.72	7.56	7.65
6—10	118192	95263	213455	8.71	8.21	8.48
11—15	123300	86013	209313	9.09	7.42	8.32
16—20	116422	100834	217256	8.58	8.69	8.63
21—25	100798	83582	184380	7.43	7.21	7.33
26—30	119140	113002	232142	8.78	9.74	9.22
31—35	113649	102123	215772	8.38	8.81	8.57
36—40	116315	116724	233039	8.57	10.06	9.26
41—45	98364	89370	187734	7.25	7.71	7.46

年龄段	实数			比例		
	男	女	计	男	女	计
46—50	93206	83366	176572	6.87	7.19	7.02
51—55	86257	62718	148975	6.36	5.41	5.92
56—60	59361	48793	108154	4.38	4.21	4.30
61—65	51632	43233	94865	3.81	3.73	3.77
66—70	28420	27729	56149	2.09	2.39	2.23
71—75	19558	17003	36561	1.44	1.47	1.45
76—80	4707	1836	6543	0.35	0.16	0.26
81—85	2232	465	2697	0.16	0.04	0.11
86—90	379	95	474	0.03	0.01	0.02
91—95	108	15	123	0.01	0.00	0.00
96+	8	4	12	0.00	0.00	0.00
合计	1356807	1159821	2516628	100.00	100.00	100.00

（资料来源：同表 5-6）

　　由表 5-15 并结合其相应的人口金字塔可知，从老到幼各年龄组人口数持续上升，36—40 岁年龄组人口数达到一个峰值，然后开始下降，21—25 岁年龄组人口数跌到谷底，11—15 岁年龄组人口数再次达到峰值。也就是说，第 9 区人口出生率在 1896—1900 年间开始出现显著下降，到 1911—1915 年间跌到谷底，后有所回升，1921—1925 年间开始再次下降。

十、第 10 区人口年龄结构

表 5-16　1935 年第 10 区人口年龄结构

年龄段	实数			比例		
	男	女	计	男	女	计
1—5	54440	57774	112214	5.75	6.35	6.04
6—10	70326	59731	130057	7.42	6.57	7.00
11—15	62427	63157	125584	6.59	6.94	6.76

年龄段	实数			比例		
	男	女	计	男	女	计
16—20	77683	71156	148839	8.20	7.82	8.01
21—25	93913	92092	186005	9.91	10.12	10.01
26—30	100385	93205	193590	10.59	10.24	10.42
31—35	92924	88810	181734	9.81	9.76	9.78
36—40	83550	87087	170637	8.82	9.57	9.19
41—45	79350	73702	153052	8.37	8.10	8.24
46—50	67421	67246	134667	7.12	7.39	7.25
51—55	54812	53397	108209	5.78	5.87	5.83
56—60	37286	37056	74342	3.93	4.07	4.00
61—65	30498	26418	56916	3.22	2.90	3.06
66—70	21830	18984	40814	2.30	2.09	2.20
71—75	11483	11775	23258	1.21	1.29	1.25
76—80	6226	5085	11311	0.66	0.56	0.61
81—85	2268	2326	4594	0.24	0.26	0.25
86—90	716	765	1481	0.08	0.08	0.08
91—95	40	50	90	0.00	0.01	0.00
96+	8	12	20	0.00	0.00	0.00
合计	947586	909828	1857414	100.00	100.00	100.00

(资料来源:同表5-6)

由表5-16并结合其相应的人口金字塔可知,从老到幼各年龄组人口数持续上升,26—30岁年龄组人口数达到一个峰值,然后开始一直下降,直到1—5岁年龄组。也就是说,第10区人口出生率在1906—1910年间开始出现显著下降,然后一直持续到1935年。

十一、第 11 区人口年龄结构

表 5-17　1935 年第 11 区人口年龄结构

年龄段	实数			比例		
	男	女	计	男	女	计
1—5	48116	41618	89734	10.81	10.29	10.56
6—10	37166	34596	71762	8.35	8.56	8.45
11—15	42534	36595	79129	9.56	9.05	9.32
16—20	38309	34501	72810	8.61	8.53	8.57
21—25	44054	41648	85702	9.90	10.30	10.09
26—30	40123	35220	75343	9.01	8.71	8.87
31—35	33182	32312	65494	7.45	7.99	7.71
36—40	37914	35988	73902	8.52	8.90	8.70
41—45	34227	29907	64134	7.69	7.40	7.55
46—50	29650	26992	56642	6.66	6.68	6.67
51—55	21683	20199	41882	4.87	5.00	4.93
56—60	14912	12806	27718	3.35	3.17	3.26
61—65	12511	11188	23699	2.81	2.77	2.79
66—70	5960	6460	12420	1.34	1.60	1.46
71—75	2770	3008	5778	0.62	0.74	0.68
76—80	1380	817	2197	0.31	0.20	0.26
81—85	482	373	855	0.11	0.09	0.10
86—90	133	59	192	0.03	0.01	0.02
91—95	25	27	52	0.01	0.01	0.01
96+	3	5	8	0.00	0.00	0.00
合计	445134	404319	849453	100.00	100.00	100.00

（资料来源:同表 5-6）

　　由表 5-17 并结合其相应的人口金字塔可知,从老到幼各年龄组人口数基本上持续上升,21—25 岁年龄组人口数达到一个峰值,然后呈下降趋势,6—10 岁年龄组人口数跌到谷底,直到 1—5 岁年龄组人口数又出现显著增长。也就是说,第 11 区人口出生率在 1911—1915 年间开始出现显著下降,到1926—1930 年间跌到谷底,1931—1935 年间又出现显著增长。与其他地区相比,第 11 区人口出生率短期波动较大。

十二、各区综述

综上所述,人口出生率开始显著下降的时间段:第 3 区(安阳)在 1891—1895 年间,第 9 区(潢川)在 1896—1900 年间,第 2 区(商丘)和第 6 区(南阳)在 1901—1905 年间,第 4 区(新乡)、第 7 区(淮阳)和第 10 区(洛阳)在 1906—1910 年间,第 1 区(郑县)、第 8 区(汝南)和第 11 区(陕县)在 1911—1915 年间,第 5 区(许昌)在 1916—1920 年间。也就是说,1900 年前只有最北边的安阳地区和最南边的潢川地区人口出生率发生了显著下降,20 世纪初豫中地区外围的商丘、南阳、新乡、淮阳和洛阳地区开始显著下降,1910—1919 年间地理上次中心的郑县、汝南地区及陕县地区(陕县地区是个例外)开始显著下降,直到 20 世纪 20 年代地理上最中心的许昌地区才开始显著下降。可见 20 世纪前 20 年内,全省绝大多数地区人口出生率都发生了下降,人口出生率的下降是从地理上的外围到中心逐步开始的,如图 5-6 所示。

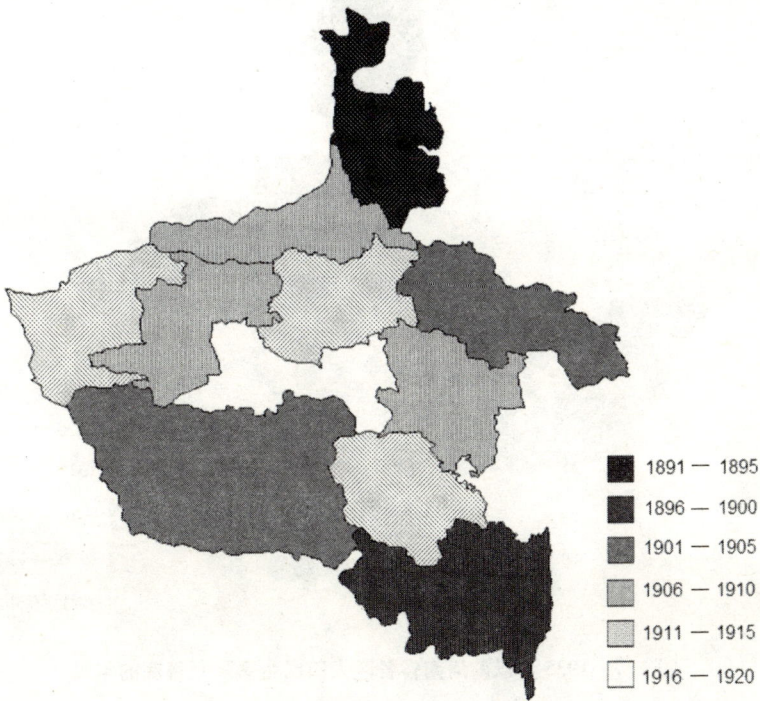

■	1891 — 1895
■	1896 — 1900
▨	1901 — 1905
▨	1906 — 1910
▨	1911 — 1915
□	1916 — 1920

图 5-6 1935 年以前河南省各区人口出生率显著下降的年份

人口出生率降至谷底的时间段：第 3 区（安阳）在 1896—1900 年间，第 2 区（商丘）在 1906—1910 年间，第 6 区（南阳）、第 7 区（淮阳）和第 9 区（潢川）在 1911—1915 年间，第 1 区（郑县）、第 8 区（汝南）在 1916—1920 年间，第 5 区（许昌）、第 11 区（陕县）在 1926—1930 年间，而第 4 区（新乡）、第 10 区（洛阳）直到 1935 年人口出生率都在持续下降中。也就是说，1910 年前只有豫北的安阳地区和豫东的商丘地区人口出生率降至谷底，1910—1919 年间南部的南阳、潢川、淮阳、汝南地区和郑县地区（郑县地区是个例外）降至谷底，20 世纪 20 年代中西部的许昌和陕县地区降至谷底，而西北的洛阳和新乡地区持续下降，直到 1935 年仍未见底。如第四章所述，1935—1953 年间南部地区普遍有相对较高的人口增长率，这与南部地区人口出生率较早触底反弹有一定关系，如图 5-7 所示。

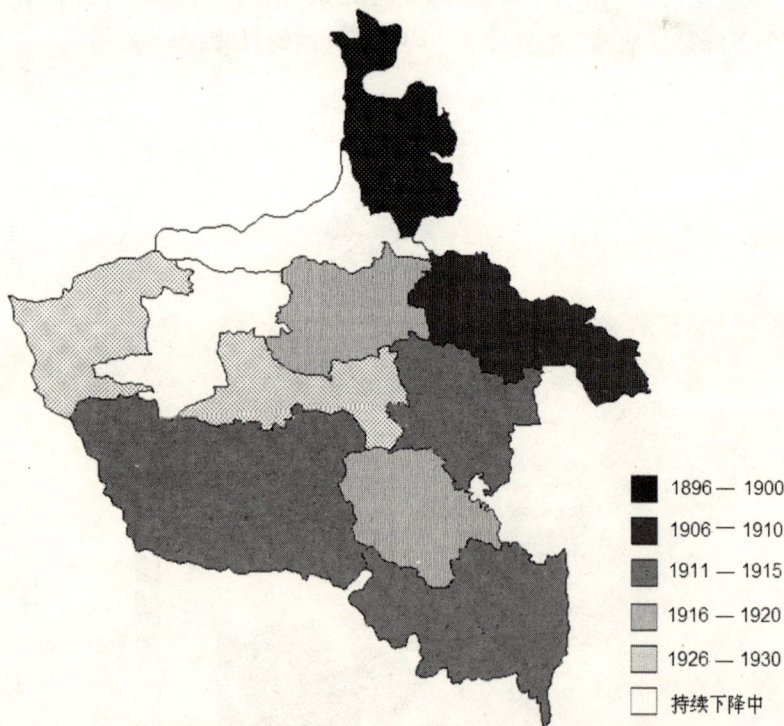

图 5-7　1935 年以前河南省各区人口出生率降至谷底的年代

以上两者结合起来可以看出各地区人口出生率从开始下降到触底反弹所

用的时间:安阳、商丘、淮阳、汝南、郑县地区都在 5 年之内,也就是其持续下降时间并不长。南阳、许昌地区在 10 年之内,潢川、陕县地区在 15 年之内,洛阳、新乡地区则更长。简单来说,在东部平原地区人口出生率短时间内就会有较大的变化,而在西部山区则变化较为平缓。在当时条件下人口出生率的下降主要是各种天灾人祸引起的,因此这也反映了东部平原地区和西部山区对灾荒影响不同的敏感程度,如图 5-8 所示。

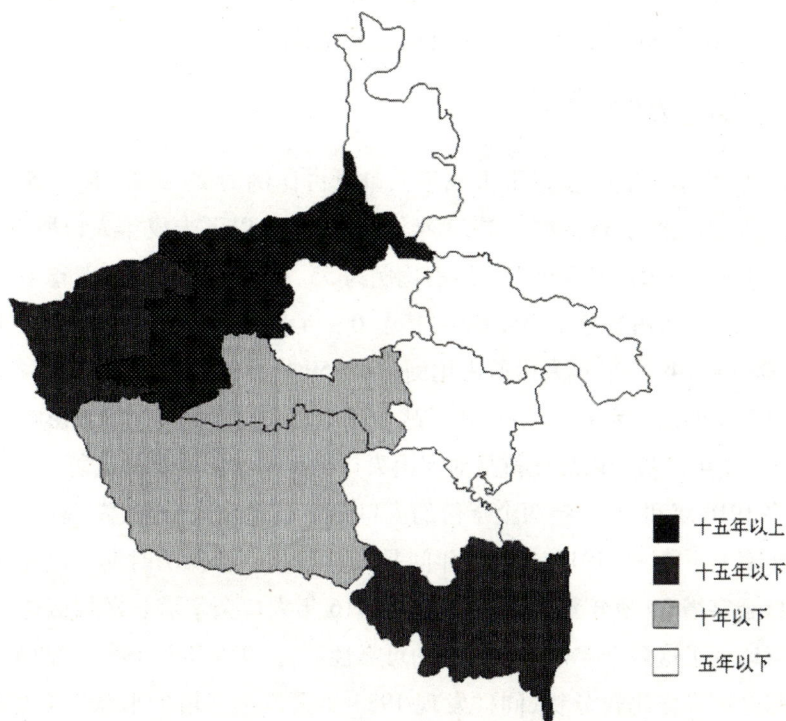

十五年以上
十五年以下
十年以下
五年以下

图 5-8　1935 年以前河南省各区人口出生率从下降到触底所用时间

小　结

一、人口的性别结构

20 世纪上半期中国官方人口统计中,性别比偏高是一个较为普遍的现象,这是女性人口漏报率远高于男性的缘故。

1916 年分县性别比分布中,河南省中部、西部、南部山区县份人口性别比普遍较高,这可能有两方面的原因:一是这些地区登记质量较差,女性漏登现象比较严重;二是这些地区条件艰苦,单身男性比例明显较其他地区为多。

1935 年分县性别比分布中,南阳地区和潢川地区各县性别比普遍明显高出其他地区,这两个区很有可能发生了较为普遍的女性人口漏报。中心城市及新兴城镇所在县性别比明显偏高,通常流入城镇地区找工作的主要是单身男性人口,这是这些地区性别比偏高的主要原因。

二、人口的年龄结构

1916 年河南省 15 岁以下未成年人口所占比例为 29.97%,16—50 岁成年人口所占比例为 53.39%。1935 年河南省 15 岁以下未成年人口所占比例为 27.74%,16—50 岁成年人口所占比例为 55.72%。1953 年河南省 14 岁以下未成年人口所占比例为 35.71%,其中 0—4 岁年龄组人口所占比例高达 16.12%,14—49 岁成年人口所占比例为 47.59%。1953 年人口金字塔各个年龄段出生率的巨大反差,充分说明了战争环境对人口出生率的巨大影响,而且 20 世纪 30 年代初的内战比抗战对河南人口出生率的影响更为显著。

将 1916 年和 1935 年两个年份的人口金字塔作比较分析,发现近二十年来出生率的下降,即 1916—1935 年间是人口增长率较低的时期。此外,1935 年人口金字塔 20 岁年龄组以上部分与 1916 年人口金字塔非常相似这一点,也相互印证了这两个年份人口数据的可靠性。将 1935 年和 1953 年两个年份的人口金字塔作比较分析,同样发现 1935 年人口金字塔的形状完全能够在 1953 年人口金字塔上反映出来,即 1916—1935 年间人口出生率的持续下降趋势。这也进一步证实了 1935 年人口数据的可靠性。1935 年以后,人口出生率的下降趋势才得到扭转,在 1953 年的前几年甚至有了大幅度提高。究其原因有二:一方面是人口出生率的补偿性增长在起作用,也就是说人口在较长时段上也存在补偿性增长;另一方面则是这一时间段河南的人口转变已经开始,即从"高出生率—高死亡率"的模式向"高出生率—低死亡率"的模式转变,有利于人口转变的因素包括公共卫生、现代交通及救灾赈灾体系的发展。这也是 1935—1953 年间人口增长率明显高于 1916—1935 年间的重要原因。

在跨区移民可以忽略不计以及各区人口死亡率相差不大这两个前提下，各年龄组的人口数，可以作为衡量其出生年份人口出生率的指标。据此对各地区进行分析，20 世纪前 20 年内，全省绝大多数地区人口出生率都发生了下降，人口出生率的下降是从外围到中心逐步开始的。1935—1953 年间南部地区人口增长率普遍较高，这与南部地区人口出生率较早触底反弹有一定关系。各地区人口出生率从开始下降到触底反弹所用的时间，东部平原地区较短，而西部山区则相对较长。简单来说，在东部平原地区人口出生率短时间内就会有较大的变化，而在西部山区则变化较为平缓。在当时条件下人口出生率的下降主要是各种天灾人祸引起的，因此这也反映了东部平原地区和西部山区对灾荒影响不同的敏感程度。

第六章　人口的婚姻、生育和家庭

第一节　婚姻状况

婚姻是男女两性依照法律、家庭,由婚姻、血缘或收养关系所组成的社会生活的基本单位。家庭是婚姻的结果,也是人口再生产的基本单位,婚姻状况由未婚、有偶、鳏寡、离婚四种类型组成。从 1935 年河南省政府对 56 个县的社会情况调查来看,婚姻状况是典型的一夫一妻制的婚姻形式,纳妾现象非常少,且纳妾一般是在繁华城区、个别县份和富户家庭,各种婚姻统计报表中也不含对妾的情况统计。从调查中可知,童养媳现象在贫寒人家比较常见,然而也未见于各种统计资料中,可以这样说,民国时期河南省的婚姻状况呈现该时代独有的特色。

一、分地区的婚姻状况

表 6-1　1935 年河南省各区人口婚姻状态(百分比)

地方别	总计				男				女			
	未婚	有偶	鳏寡	离婚	未婚	有偶	鳏夫	离婚	未婚	有偶	寡妇	离婚
第1区	20.49	73.68	5.80	0.03	22.57	71.44	5.96	0.03	18.15	76.21	5.61	0.03
第2区	20.24	72.93	6.80	0.03	21.04	71.59	7.34	0.03	19.35	74.43	6.19	0.03
第3区	18.53	74.14	7.30	0.03	23.09	69.71	7.17	0.03	13.34	79.18	7.44	0.04
第4区	13.59	80.69	5.67	0.05	15.99	78.83	5.12	0.06	11.02	82.67	6.26	0.05

续表

地方别	总计				男				女			
	未婚	有偶	鳏寡	离婚	未婚	有偶	鳏夫	离婚	未婚	有偶	寡妇	离婚
第5区	22.50	74.5	2.96	0.04	24.19	72.43	3.34	0.04	14.22	83.21	2.52	0.05
第6区	18.50	72.35	9.13	0.02	21.71	65.79	12.48	0.02	13.47	80.94	5.57	0.02
第7区	18.30	75.37	6.31	0.01	19.42	74.95	5.62	0.01	17.08	75.84	7.06	0.01
第8区	22.09	71.73	6.16	0.02	24.48	69.81	5.69	0.02	19.50	73.81	6.67	0.02
第9区	21.18	72.49	6.09	0.23	25.14	67.98	6.68	0.20	16.59	77.74	5.40	0.27
第10区	17.41	74.87	7.68	0.04	19.49	71.08	9.39	0.04	14.18	79.71	6.06	0.04
第11区	15.85	79.35	4.76	0.04	19.89	74.96	5.11	0.04	11.30	84.31	4.36	0.03
全省	19.06	74.42	6.47	0.05	21.51	71.43	7.02	0.04	15.59	78.50	5.85	0.05

（资料来源：根据《河南统计月报》1936年第7期第50—53页"河南人口统计"中分县婚姻状况整理计算而得）

表6-1是1935年河南省及各区人口的婚姻状态。全省男性未婚率是21.51%，有偶率是71.43%，丧偶率是7.02%，离婚率是0.04%。女性未婚率是15.59%，有偶率是78.50%，丧偶率是5.85%，离婚率是0.05%。两相比较，男性未婚率高于女性，而男性有偶率则明显低于女性，也就是说女性比男性更普遍结婚。值得注意的是，男性丧偶率高于女性，这主要是受第6区男性丧偶率较高的影响，第6区的这一数字可能有问题，抬高了全省的男性丧偶率水平。另外当时普遍较低的人均寿命也使女性更长寿的现象未能充分表现出来。离婚率整体很低，女性略高于男性。上述四个指标中，有偶率是最关键的一个，下面分别考察各区有偶率与性别——年龄结构的关系。

表6-2　有偶率与性别——年龄结构的关系

地方别	男有偶率	女有偶率	女、男有偶率之差	女、男有偶率之比	性别比	总人口有偶率	15岁以下人口比例
第1区	71.4	76.2	4.8	1.1	112.9	73.7	29.1
第2区	71.6	74.4	2.8	1.0	111.8	72.9	29.7
第3区	69.7	79.2	9.5	1.1	111.1	74.1	33.9
第4区	78.8	82.7	3.8	1.0	106.3	80.7	21.8
第5区	72.4	83.2	10.8	1.1	113.9	77.4	26.4

地方别	男有偶率	女有偶率	女、男有偶率之差	女、男有偶率之比	性别比	总人口有偶率	15岁以下人口比例
第6区	65.8	80.9	15.1	1.2	135.4	72.4	29.4
第7区	74.9	75.8	0.9	1.0	110.3	75.4	29.0
第8区	69.8	73.8	4.0	1.1	107.1	71.7	27.8
第9区	68.0	77.7	9.8	1.1	120.6	72.5	24.4
第10区	71.1	79.7	8.6	1.1	107.9	82.0	19.8
第11区	75.0	84.3	9.3	1.1	113.6	79.4	28.3
全省	71.4	78.5	7.1	1.1	114.6	75.2	27.3

（资料来源：根据表6-1及表5-6—表5-16相关数字计算而得）

男女两性有偶率之差距,第6区(南阳)和第5区(许昌)最高,而第7区(淮南)和第2区(商丘)最低。通过比较我们可以看出:男女有偶率相差悬殊的地区,其男女性别比较高,反之则较低。这说明在近代中国这样一个成年女性普遍结婚的社会里,男女有偶率相差悬殊意味着男性有偶率较低,男性结婚更为困难,而这些地区男女比例往往更不均衡。

总人口有偶率,第10区(洛阳)和第4区(新乡)最高,而第8区(汝南)最低,这与各地区不同的人口年龄结构有关。前面第五章曾指出,洛阳和新乡地区人口出生率在持续下降中,未成年人口比例在全省最低。将各区总人口的有偶率与各区15岁以下人口进行比较,可以发现15岁以下未成年人比例较高的区,有偶率较低,反之则较高。有偶率是已婚人口数与总人口数的比值,众所周知,15岁以下未成年人有偶率远低于成人水平,因此这一结果也证明了人口年龄结构与有偶率的关系。

历史性的有偶率分析也支持这一点。1916年的婚姻统计只包括已婚和未婚两项,在全省范围内男性有偶率是56.4%,女性有偶率是61.6%。男性仍低于女性,但男女两性有偶率都低于1935年的水平。这主要是受到年龄结构历史变化的影响。如第四、第五章所述,1916—1935年间全省人口增长率较低,部分原因在于人口出生率的下降,因此15岁以下未成年人所占比例在下降,而成人所占比例在上升,人口年龄结构趋于老化。随着时间的推移,人口年龄结构的变化影响到有偶率的变化。鉴于人口年龄结构对有偶率的影响,下面将进一步考察分年龄的婚姻状况。

二、分年龄的婚姻状况

表6-3　1935年开封市民分年龄结婚率

年龄段	男	女	合计	年龄段	男	女	合计
10岁以下	0.0	0.0	0.0	45—49	96.2	99.0	97.5
10—14	0.8	0.9	0.9	50—54	97.6	99.0	98.3
15—19	13.4	38.1	24.9	55—59	97.3	97.8	97.6
20—24	59.7	86.8	75.1	60—64	96.5	98.6	97.6
25—29	75.9	98.2	79.0	65—69	92.0	100.0	96.6
30—34	88.6	99.0	93.6	70—74	93.5	100.0	97.3
35—39	93.0	99.5	96.1	75—79	95.7	100.0	98.9
40—44	93.1	98.2	95.4	80岁以上	100.0	100.0	100.0

(资料来源:根据《河南统计月报》1935年第6期第119页"开封社会调查"之人口部分表六计算而得)

　　1935年开封市民分年龄结婚率如表6-3所示。男性结婚率在15—19岁年龄段时只有13.4%,在20—24岁年龄段达59.7%,此时大量男性人口开始进入婚姻状态。从此结婚率缓慢上升,到35—39岁年龄段时达到90%以上。女性结婚率在15—19岁年龄段时即达38.1%,在20—24岁年龄段急剧上升到86.8%,在25—29岁年龄段更达到98.2%。也就是说,在30岁时绝大多数女人都已经结婚了。两性相比,男性总体结婚率54.9%,女性是65.0%,男性低于女性。开始大量进入婚姻状态的年龄段,男性在20—24岁,女性在15—19岁,女性比男性要早。绝大多数人口进入婚姻状态的年龄段,男性在35—39岁,女性25—29岁,女性也比男性要早。从开始大量进入婚姻状态到绝大多数人口进入婚姻状态,男性用时15年,女性用时10年,女性比男性更快。总之,女性比男性更普遍结婚,更早结婚,结婚年龄段更集中,如图6-1所示。

　　下面再看1935年各区中等学校学生分年龄婚姻状况:

开封市民分年龄结婚率

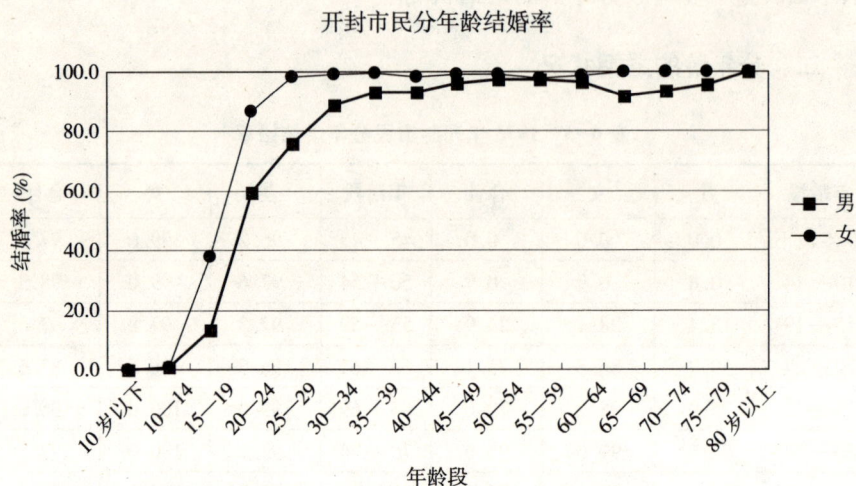

图 6-1 1935 年开封市民分年龄结婚率

表 6-4 1935 年河南省各区中等学校学生分年龄已婚率（百分比）

地方别	12 岁以下	13 岁	14 岁	15 岁	16 岁	17 岁	18 岁	19 岁	20 岁以上	全体学生	各区学生比例
第 1 区	0.0	0.0	0.3	1.6	9.1	20.1	18.0	35.6	39.7	12.9	31.1
第 2 区	0.0	4.2	2.4	6.2	12.9	39.7	62.0	73.2	89.7	38.6	6.2
第 3 区	0.0	0.8	7.6	10.3	24.9	50.7	76.7	87.1	85.6	45.4	11.0
第 4 区	0.0	0.0	6.1	9.2	16.0	31.1	59.7	70.1	91.0	27.7	8.1
第 5 区	0.0	4.2	8.4	18.5	19.7	33.9	43.6	47.4	65.3	26.5	6.2
第 6 区	0.0	0.0	0.0	0.5	1.3	8.0	19.7	38.0	63.3	14.2	11.4
第 7 区	0.0	0.3	0.3	0.9	5.9	49.0	62.6	73.4	72.9	24.5	6.6
第 8 区	0.0	0.0	2.2	2.3	9.5	30.2	38.1	72.2	18.9	5.6
第 9 区	0.0	0.0	0.0	0.0	2.3	20.2	21.8	46.3	89.1	15.4	4.1
第 10 区	0.0	3.2	6.5	19.3	32.1	52.9	65.2	78.3	84.8	35.7	7.4
第 11 区	35.6	1.2	29.8	50.4	64.1	83.9	98.9	97.7	100.0	59.1	2.3
全省	1.5	0.4	1.7	3.4	6.9	15.4	20.1	27.4	33.9	24.2	100.0

（资料来源：根据《河南统计月报》1936 年第 9 期第 38 页"河南教育统计"之中等教育部分表四计算而得）

由表 6-4 可以看出，全省范围内，中等学校学生已婚率达 24.2%，其中 17

岁时学生已婚率显著上升,达 15.4%,此后一直上升到 20 岁以上的 33.9%。这主要是受到第 1 区的影响,第 1 区学生人数众多,占全省的 31.1%,因此全省的分年龄已婚率很大程度上反映了第 1 区的情况。比较而言,最为早婚的是第 11 区(陕县),已婚率在 15 岁时即过半,20 岁时更是 100%。其次是第 10 区(洛阳)和第 5 区(许昌),15 岁时已婚率已接近 20%。最为晚婚的是第 6 区(南阳)和第 8 区(汝南),已婚率分别在 19 岁和 18 岁才突破了 30%。各区已婚率随年龄上升的趋势如图 6-2 所示。通过计算各区平均结婚年龄,可以更准确地估计各区的早婚程度。如图 6-3 所示,可以直观地看出,西部北部各区比东部南部各区更为倾向早婚。

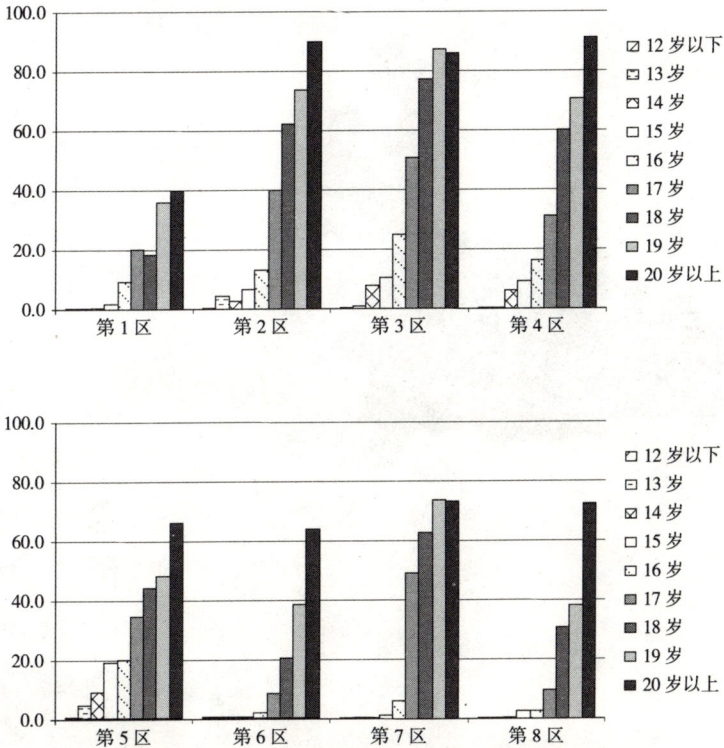

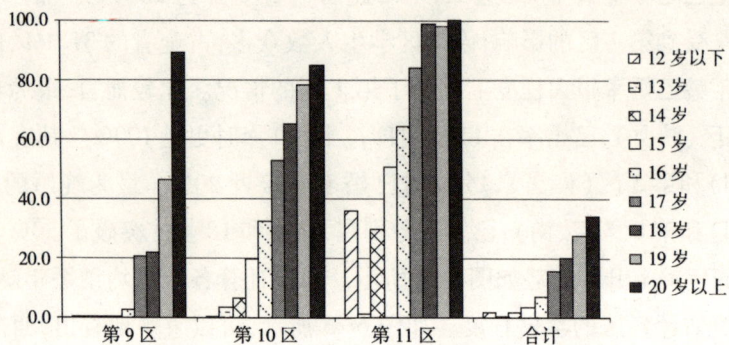

图 6-2　1935 年河南省各区中等学校学生分年龄结婚率（百分比）

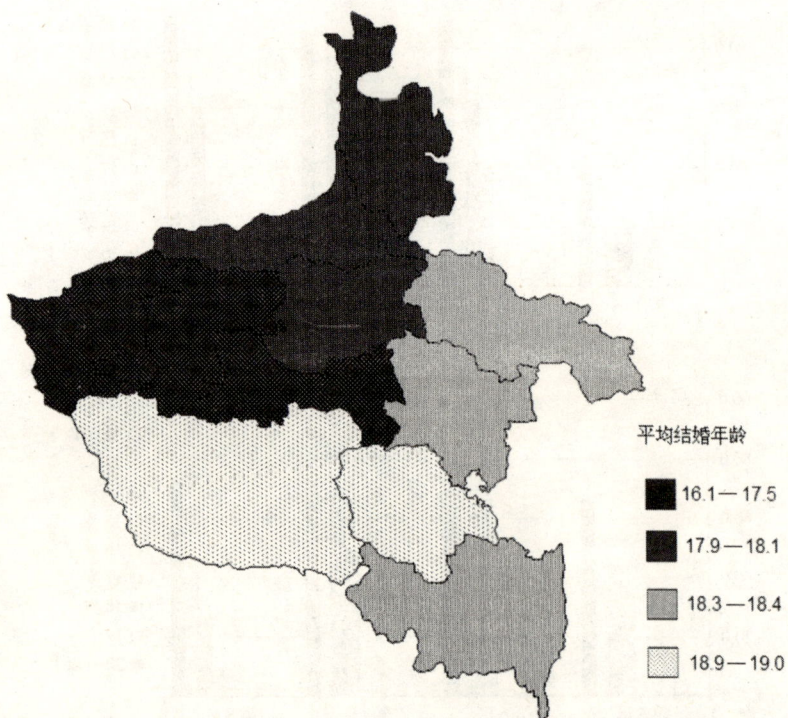

图 6-3　1935 年河南省各区中等学校学生平均婚龄

表6-5　1935年河南省各区中等学校学生平均婚龄与已婚率的关系

区别	1	2	3	4	5	6	7	8	9	10	11
平均婚龄（岁）	18.1	18.4	17.9	17.9	17.5	19.0	18.4	18.9	18.4	17.2	16.1
已婚率（%）	12.9	38.6	45.4	27.7	26.5	14.2	24.5	18.9	15.4	35.7	59.1

（资料来源：根据表6-4计算而得）

　　从各区平均结婚年龄与全体已婚率的比较来看，平均婚龄较低、倾向于早婚的地方，整体已婚率较高，反之则较低。这也证明了传统中国社会早婚与普遍结婚两者之间的密切关系。

三、离婚状况

表6-6　1929—1933年开封市请求离婚者情况汇总

项目	年份	1929年	1930年	1931年	1932年	1933年	累计
性别	男	1	1	1	1		4
	女	8	13	12	5	5	43
	合计	9	14	13	6	5	47
结婚年数	1	5	8	4	1	1	19
	2	2	1		1	1	5
	3			1	2		3
	4		1	2	1		4
	5		2	2		1	5
	6	1	1	3			5
	8	1	1			1	3
	10			1			1
	11					1	1
	15					1	1
	19				1		1
	合计	9	14	13	6	6	48

续表

项目	年份	1929年	1930年	1931年	1932年	1933年	累计
离婚年龄	15岁以下	1					1
	16—20	2	8	5	4	2	21
	21—25	3	5	4	1	2	15
	26—30	3	1	3		1	8
	31—35			1		1	2
	36岁以上				1		1
	合计	9	14	13	6	6	48
	平均年龄	22.2	22.4	20.5	23	22.2	23.8
离婚原因	虐待	7	13	6	3	5	34
	逼良为娼	1		2			3
	遗弃	1		2	2		5
	不守妇道		1				1
	对方重婚			1		1	2
	协议			2	1		3
	合计	9	14	13	6	6	48

（资料来源：《河南统计月报》1936年第1期第132页"开封社会调查"之社会病态部分表甲）

由表6-6可以看出，1929—1933年间开封市请求离婚者有48人，其中女性有44人，占92%。19人结婚年数在一年以内，占40%；36人结婚年数在5年以内，占75%。37人离婚年龄在25岁以下，占77%，平均离婚年龄23.8岁。34人的离婚原因是虐待，占71%。可见当时离婚的多数情况是年轻女性在结婚后最初几年内不堪对方虐待而主动提出的。

四、婚嫁时间

表6-7　河南省各区1936年婚嫁行为逐月分布（百分比）

地方别 ＼ 月份	1	2	3	4	5	6	7	8	9	10	11	12	全年
第1区	15.6	9.8	4.3	14.7	6.2	4.5	3.3	4.8	7.0	10.0	11.2	8.7	100.0
第2区	9.9	6.4	5.7	7.2	5.3	11.5	6.5	8.7	7.5	11.4	11.1	8.8	100.0
第3区	17.1	9.6	8.8	6.3	6.2	5.7	4.5	5.1	5.3	8.3	9.7	13.6	100.0

续表

月份\地方别	1	2	3	4	5	6	7	8	9	10	11	12	全年
第4区	17.1	8.0	5.4	6.8	4.7	2.6	2.5	3.5	9.4	9.6	12.7	17.5	100.0
第5区	15.7	11.9	8.0	7.2	6.7	4.5	2.1	5.1	7.4	8.7	10.3	12.5	100.0
第6区	14.6	9.3	8.3	6.9	6.2	5.9	6.3	6.4	7.6	9.4	10.5	8.5	100.0
第7区	24.1	8.5	6.6	7.5	4.4	4.9	4.3	5.4	7.8	10.9	9.2	100.0	
第8区	12.5	5.7	4.7	5.0	6.0	4.9	5.1	5.8	6.3	13.8	16.1	14.1	100.0
第9区	22.9	8.3	10.2	5.6	7.3	6.1	4.4	6.4	4.7	7.8	7.2	9.1	100.0
第10区	14.0	8.3	6.2	6.3	5.4	2.7	2.6	4.2	8.0	9.5	13.6	19.2	100.0
第11区	8.7	7.2	5.3	6.8	5.5	3.3	4.1	7.9	7.1	8.8	16.2	19.2	100.0
全省	15.6	8.5	6.5	6.7	5.9	4.8	4.1	5.4	7.3	9.8	12.1	13.3	100.0

(资料来源:根据《河南统计月报》1937年第7期"河南省各县户口动态统计表"中关于婚嫁行为的统
计项目整理计算而得)

由表6-7可以看出,全省范围内冬季三个月(11月、12月、1月)的婚嫁行
为最多,占全年的41.0%,而夏季三个月(6月、7月、8月)的婚嫁行为最少,只
占全年的14.3%。婚嫁行为夏天最少冬天最多,反映了农忙农闲对此类活动
的影响。全省各区大体也是这个模式,只是第2区(商丘)和第6区(南阳)的
婚嫁行为在全年各月的分配相对更为均匀。此外,婚嫁月份分布与人口年龄
结构也有一定关系。

表6-8　婚嫁月份与人口年龄结构之关系

地方别	冬季婚嫁比例 (11、12、1月)	夏季婚嫁比例 (6、7、8月)	15岁以下 人口所占比例
第1区	35.5	12.6	29.1
第2区	29.8	26.6	29.7
第3区	40.4	15.3	33.9
第4区	47.3	8.7	21.8
第5区	38.5	11.6	26.4
第6区	33.6	18.6	29.4
第7区	44.2	14.2	29.0
第8区	42.7	15.8	27.8
第9区	39.2	16.9	24.4

续表

地方别	冬季婚嫁比例 （11、12、1 月）	夏季婚嫁比例 （6、7、8 月）	15 岁以下 人口所占比例
第 10 区	46.8	9.5	19.8
第 11 区	44.1	15.3	28.3
全省	41.0	14.3	27.3

（资料来源：根据表 6-7 及表 5-6——表 5-16 相关数字计算而得）

　　婚嫁比例冬季最多、夏季最少、季节分配最不均匀的地区，其未成年人比例就偏低，反之则偏高。这可能有两个方面的原因。一是未成年人比例偏低的地区，人口出生率也低，整体人口处于萎缩状态，因此适婚年龄人群规模偏小，其婚嫁行为多数在冬季三个月能完成，不需要延伸到其他月份。而未成年人比例偏高的地区，适婚人群规模较大，其婚嫁行为在冬季三个月内较难完成，因而在其他月份也出现了较多的婚嫁行为。一般农村婚嫁行为优先选择在冬季农闲时分来进行。二是未成年人比例偏低的地区，老龄化更为严重，劳动力更为紧缺，在夏季农忙时分进行婚嫁行为的可能性更低。但也有相反的情况：一般城市里未成年人比例比农村低，但城市里婚嫁行为的季节分配不像农村那样易受到农事安排的影响而集中在农闲时分。

第二节　生育状况

一、粗出生率

　　出生率是指将某一时期内某一人口或部分人口中的活产数与该时期内这一人口或部分人口的人数之比所计算的比率。出生率通常用千分数表示，最常用的时期是一年。出生率一词在使用时若不加限定条件，可以理解为粗出生率，即将全部活产数与整个人口相比（一般为年率，即为该年活产数与年中人口之比）[1]。

　　根据人口年龄结构计算的河南全省人口出生率 1912 年为 19.3‰，1916

---

① 　侯杨方：《中国人口史》（第六卷·1910—1953），复旦大学出版社 2001 年版，第 355 页。

年为 19.8‰,1935 年为 10.0‰。这些数字都严重偏低,因为人口的动态统计,包括出生和死亡,比单纯的户口统计更为困难,漏报是经常发生的情况。下面是 1935 年河南省各区的出生率和死亡率:

表 6-9　1935 年河南省各区的出生率和死亡率 　　（‰）

地方别	出生	死亡	总人数	出生率	死亡率
第 1 区	57851	41782	3525568	16.4	11.9
第 2 区	19731	12538	3439562	5.7	3.6
第 3 区	23012	21914	3556477	6.5	6.2
第 4 区	31644	24706	3154060	10.0	7.8
第 5 区	20284	12814	2969971	6.8	4.3
第 6 区	42798	26885	5101082	8.4	5.3
第 7 区	31790	20520	3549564	9.0	5.8
第 8 区	22382	13398	2789252	8.0	4.8
第 9 区	27320	19895	2935699	9.3	6.8
第 10 区	50934	39275	2470713	20.6	15.9
第 11 区	16417	12532	1081288	15.2	11.6
全省	344163	246259	34573236	10.0	7.1

（资料来源:根据《河南省统计月报》1936 年第 11 期第 55 页"河南省各县人口出生死亡比较表"相关数字计算而得）

由表 6-9 可以看出,全省人口出生率为 10.0‰,死亡率为 7.1‰,在基本没有外来移民的情况下,人口增长率只有 2.9‰。各区的出生率和死亡率相差甚大,出生率从 5.7‰ 到 20.6‰,死亡率从 3.6‰ 到 15.9‰ 都有,这能否说明各地出生率和死亡率有显著差异呢? 将各区的出生率和死亡率进行比较可以发现,某一地区出生率高死亡率也高,出生率低死亡率也低。这与实际情况相差甚远,当时河南省内各地区并未处在人口转变的不同阶段,因而只能归结为登记过程的问题。某些地区人口动态统计执行较好,出生和死亡都遗漏较少,而另外一些地区出生和死亡都遗漏较多。鉴于整体出生率和死亡率统计都严重偏低①,这些统计指标只能反映各地漏报率的高低。总体而言,西北四

---

① 据侯杨方估计,20 世纪上半期中国人口粗出生率可能在 35‰—40‰ 之间,粗死亡率在 25‰—35‰ 之间,侯杨方:《中国人口史》(第六卷·1910—1953),复旦大学出版社 2001 年版,第 358—389 页。

个区(郑县、新乡、洛阳、陕县)漏报率较低,其他地区漏报率较高。排除漏报的因素,如前面第四章所述,1916—1935 年间出生率还是发生了下降。省会开封的历年出生率统计也是严重偏低,开封作为省城有大量成年人流入,从而降低了其粗出生率。

表 6-10　1925—1934 年开封历年人口出生率

| 年份 | 人口数 | 出生 | | | 出生率 |
		共计	男	女	千分比
1934	287808	1320	721	599	4.58
1933	261023	1527	811	716	5.85
1932	254572	1426	758	668	5.60
1931	251629	1447	769	678	5.75
1930	236547	1446	784	662	6.11
1929	232925	1362	738	624	5.85
1928	231369	1234	685	549	5.33
1927	230263	1157	645	512	5.02
1926	229483	1053	603	450	4.59
1925	226758	950	537	413	4.19

(资料来源:《河南统计月报》1935 年第 6 期第 110 页"开封社会调查"之人口部分表四)

二、生育年龄分布

表 6-11　1935 年下半年河南省各区婴儿生母年龄分布(百分比)

年龄段	11—15	16—20	21—25	26—30	31—35	36—40	41—45	46—50	合计	低龄产妇	高龄产妇	平均婚龄
第 1 区	0.1	9.1	24.4	28.5	22.8	12.2	2.7	0.2	100.0	9.2	15.1	18.1
第 2 区	0.1	13.2	27.9	28.0	18.1	8.7	3.6	0.5	100.0	13.3	12.7	18.4
第 3 区	0.4	12.8	26.1	32.4	17.1	8.1	2.7	0.3	100.0	13.3	11.2	17.9
第 4 区	0.2	10.5	22.7	27.0	22.8	11.9	4.6	0.4	100.0	10.6	16.9	17.9
第 5 区	0.4	12.2	21.5	25.3	21.2	13.4	5.2	0.8	100.0	12.6	19.5	17.5
第 6 区	0.2	11.5	24.2	27.7	18.9	11.4	5.0	1.1	100.0	11.8	17.5	19.0
第 7 区	0.1	13.2	25.0	28.8	18.8	10.1	3.8	0.2	100.0	13.4	14.1	18.4

续表

年龄段	11—15	16—20	21—25	26—30	31—35	36—40	41—45	46—50	合计	低龄产妇	高龄产妇	平均婚龄
第8区	0.2	9.3	19.5	24.6	20.7	16.6	7.2	1.9	100.0	9.5	25.7	18.9
第9区	0.2	15.9	26.5	28.1	16.5	9.2	3.2	0.6	100.0	16.0	13.0	18.4
第10区	0.2	12.4	22.0	24.3	20.1	14.4	5.9	0.7	100.0	12.6	21.0	17.2
第11区	0.3	18.5	28.1	25.8	16.9	8.0	2.5	0.1	100.0	18.7	10.6	16.1
1935年	0.2	12.0	24.1	27.4	19.9	11.6	4.2	0.6	100.0	12.2	16.5	—
1942年	0.0	10.7	24.1	25.1	17.8	14.5	5.2	2.5	100.0	10.7	22.3	—

（资料来源：根据《河南统计月报》1936年第11期第118页"人口动态统计"之"河南省各县婴儿出生母之年龄统计表"整理计算而得）

由表6-11可以看出，1935年下半年所生婴儿中，其生母年龄最多的是26—30岁年龄段（27.4%），其次是21—25岁年龄段（24.1%），再次是31—35岁年龄段（19.9%），这三个年龄段的产妇合起来占71.4%。1935年下半年全省各区的情况基本类似，只是第8区（汝南）、第10区（洛阳）和第5区（许昌）的高龄产妇（35岁以上）比例明显偏高，而第11区（陕县）和第9区（潢川）的低龄产妇（20岁以下）比例明显偏高。从表中也可以看出，平均结婚年龄低的地区，低龄产妇比例高。这证明了早婚导致早育的经验判断。1942年伪省署只辖豫东豫北地区，情况类似，只是高龄产妇的比例有所上升。

三、婴儿活产情况

表6-12　1916年河南省各道婴儿活产率

地方别	活产			死产			活产率（%）		
	男	女	计	男	女	计	男	女	计
开封道	123161	92900	216061	16503	13530	30033	88.2	87.3	87.8
汝阳道	107847	74338	182185	39460	23227	62687	73.2	76.2	74.4
河洛道	41044	37404	78448	12558	7048	19606	76.6	84.1	80.0
河北道	68138	58813	126951	13748	13046	26794	83.2	81.8	82.6
全省	340190	263455	603645	82269	56851	139120	80.5	82.3	81.3

（资料来源：根据内务部统计科《内务统计·民国五年分河南之部》中表五"现住人口出生地方别"整理计算而得）

　　由表6-12可知,1916年河南全省婴儿活产率为81.0%,其中最高的是开封道,为87.1%,其次是河北道和河洛道,而以汝阳道为最低,只有74.4%。总体来看,北部婴儿活产率高于南部。全省来看,女婴活产率高于男婴。具体来看,开封道和河北道男婴活产率高于女婴,而汝阳道和河洛道女婴活产率高于男婴,尤以河洛道悬殊为甚,很可能河洛道的男婴活产率偏低。

第三节　户与家庭

一、历年分地区户的规模

　　户的规模是指每户所拥有的人口的多少。侯杨方认为民国时期"人口普查或人口登记中有关户的定义并不很明确,而且前后的定义以及具体执行的统计标准在不同时期、不同地点很可能并不完全统一,因此单纯比较不同统计中的户均口数也许不能说明太多的问题",他同时还认为由于"统计数字都不同程度地存在着性别比偏高的问题,所以实际上全国平均户的规模可能略大"①。

表6-13　河南省历年人口数字中的户的规模

地方别＼年份	1912	1916	1935	1936	1946	1947	1953
第1区	7.15	5.54	6.35	6.35	6.28	6.24	4.88
第2区	6.69	5.91	6.26	5.92	6.97	6.33	4.18
第3区	6.46	5.61	5.99	5.52	7.61	5.81	4.39
第4区	7.35	6.24	6.14	6.03	6.89	6.27	4.56
第5区	8.49	5.11	5.67	5.57	5.87	5.69	4.70
第6区	4.06	4.74	5.84	5.44	6.08	5.93	4.49
第7区	7.93	5.61	5.86	6.05	7.75	6.31	4.54
第8区	5.13	6.10	5.54	5.51	6.93	5.73	4.40
第9区	5.22	6.61	6.51	6.27	5.17	4.96	4.17

---

① 侯杨方:《中国人口史》(第六卷·1910—1953),复旦大学出版社2001年版,第502页。

续表

年份 地方别	1912	1916	1935	1936	1946	1947	1953
第 10 区	17.61	6.41	6.80	6.57	6.71	6.50	4.65
第 11 区	17.01	3.70	6.64	5.98	6.29	5.87	4.40
全省	7.53	5.59	6.08	5.87	6.54	5.94	4.48

由表 6-13 可以看出,1953 年河南全省平均户的规模为 4.48,而且地区差异很小,从最小的第 9 区(4.17)到最大的第 1 区(4.88),普遍低于民国时期的户的规模。如前所述,1953 年人口普查结果是河南省历年人口数字中可信度最高的,民国时期户的规模与 1953 年存在较大差别的原因,笔者认为有两个方面的可能:一是民国时期历年户口数字中人口数比户数的水分更大,其中尤以 1912 年为甚,前文已述,1912 年人口虚报非常严重;二是当时存在许多影响户的规模的消极因素,主要有战争和自然灾害。王跃生对冀南农村的研究表明,土地改革"对于农村家庭结构的影响是明显的,特别是促使其中的复合家庭解体,蜕变为核心家庭"[①]。河南与河北南部接壤,社会经济情况有很大的相似性,因此这一结论也适合河南,即土改对户的规模缩小有着一定的作用。将 1953 年分县户的规模在地图上显示,可以发现一些有意思的现象。户的规模最高的地区是郑州到洛阳和新乡间沿平汉、陇海两铁路的地区,以及许昌、漯河、商水、驻马店、信阳、南阳、开封、商丘、安阳等城市地区。前者地处河南省西北部,与前述早婚地区非常吻合,后者都是区域中心城市。早婚导致早育,进而导致户和家庭的规模增大。城市较之乡村,有更高的生活水平和更好的医疗卫生条件,导致人均寿命增加,进而导致户和家庭的规模增大。如图 6-4 所示。

二、个别地区户的规模

除历年人口普查和人口登记中的数字外,户的规模还有其他一些零散的来源,包括连续出版物中的专题考查、当时的各种社会调查,以及地方志中的

---

① 王跃生:《1930—1990 华北农村婚姻家庭变动研究》,中国社会科学院研究生院博士论文,2002 年,第 102 页。

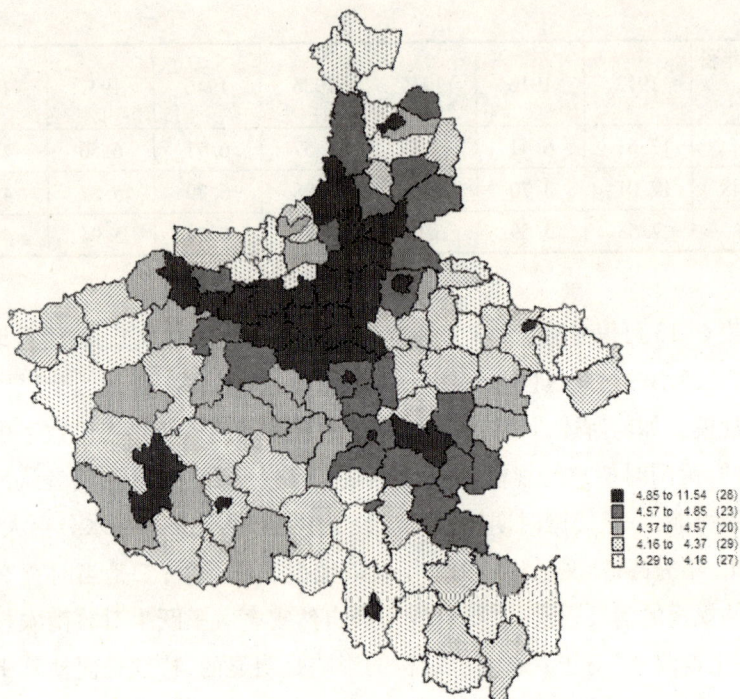

图 6-4　1953 年河南省分县户的规模

一些记录。这些数字只涉及个别地区和部分家庭,故只能作为参考。

1.连续出版物中的专题考查

20 世纪 30 年代中期,《河南统计月报》逐月刊登了开封的人口登记情况和开封社会调查专题,这为我们细致研究民国时期开封的人口、家庭提供了可能。

表 6-14　1935 年开封市不同规模户所占比例

户的规模	所占比例	户的规模	所占比例	户的规模	所占比例
1	0.0	7	5.1	13	0.2
2	16.0	8	3.0	14	0.0
3	26.8	9	1.1	15	0.1
4	21.7	10	1.1	16	0.0
5	14.8	11	0.2	17	0.0
6	9.6	12	0.2	31	0.0

(资料来源:根据《河南统计月报》1935 年第 6 期第 114 页计算所得)

1935 年开封市不同规模户所占比例如上表所示。其中最多的是三人户，占 26.8%，其次是四人户，占 21.7%，再次是二人户和五人户，分别占 16.0% 和 14.8%，其他规模户所占比例都较小。总体而言，平均户的规模，算术平均数为 4.2 人，中位数为 3.8 人，众数为 3.1 人，表明当时省会开封三口之家最为普遍。

2.各种社会调查

卜凯在 1921—1925 年间对中国 7 省 16 处的 2640 户农家进行了社会、经济方面的全面调查，其中包括河南省开封县和新郑县的 293 户农家。

表 6-15　卜凯所调查河南农家户的规模

户的规模	新郑		开封	
	数目	比例%	数目	比例%
2	3	2.1	1	0.7
3	11	7.6	3	2.0
4	18	12.5	8	5.3
5	28	19.4	13	8.7
6	20	13.9	26	17.4
7	13	9.0	22	14.8
8	14	9.7	21	14.1
9	5	3.5	19	12.8
10	16	11.1	12	8.0
11	4	2.8	13	8.7
12	5	3.5	4	2.7
13	1	0.7	5	3.4
14	1	0.7	—	0.0
15	1	0.7	1	0.7
16	2	1.4	—	0.0
18	1	0.7	1	0.7
29	1	0.7	—	0.0
合计	144	100.0	149	100.0

（资料来源：卜凯：《中国农家经济》，商务印书馆 1937 年版，第 444 页，比例系笔者计算）

由表 6-15 可以看出,新郑县最常见的户的规模是 5 人,其次是 6 人、4 人和 10 人,比例都在 10% 以上。开封县最常见的户的规模是 6 人,其次是 7 人、8 人和 9 人,比例都在 10% 以上。经过加权计算可得,新郑县 144 户农户平均户的规模为 6.97,开封县 149 户农户平均户的规模 7.83。但这些农户并非随机抽样,因而与实际整体情形可能有相当距离。

行政院农村复兴委员会在河南调查了 3 县的 15 个村,显示户的平均规模大致也在 5—7 人之间,见表 6-16。

表 6-16　河南 3 县 15 村户的规模

地方别	村庄数	户数	口数	户均规模
许昌县	5	458	2412	5.27
辉县	4	433	3038	7.02
镇平县	6	357	1764	4.94

(资料来源:根据《河南省农村调查》,商务印书馆 1934 年版,第 30—33 页内容计算而得)

其中当然也有特大的农户,行政院农村复兴委员会调查人员发现辉县稻田乡一村子"有一家很大的农家,家主李宗增,今年九十岁,大儿子已七十二岁,全家一百二十口,五代同堂",调查人员感叹道"这真是稀有的农家"[1]。然而特例是极个别的,在兵连祸结的年代里,连大户也会选择分家,如新乡县"许多大户因怕土匪,都分了家"[2]。分家是促使河南农村地权改变的因素之一,调查发现"在河南,因为负担税捐的关系,有许多大家庭往往将田产早就分析"[3],许昌 5 个村子、辉县 4 个村子、镇平 6 个村子在 1928—1933 年间分家事件持续上升,见表 6-17。

表 6-17　1928—1933 年河南 3 县 15 村分家前后户数的变化

地方别 ＼ 年份	1928	1933
许昌县	395	407

① 行政院农村复兴委员会:《河南省农村调查》,商务印书馆 1934 年版,第 96 页。
② 行政院农村复兴委员会:《河南省农村调查》,商务印书馆 1934 年版,第 104 页。
③ 行政院农村复兴委员会:《河南省农村调查》,商务印书馆 1934 年版,第 40 页。

续表

年份地方别	1928	1933
辉县	354	392
镇平县	284	304

（资料来源：根据《河南省农村调查》，商务印书馆1934年版，第41—42页内容计算而得）

3.方志中的记载

方志也记载了大量的户口数，质量参差不齐，其中详细记载了保甲和自然村的可以作为参考和印证，兹将1930年修纂、1932年印刷的《重修滑县志》所载户口数转录如下（统计时间为1930年），见表6-18。

表6-18　1930年滑县各区村落户口数

区名	村数	户数	口数	户的规模
广务区	124	11973	67949	5.68
广材区	83	8632	37826	4.38
广训区	92	10762	58549	5.44
广农区	80	8401	47261	5.63
广通区	57	5786	28441	4.92
广商区	79	6232	37020	5.94
广惠区	91	10421	57088	5.48
广工区	85	7420	41803	5.63
广敬区	70	7711	40802	5.29
广教区	87	7115	42430	5.96
广勤区	73	7011	43001	6.13
广学区	104	7290	41238	5.66
广授区	95	7762	40861	5.26
广方区	62	6560	33044	5.04
广任区	84	8399	50187	5.98
广能区	92	7454	37511	5.03
合计	1358	128929	705011	5.40

（资料来源：《重修滑县志》，民国二十一年排印本）

由表 6-18 可知,1930 年滑县平均户的规模为 5.47 人,各区户的规模最大的为 6.13 人,最小的为 4.38 人。

三、家庭的类型及组成

表 6-19　1935 年开封市民家庭同居人口之关系

同居人口之关系		符号	比例(%)	同居人口之关系		符号	比例(%)
总计	—	100.00		侄孙男	BSS	0.07	
家主	男	H	23.13	侄孙女	BSD	0.04	
	女	H	0.54	侄孙媳	BSSW	0.01	
配偶	妻	W	20.92	外祖母	MM	0.03	
	妾	Wc	0.40	舅父	MB	0.04	
宗亲	祖父	FF	0.03	外亲	姨母	MZ	0.01
	祖母	FM	0.16		表弟	MBS/FZS	0.04
	父	F	0.51		表姊	MBD/FZD	0.01
	母	M	3.81		表嫂	MBSW/FZSW	0.01
	叔父	FB	0.03		甥男	ZS	0.26
	叔母	FBW	0.02		甥女	ZD	0.07
	姑母	FZ	0.06		表侄	MBSS/FZSS	0.01
	兄	Bo	0.11		婿	DH	0.06
	弟	By	1.50		外孙男	DS	0.03
	姊	Zo	0.15		外孙女	DD	0.05
	妹	Zy	0.61	妻亲	岳父	WF	0.09
	嫂	BoW	0.31		岳母	WM	0.36
	弟媳	ByW	0.61		内兄	WBo	0.03
	子	S	18.75		内弟	WBy	0.13
	女	D	15.05		姨姐	WZo	0.01
	媳	SW	3.18		姨妹	WZy	0.06
	侄男	BS	1.11		内侄	WBS	0.07
	侄女	BD	0.29	同居	朋友	—	0.05
	侄媳	BSW	0.14		伙友	—	0.73
	孙男	SS	1.66		徒弟	—	0.74
	孙媳	SSW	0.06		男仆	—	1.15
	孙女	SD	1.13		女仆	—	1.60

表 6-19 中人类学亲属符号系笔者所加,比文字表达更准确,更少歧义。由此可以看出,户主占 23.67%,可知平均户的规模为 4.22。如果排除最后一

项"其他同居者"(即非亲属),则平均户的规模为4.04。这同1953年人口普查结果全省户均4.48的水平较为接近。这也从另一个角度证明了民国时期历年户口登记中户数偏少,导致户的规模偏大。

户主及配偶合计占44.99%,此外宗亲占49.26%,外亲占0.73%,妻亲占0.74%,其他同居者占4.27%。户主及配偶、宗亲合计占94.24%。在宗亲中,上二代占0.19%,上一代占4.43%,本身代占3.28%(不包括户主及配偶),下一代占38.51%,下二代占2.85%。祖父及父亲在户中只占0.54%,说明分家现象比较普遍,女性户主比例很低(0.54%),一般情况下只能成为单身户的户主。妾的比例(0.40%)远低于妻的比例(20.92%),说明婚姻以一夫一妻制为主,纳妾现象并不普遍。兄的比例也极低(0.11%),嫂的比例稍高(0.31%)。相反,弟的比例(1.50%)远高于弟媳的比例(0.61%),表明随着弟的结婚,一般会分户,这直接导致了联合家庭的比例不可能高。姊夫和妹夫没有出现,表明姊妹出嫁后一般不会留在娘家。儿媳的比例(3.18%)也远低于儿子的比例(18.75%),这也导致主干家庭的比例不高。同样女婿的比例(0.06%)也远低于女儿的比例(15.05%)。户主外亲、妻亲比例非常低,这表明居住在户中的基本上是父系亲属。外亲中近一半是甥男和甥女(0.33%),主要应是收养性质。而妻亲中过半是岳父母(0.45%),主要应是入赘性质。

总之,户中亲属以父系宗亲为主,其中本代的比例最高,其次是下一代,再次是上一代和下二代,上二代最少。绝大多数人口生活在核心家庭里,其次是主干家庭,联合家庭最少。由于上一代及下二代的比例并不是很高,所以主干家庭多是不完整的主干家庭。一夫一妻制婚姻占绝大多数。这也是近代中国婚姻、家庭的普遍情况。

小　结

一、婚姻状况

1.有偶率

如同近代中国其他地区一样,河南省也是一种典型的早婚和普遍结婚的模式。但不同时间、不同地点的有偶率却有相当大的差异,这主要是受到人口性别—年龄结构不同的影响。

对1935年各区有偶率与性别比的分析显示,男女有偶率相差悬殊的地区,其男女性别比较高,反之则较低。在近代中国这样一个成年女性普遍结婚的社会里,男女有偶率相差悬殊意味着男性有偶率较低,男性结婚更为困难,而这些地区男女比例往往更不均衡。

对1935年各区有偶率与年龄结构的分析显示,未成年人比例较高的区,有偶率较低,反之则较高。其主要原因是15岁以下未成年人有偶率远低于成年人水平,有偶率与人口年龄结构的关系之密切由此可见。

1916年的有偶率低于1935年的水平,同样是受到年龄结构历时变化的影响。1916—1935年间全省人口出生率出现下降,未成年人所占比例在下降,而成人所占比例在上升,人口年龄结构趋于老化。随着时间的推移,人口年龄结构的变化影响到有偶率的变化。

2.分年龄结婚率

对1935年开封市民分年龄结婚率的考察显示,女性比男性更普遍结婚,更早结婚,结婚年龄段更集中。对1935年各区中等学校学生分年龄婚姻状况的分析显示,河南省西部北部地区比东部南部地区更为倾向早婚。平均婚龄较低、倾向于早婚的地方,整体已婚率较高,反之则较低。这说明了传统中国社会早婚与普遍结婚两者之间的密切关系。

3.离婚

对1929—1933年间开封市离婚状况的考察显示,当时离婚的多数情况是年轻女性在结婚后最初几年内不堪对方虐待而主动提出的。

4.婚嫁时间

对全省一年中婚嫁时间的考察显示,婚嫁行为集中在冬季三个月,而夏季三个月最少,这主要是受到农忙农闲的影响。婚嫁月份分布与人口年龄结构也有一定关系,婚嫁行为愈集中在冬季的地区,其未成年人比例愈偏低。

二、生育状况

1.出生率

对历年出生率的考察显示,从1912—1935年出生率的登记都严重偏低,发生了普遍的漏报,总体而言,西北四个区(郑县、新乡、洛阳、陕县)漏报率较低,而其他地区漏报率较高。

2.生育年龄

对1935年生育年龄的分析显示,平均结婚年龄低的地区,低龄产妇比例高。早婚必然导致早育。

3.婴儿死亡状况

对1916年婴儿死亡状况的考察显示,全省婴儿活产率为81.0%,总体而言北部地区婴儿活产率高于南部地区。

三、户与家庭

1.户的规模

民国时期河南历年人口数字中,户的规模普遍偏高,原因可能有二:一是上报的户数没有人口数水分多;二是当时存在许多影响户的规模的消极因素,主要有战争和自然灾害,故平均户的规模有下降的趋势。要考察河南省户的规模的地区差异,只能以1953年数字为准。对分县户均口数的分析显示,两类地区户的规模最大,一是以郑州、洛阳、新乡为中心的西北部地区,二是许昌、漯河、商水、驻马店、信阳、南阳、开封、商丘、安阳等城市地区。前者与早婚地区非常吻合,后者都是区域中心城市。早婚导致早育,进而导致户和家庭的规模增大。城市较之乡村,有更高的生活水平和更好的医疗卫生条件,导致人均寿命增加,进而导致户和家庭的规模增大。

对1935年开封市不同规模户所占比例的分析表明,最多的是三人户和四人户,其次是二人户和五人户,其他规模户所占比例都较小。总体而言,当时开封三口之家最为普遍。

2.家庭的类型及组成

对1935年开封市民家庭同居人亲属关系的分析显示,户中亲属以父系宗亲为主,其中本代的比例最高,其次是下一代,再次是上一代和下二代,上二代最少。绝大多数人口生活在核心家庭里,其次是主干家庭,联合家庭最少。由于上一代及下二代的比例并不是很高,所以主干家庭多是不完整的主干家庭。一夫一妻制婚姻占绝大多数这也是近代中国婚姻、家庭的普遍情况。

第七章 人口的死亡、死因及卫生状况

第一节 死亡率

一、粗死亡率

表 7-1 1916 年河南省各道死亡率 (‰)

地方别	死亡人数			死亡率(‰)		
	男	女	总	男	女	总
开封道	266853	159228	426081	43.05	27.91	35.79
汝阳道	4898	5106	10004	0.94	1.17	1.04
河洛道	22417	23869	46286	10.95	12.91	11.88
河北道	41837	43326	85163	15.42	17.24	16.29
全省	336005	231529	567534	20.76	16.05	18.54

(资料来源:根据内务部《内务统计·民国五年分河南人口之部》中表六整理计算而得)

由表 7-1 可知,1916 年河南省的人口死亡率为 18.54‰,其中男性死亡率为 20.76‰,女性死亡率为 16.05‰。侯杨方统计的 1912 年河南省粗死亡率为 7.21‰[1],二者之间有较大差距,疑为所用资料不同所致。陈长蘅摘录的 1924 年河南等 4 县的死亡率为 27.9‰,各道中死亡率最高的是开封道,达 35.79‰,其次是河北道和河洛道,最低的是汝阳道,只有 1.04‰。然而实际的死亡率

---

[1] 侯杨方:《中国人口史》(第六卷·1910—1953),复旦大学出版社 2001 年版,第 355 页。

不可能只有 1‰,因此这只能说明汝阳道(相当于南阳、汝南、潢川地区)的人口死亡登记遗漏非常严重。侯杨方对 20 世纪上半期中国人口粗死亡率的估计为 25 — 35‰[①],因此开封道(相当于郑县、商丘、淮阳地区)的死亡率35.79‰最为可信。

表 7-2　1935 年河南省各区的出生率和死亡率　　　　(‰)

地方别	出生	死亡	总人数	出生率	死亡率
第 1 区	57851	41782	3525568	16.4	11.9
第 2 区	19731	12538	3439562	5.7	3.6
第 3 区	23012	21914	3556477	6.5	6.2
第 4 区	31644	24706	3154060	10.0	7.8
第 5 区	20284	12814	2969971	6.8	4.3
第 6 区	42798	26885	5101082	8.4	5.3
第 7 区	31790	20520	3549564	9.0	5.8
第 8 区	22382	13398	2789252	8.0	4.8
第 9 区	27320	19895	2935699	9.3	6.8
第 10 区	50934	39275	2470713	20.6	15.9
第 11 区	16417	12532	1081288	15.2	11.6
全省	344163	246259	34573236	10.0	7.1

(资料来源:根据《河南省统计月报》1936 年第 11 期第 55 页"河南省各县人口出生死比较表"相关数字计算而得)

由表 7-2 可以看出,1935 年间全省人口粗死亡率只有 7.1‰,将各区的出生率和死亡率进行比较来看,出生率和死亡率呈现出一致性,这只能归结为登记过程的问题。不同地区死亡率呈现出较大程度的差异,这主要是各地区人口死亡登记漏报率不同的结果。此外,1912 年河南全省粗死亡率也只有7.21‰,1925 — 1934 年间开封人口粗死亡率也在 3‰ — 6‰之间,都严重偏低。因此可以说,民国时期河南省的人口死亡登记遗漏现象普遍比较严重。只有 1916 年的死亡登记质量稍好,这一年份只有南部地区存在着严重的死亡漏登现象。

① 侯杨方:《中国人口史》(第六卷·1910—1953),复旦大学出版社 2001 年版,第 389 页。

表7-3　1925—1934年开封历年人口死亡率　　　　　（‰）

| 年份 | 人口数 | 死亡 | | | 死亡率 |
		共计	男	女	千分比
1934	287808	918	480	438	3.19
1933	261023	1110	563	547	4.25
1932	254572	1367	708	659	5.37
1931	251629	1386	694	692	5.51
1930	236547	1420	746	674	6.00
1929	232925	1055	713	342	4.53
1928	231269	1280	668	612	5.53
1927	230623	1215	628	587	5.27
1926	229483	1114	573	541	4.85
1925	229758	1031	528	503	4.49

（资料来源:《河南统计月报》1935年第6期第111页"开封社会调查"之人口部分表五）

二、分年龄死亡率

表7-4　1912年河南人口分年龄死亡率　　　　　（‰）

年龄段	男	女	合计
1—5	0.82	0.76	0.79
6—10	3.83	4.03	3.93
11—15	5.55	3.93	4.78
16—20	6.48	6.95	6.70
21—30	4.95	6.21	5.53
31—40	5.11	6.71	5.82
41—50	6.19	14.14	8.52
51—60	9.55	11.01	10.24
61—70	22.55	25.94	24.13
71—80	43.10	40.51	41.84
81—90	86.81	104.49	94.99
91—100	117.00	132.87	124.98
101+	947.37	1692.31	1250.00

年龄段	男	女	合计
全部	8.36	9.04	8.66

（资料来源：根据内务部统计科《内务统计第七编·河南人口之部》中表六乙相关数字整理计算而得）

由表7-4可以看出，1912年河南省1—5岁年龄段人口死亡率只有0.79‰，参考1912年河南省初生婴儿死亡率，可知这是一个非常低的数字，这一年龄段的死亡登记遗漏非常严重。而101岁以上年龄段人口死亡率居然超过了1000‰，这当是年龄登记时出了错误，不过这一年龄段的正常死亡率亦应很高。据此计算的总人口粗死亡率只有8.66‰，也是严重偏低。因此可以说1—5岁年龄段死亡登记遗漏严重是1912年粗死亡率严重偏低的重要原因。

表7-5　1942年开封市人口分年龄死亡率　　　　　（‰）

年龄段	男	女	合计
0—4	12.2	13.4	12.8
5—9	8.2	10.7	9.4
10—14	5.1	6.6	5.8
15—19	2.7	2.8	2.8
20—24	1.3	2.0	1.6
25—29	2.4	2.1	2.3
30—34	3.8	3.1	3.5
35—39	4.8	4.3	4.6
40—44	12.1	10.1	11.2
45—49	14.9	12.6	13.9
50—54	17.5	17.9	17.6
55—59	26.1	33.2	29.2
60—64	31.3	29.3	30.3
65—69	42.0	51.6	46.2
70—74	13.7	16.0	15.0
75—79	11.2	24.7	17.7
80—84	12.3	10.8	11.6

续表

年龄段	男	女	合计
85—89	14.2	29.3	21.6
90—94	0.0	0.0	0.0
95+	0.0	0.0	0.0
全部	10.4	10.9	10.7

（根据伪省公署 1942 年《统计年鉴》第 84 页表四整理计算而得）

　　由表 7-5 可以看出,1942 年开封市 0—4 岁年龄段人口死亡率为 12.8‰,
比 1916 年 1—5 岁年龄段死亡率高,但仍严重偏低,这一年龄段的死亡登记遗
漏仍非常严重。死亡登记遗漏同样严重的是 70 岁以上年龄段,这一年龄段死
亡率应该随年龄上升而同步上升。据此计算的总人口粗死亡率为 10.7‰,也
严重偏低。0—4 岁年龄段和 70 岁以上年龄段人口死亡登记遗漏严重是 1942
年开封市人口粗死亡率严重偏低的重要原因。

三、初生婴儿死亡率

表 7-6　1916 年河南省各道初生婴儿死亡率

地方别	活产			死产			死亡率（‰）		
	男	女	计	男	女	计	男	女	计
开封道	123161	92900	216061	16503	13530	30033	118	127	122
汝阳道	107847	74338	182185	39460	23227	62687	268	238	256
河洛道	41044	37404	78448	12558	7048	19606	234	159	200
河北道	68138	58813	126951	13748	13046	26794	168	182	174
全省	340190	263455	603645	82269	56851	139120	195	177	187

（资料来源:根据内务部统计科《内务统计·民国五年分河南人口之部》中表五"现住人口出生地方别"
　　整理计算而得）

　　如前所述,1916 年河南全省初生婴儿死亡率为 190‰,这与侯杨方对 20
世纪上半期中国婴儿死亡率在 170‰—200‰之间的估计非常一致[1],在当时
世界各国中处于一个较高的水平。婴儿死亡率是检验一个国家社会、经济、文

---

[1]　侯杨方:《中国人口史》(第六卷·1910—1953),复旦大学出版社 2001 年版,第 399 页。

化、科技、医疗卫生水平的重要指标之一,因此这反映了当时中国的整体发展水平非常落后。

第二节 死亡原因

死亡可能是疾病、伤害或中毒的结果。民国时期的分死因统计,口径略有不同,其中变死(即意外伤害)、自杀可归结为伤害致死,病死、畸形及衰老致死都可归结为疾病致死。战争、灾荒、瘟疫均可使死亡显著增加,民国时期河南省因战争、灾害等所导致的人口损失是巨大的。但由于民国时期时局的混乱,我们不可能得到这方面十分准确的统计数字,而且现有的许多数字也互相矛盾,我们只能从中了解大致情况。

一、人口普查及人口登记所记载的死亡情况

1.全省人口死因

表7-7 1912年河南省人口死亡原因(百分比)

死亡原因		男	女	计
变死		3.42	3.40	3.41
自杀		1.16	1.30	1.22
病死	八种传染病	57.84	55.82	56.89
	其他各病	19.48	21.51	20.44
	不明	1.06	1.09	1.07
	计	78.39	78.42	78.40
先天性弱及畸形		0.73	0.49	0.62
老衰		14.92	15.06	14.99
未详		1.37	1.35	1.36
合计		100.00	100.00	100.00

(资料来源:根据内务部统计科《内务统计第七编·河南人口之部》中表六甲相关数字整理计算而得)

由表7-7可知,1912年河南省人口死因中,病死占首位,达78.40%,其次

是老衰而死,占 14.99%。病死原因中又以八种传染病为最,达 56.89%。男女的死因没有显著性差别,只是男性变死(意外死亡)略多,女性自杀和老衰而死略多。下面看分年龄的死亡原因:

表 7-8　1912 年河南省分年龄死亡原因(百分比)

| 年龄段 | 自杀 | 变死 | 病死 | | | | 先天性弱及畸形 | 老衰 | 未详 | 合计 |
			八种传染病	其他各病	不明	计				
1—5	40.75	—	38.89	8.36	1.97	49.22	9.38	0.00	0.65	100.00
6—10	6.81	0.24	83.81	5.10	0.68	89.59	3.27	0.00	0.09	100.00
11—15	5.92	1.06	82.67	6.18	1.65	90.50	2.07	0.00	0.45	100.00
16—20	4.29	2.09	78.09	12.63	1.16	91.88	0.99	0.00	0.75	100.00
21—30	2.84	1.45	68.56	23.13	1.44	93.13	0.60	0.00	1.99	100.00
31—40	3.45	2.11	66.03	23.04	1.88	90.95	0.51	0.00	2.98	100.00
41—50	1.66	1.21	70.51	21.53	0.95	92.99	0.41	0.97	2.77	100.00
51—60	1.89	1.00	61.27	22.73	0.68	84.67	—	11.21	1.23	100.00
61—70	2.15	1.37	49.51	14.14	1.29	64.94	—	30.27	1.27	100.00
71—80	2.94	0.60	33.65	27.00	0.42	61.07	—	34.99	0.40	100.00
81—90	2.52	0.95	39.34	21.72	0.14	61.20	—	35.07	0.25	100.00
91—100	1.66	0.64	21.03	18.26	0.35	39.65	—	57.35	0.71	100.00
101+	—	—					100.00		—	100.00
年龄未详	3.40	1.02	15.82	41.64	1.10	58.56	0.49	35.64	0.90	100.00
合计	3.41	1.22	56.89	20.44	1.07	78.40	0.62	14.99	1.36	100.00

(资料来源:根据内务部统计科《内务统计第七编·河南人口之部》表六乙相关数字整理计算而得)

由表 7-8 可知,6—50 岁年龄段死因中,病死基本占 90% 以上,是最主要的死因。其中 6—20 岁年龄段死因中,八种传染病占 78% 以上,是主要的致死疾病。21 岁以上年龄段,八种传染病所占比例有所下降,而其他疾病所占比例有所上升。51 岁以上年龄段,老衰而死所占比例迅速上升,从 51—60 岁的 11.21% 上升到 91—100 岁的 57.35%。1—5 岁年龄段死因中,自杀占40.75%,是明显的登记错误。排除这个错误,先天性弱及畸形是除病死外最主要的死因。

表 7-9　1916 年河南省人口死亡原因(百分比)

死亡原因		男	女	计
变死		0.31	0.37	0.34
自杀		0.06	0.11	0.08
病死	八种传染病	20.97	31.86	25.40
	其他各病	9.55	12.51	10.76
	不明	30.05	21.64	26.62
	计	60.57	66.01	62.79
先天性弱及畸形		1.92	2.53	2.17
老衰		4.75	6.67	5.53
未详		32.38	24.31	29.09
合计		100.00	100.00	100.00

(资料来源:根据内务部统计科《内务统计·民国五年分河南人口之部》中表六甲相关数字整理计算而
　　得)

　　由表 7-9 可知,1916 年河南省人口死因中,病死占首位,达 62.79%,其次
是老衰而死,占 5.53%。病死原因中又以八种传染病为最,达 25.40%(较
1912 年的 56.89%有大幅下降),而不明原因的病死却高达 26.62%(较 1912
年的 1.07%有大幅上升),老衰而死的比例为 5.53%(较 1912 年的 14.99%有
大幅下降),因此也有可能 1916 年的部分不明死因在 1912 年被归入老衰中。
　　2.开封市民死因

表 7-10　1934 年开封市民死亡原因(百分比)

死亡原因	男	女	合计
伤寒或类伤寒	5.40	4.35	4.90
斑疹伤寒	2.60	2.61	2.60
赤痢	6.20	3.26	4.79
天花	6.80	11.30	8.96
霍乱	0.40	2.39	1.35
白喉	3.60	3.26	3.44
流行性脑脊膜炎	0.40	0.43	0.42
猩红热	2.00	3.04	2.50

续表

死亡原因	男	女	合计
麻疹	2.20	2.39	2.29
疡毒	0.00	0.22	0.10
其他发热及发疹病	3.40	1.74	2.60
狂犬病	0.00	0.22	0.10
抽风病	4.20	3.26	3.75
产褥病	0.00	5.65	2.71
肺痨	7.20	6.74	6.98
其他肺痨	19.20	20.00	19.58
呼吸系病	1.20	1.09	1.15
腹泻及肠炎	0.80	1.30	1.04
其他肠胃病	3.40	4.35	3.85
心肾病	0.20	0.22	0.21
老衰及中风	11.80	9.35	10.63
中毒及自杀	0.40	1.74	1.04
外伤	0.60	0.00	0.31
其他原因	7.60	2.39	4.7
病因不明	11.20	8.70	10.00
总计	100.00	100.00	100.00

（资料来源：根据《河南统计月报》1935 年第 12 期第 121 页"开封社会调查"之卫生部分"民国二十二年开封市民死亡原因统计表"计算而得）

由表 7-10 可知，与 20 世纪初相比，1934 年开封市民死因统计更为详细，包括 20 多种死因。其中最主要的是其他肺痨（19.58%），其次是老衰及中风（10.63%），除肺痨外其他传染病合计占 30% 以上。女性死因中天花、霍乱所占比例明显比男性高。此外尚有 10% 的死因不明。

表 7-11　1940 年开封市民死亡原因（百分比）

死亡原因	比例	死亡原因	比例
斑疹伤寒	1.12	其他痨病	37.33
天花	0.04	呼吸系病	2.28

续表

死亡原因	比例	死亡原因	比例
霍乱	0.00	腹泻及肠炎	2.54
白喉	0.04	其他肠胃病	3.87
其他发热及发疹病	0.73	心肾病	2.32
疡毒	1.03	老衰及中风	14.11
猩红热	0.04	初生产弱及早产	1.46
狂犬病	0.09	中毒及自杀	0.13
抽风病	5.72	外伤	1.85
产褥病	2.32	其他原因	16.30
肺病	4.00	死因不明	2.67
总计		100.00	

（资料来源：根据伪省公署1940年《统计年刊》"河南省会二十九年度死亡人数及病因统计表"计算而得）

　　由表7-11可知，1940年开封市民死因中，最主要的是其他痨病（37.33%），其次是老衰及中风（14.11%），其他各种传染病所占比例合计在10%以内。此外尚有16.30%的死因不明。与1912年及1916年河南省人口死因相比，八种传染病所占比例显著下降，而肺痨所占比例明显上升。

二、传染病

表7-12　1912年及1916年河南省八种传染病所占比例

传染病	1912年			1916年		
	男	女	计	男	女	计
霍乱	21.87	24.31	22.99	22.26	21.74	22.00
赤痢	11.68	12.63	12.12	15.52	15.75	15.64
伤寒	30.08	30.18	30.13	23.51	21.22	22.34
痘疮	12.08	11.59	11.85	13.41	12.51	12.95
疹热症	10.45	9.4	9.96	10.85	11.89	11.38
猩红热	2.81	2.96	2.88	1.05	1.43	1.24
白喉症	9.75	7.85	8.87	11.63	15.09	13.40

续表

传染病	1912 年			1916 年		
	男	女	计	男	女	计
黑死病	1.28	1.08	1.19	0.36	0.27	0.32
合计	100.00	100.00	100.00	100.00	100.00	100.00

（资料来源：根据内务部统计科《内务统计第七编·河南人口之部》、《内务统计·民国五年分河南人口之部》中表六"八种传染病"相关数字整理计算而得）

　　由表 7-12 可知，1912 年及 1916 年的传染病统计只涉及八种法定传染病：霍乱、赤痢、伤寒、痘疮（即天花）、疹热症（即斑疹伤寒）、猩红热、白喉症和黑死病（即鼠疫）。1912 年河南省传染病中，最多的是伤寒（30.13%），其次是霍乱（22.99%）、赤痢（12.12%）和痘疮（11.85%），疹热症（9.96%）和白喉（8.87%）也占一定比例。1916 年传染病中，最多的是伤寒（22.34%），其次是霍乱（22.00%），赤痢（15.64%）、白喉（13.4%）、痘疮（12.95%）和疹热症（11.38%）也占相当比例。可见，以伤寒、霍乱、赤痢为代表的肠道传染病是当时最为常见的传染病（合计占 60% 以上），天花、白喉和斑疹伤寒也较常见，猩红热和鼠疫则较为少见。前述 1934 年开封市民死因统计里，除肺结核外的传染病中，伤寒、霍乱、赤痢等肠道传染病所占比例为 32% 左右，1941 年在开封这类传染病更是接近绝迹。由此可见当时城市较之农村，肠道传染病发病率更低，这当是城市里饮水安全状况更好的缘故。

表 7-13　河南省人口历年传染病发病数比较

年份	实数			比例		
	1912	1916	1935	1912	1916	1935
鼠疫	1725	460	1462	1.19	0.32	0.83
霍乱	33359	31803	30001	22.99	22.00	17.12
天花	17196	18724	17563	11.85	13.04	10.02
伤寒	43708	32295	32695	30.13	22.5	18.65
赤痢	17583	22612	57444	12.12	15.76	32.78
白喉	12875	19370	10040	8.87	13.5	5.73
斑疹伤寒	14456	16454	12933	9.96	11.46	7.38

续表

年份	实数			比例		
	1912	1916	1935	1912	1916	1935
猩红热	4179	1799	6528	2.88	1.25	3.72
流行性热脊髓膜炎	—	—	6624	—	—	3.78
共计	145081	143517	175290	100.00	100.00	100.00

（资料来源：1912 年、1916 年数字根据内务部统计科《内务统计第七编·河南人口之部》、《内务统计·
民国五年分河南人口之部》中表六"八种传染病"相关数字整理计算而得；1935 年数字根
据《河南统计月报》1936 年第 12 期第 51—98 页"河南省各县法定传染病统计表"相关数
字整理计算而得）

　　由表 7-13 可以看出，从 1912—1935 年，霍乱、天花、伤寒、白喉、斑疹伤寒
的发病率都在下降，只有赤痢的发病率显著上升。1935 年才开始有流行性热
脊髓膜炎的统计。此外，1935 年还有全省九种法定传染病疫情的逐月报告，
下面据此来分析各大传染病的时空变化特征。

表 7-14　1935 年河南省九种传染病发病逐月分布（百分比）

月份	鼠疫	霍乱	天花	伤寒	赤痢	白喉	斑疹伤寒	猩红热	流行性热脊髓膜炎	合计
1	8.0	3.3	9.8	7.2	1.5	8.2	4.7	4.5	5.3	4.7
2	11.5	3.4	13.0	4.8	1.7	7.8	6.0	7.5	10.3	5.1
3	10.9	3.8	25.1	6.2	2.0	11.3	11.3	9.6	9.7	6.9
4	7.6	3.9	21.1	6.4	2.2	11.4	21.6	10.0	9.3	8.0
5	9.3	5.5	10.9	8.2	7.5	9.2	7.2	12.0	6.6	8.1
6	5.1	12.4	6.1	7.6	16.5	10.8	5.6	10.2	7.1	11.8
7	8.1	23.4	3.6	8.4	19.5	8.4	13.5	16.5	7.1	15.3
8	8.0	18.2	1.8	9.2	25.2	6.5	4.0	8.3	7.0	12.5
9	11.4	11.7	2.4	12.3	11.8	5.9	6.0	4.4	9.1	10.1
10	8.5	6.8	2.1	11.2	6.5	7.3	5.8	5.8	12.2	7.4
11	8.8	3.9	2.3	10.0	3.5	6.4	6.6	5.8	5.8	5.5
12	2.9	3.2	1.7	8.6	2.1	6.7	7.9	5.3	5.2	4.6
全年	100.0	100.0	100.0	100.0	100.0	100.0	100.0	100.0	100.0	100.0

（资料来源：根据《河南统计月报》1936 年第 12 期第 51—98 页"河南省各县法定传染病统计表"相关
数字整理计算而得）

由表 7-14 可以看出,1935 年河南省鼠疫发病最多的是 2 月、3 月和 9 月,霍乱发病最多的是 7 月和 8 月,其次是 6 月和 9 月。天花发病最多的是 3 月、4 月,其次是 2 月和 5 月。伤寒发病最多的是 9 月、10 月和 11 月。赤痢发病最多的是 8 月和 7 月,其次是 6 月和 9 月。白喉发病最多的是 4 月和 3 月,其次是 6 月和 5 月。斑疹伤寒发病最多的是 4 月,其次是 7 月和 3 月。猩红热发病最多的是 7 月和 5 月,其次是 4 月和 6 月。流行性热脊髓膜炎发病最多的是 7 月、10 月和 2 月。总之,霍乱、伤寒、赤痢等肠道传染病发病主要在夏秋季节,鼠疫、天花、白喉、斑疹伤寒等呼吸道传染病或蚤虱传染病发病主要在春季,猩红热发病主要在春夏季节,而流行性热脊髓膜炎发病季节分布相对来说比较平均,在春、夏、秋季均有较多比例。整体而言,传染病发病集中在夏季,即 6—9 月。

表 7-15　1935 年河南省九种传染病病死率　　　　　　　　　(%)

月份	鼠疫	霍乱	天花	伤寒	赤痢	白喉	斑疹伤寒	猩红热	流行性热脊髓膜炎	合计
1	35.0	32.6	17.0	20.0	14.9	16.3	22.4	17.1	9.9	20.1
2	29.2	27.9	15.8	21.2	13.8	19.5	21.2	18.4	8.1	17.8
3	28.3	19.8	12.9	16.9	9.9	13.0	9.7	11.6	8.1	14.7
4	11.7	13.3	11.9	22.5	13.0	7.0	7.0	14.5	9.3	13.3
5	21.3	19.4	16.2	11.3	5.6	19.5	11.4	17.5	11.2	12.1
6	37.8	14.2	20.4	13.3	3.3	13.5	25.1	16.6	7.8	9.4
7	37.0	10.2	17.5	13.2	4.7	18.2	10.5	12.0	7.5	8.9
8	45.3	13.9	30.4	20.7	5.2	25.9	32.4	19.3	9.9	13.1
9	37.3	15.0	27.6	15.9	7.7	25.8	23.9	22.1	7.3	13.6
10	36.3	21.1	29.4	19.6	10.2	22.6	23.3	22.8	4.3	17.1
11	31.3	25.6	29.0	19.0	13.7	26.4	20.3	21.8	6.0	19.5
12	30.2	20.1	34.7	19.7	19.3	25.4	21.0	24.6	3.5	20.5
全年	31.6	15.9	16.2	17.6	6.6	19.5	15.6	17.0	7.6	13.7

(资料来源:根据《河南统计月报》1936 年第 12 期第 51—98 页"河南省各县法定传染病统计表"相关数字整理计算而得)

由表 7-15 可以看出,1935 年河南省鼠疫病死率为 31.6%,其中 6—10 月的病死率最高,以 8 月为最。霍乱病死率为 15.9%,其中 10—2 月的病死率最高,以 1 月为最。天花病死率为 16.2%,其中 8—12 月的病死率最高,以 12 月为最。伤寒病死率为 17.6%,其中 10—2 月的病死率较高,以 4 月为最。赤痢病死率为 6.6%,其中 10—4 月的病死率最高,以 12 月为最。白喉病死率为 19.5%,其中 8—12 月的病死率最高,以 11 月为最。斑疹伤寒病死率为 15.6%,其中 8—2 月的病死率最高,以 8 月为最。猩红热病死率为 17.0%,其中 8—12 月的病死率最高,以 12 月为最。流行性热脊髓膜炎病死率为 7.6%,其中 1—5 月的病死率最高,以 5 月为最。整体而言,传染病病死率为 13.7%,其中 10—2 月的病死率最高,以 12 月为最。鼠疫病死率最高,在 30% 以上,赤痢和流行性热脊髓膜炎病死率最低,在 10% 以下,其他传染病病死率中等。

表 7-16　九种传染病病死率与发病逐月分布之关系

月份 九种 传染病	1	2	3	4	5	6	7	8	9	10	11	12
病死率	20.1	17.8	14.7	13.3	12.1	9.4	8.9	13.1	13.6	17.1	19.5	20.5
发病分布	4.7	5.1	6.9	8.0	8.1	11.8	15.3	12.5	10.1	7.4	5.5	4.6

(资料来源:表 6-14 及表 6-15)

将全年各月的传染病发病率与病死率进行分析,可知传染病发病较少的月份,往往病死率较高,而传染病发病较多的月份,病死率较低。这说明了这样一个现象:传染病在其发病率较低的季节,流行程度较低,病菌毒力较强,病死率较高,而在其发病率较高的季节,流行程度较高,毒力减弱,病死率亦随之降低。整体而言,传染病从酝酿到流行、减弱乃至消失,有一个随季节变化的周期。

表 7-17　1935 年河南省各区九种传染病发病率　　　　(‰)

地方别	鼠疫	霍乱	天花	伤寒	赤痢	白喉	斑疹 伤寒	猩红热	流行性 热脊髓 膜炎	共计
第1区	0.04	1.15	0.67	1.46	5.11	0.34	0.36	0.28	0.19	9.58
第2区	0.01	0.74	0.26	0.64	0.74	0.27	0.15	0.13	0.13	3.05

续表

地方别	鼠疫	霍乱	天花	伤寒	赤痢	白喉	斑疹伤寒	猩红热	流行性热脊髓膜炎	共计
第3区	0.00	0.55	0.34	0.51	0.69	0.21	0.08	0.14	0.04	2.55
第4区	0.10	0.88	0.95	1.11	1.58	0.75	1.25	0.38	0.45	7.45
第5区	0.00	0.83	0.69	1.08	1.40	0.18	0.22	0.20	0.21	4.81
第6区	0.12	0.89	0.38	0.81	2.05	0.19	0.40	0.13	0.28	5.24
第7区	0.00	0.79	0.17	0.44	0.76	0.25	0.14	0.14	0.06	2.76
第8区	0.02	0.90	1.00	1.05	1.82	0.25	0.14	0.09	0.12	5.40
第9区	0.01	1.16	0.26	0.86	0.94	0.22	0.72	0.28	0.37	4.82
第10区	0.07	1.03	0.74	2.05	1.36	0.42	0.42	0.19	0.08	6.35
第11区	0.07	0.43	0.17	0.55	0.92	0.07	0.18	0.07	0.05	2.50
全省	0.04	0.87	0.51	0.95	1.66	0.29	0.37	0.19	0.19	5.07

(资料来源:根据《河南统计月报》1936年第12期第51—98页"河南省各县法定传染病统计表"相关数字整理计算而得)

由表7-17可以看出,1935年河南省鼠疫发病率最高的是第6区和第4区,其次是第10区和第11区。霍乱发病率最高的是第9区、第1区和第10区。天花发病率最高的是第8区和第4区,其次是第10区、第5区和第1区。伤寒发病率最高的是第10区和第1区,其次是第4区、第5区和第8区。赤痢发病率最高的是第1区,其次是第6区和第8区,再次是第4区、第5区和第10区。白喉发病率最高的是第4区,其次是第10区和第1区。斑疹伤寒发病率最高的是第4区和第9区,其次是第10区和第6区。猩红热发病率最高的是第4区,其次是第1区和第9区。流行性热脊髓膜炎发病率最高的是第4区和第9区,其次是第6区和第5区。整体而言,传染病发病率最高的是第1区(郑县)、第10区(洛阳)和第4区(新乡),最低的是第11区(陕县)、第3区(安阳)和第7区(淮阳)。即越接近中心及主要交通线的地区,传染病发病率越高,反之越低。这可能与人口流动的频繁程度有一定关系。如图7-1—7-10所示。

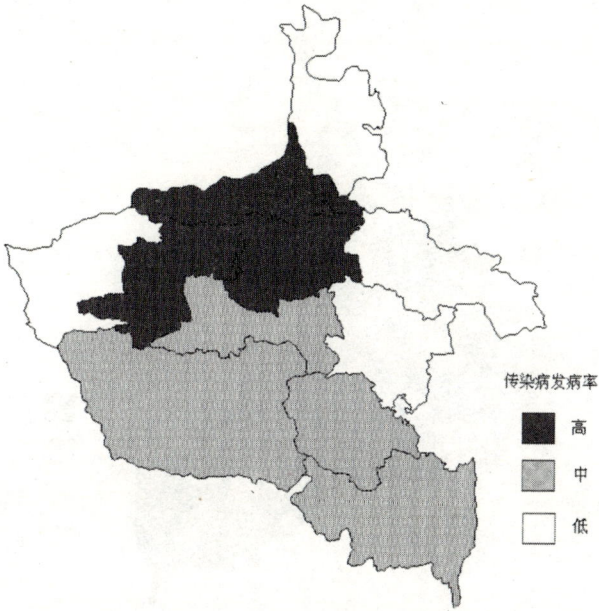

传染病发病率

高

中

低

图 7-1　1935 年河南省各区传染病发病率

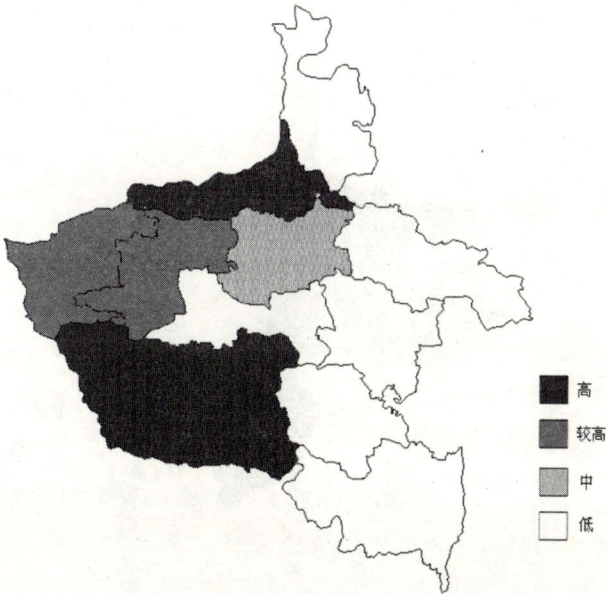

高

较高

中

低

图 7-2　1935 年河南省各区鼠疫发病率

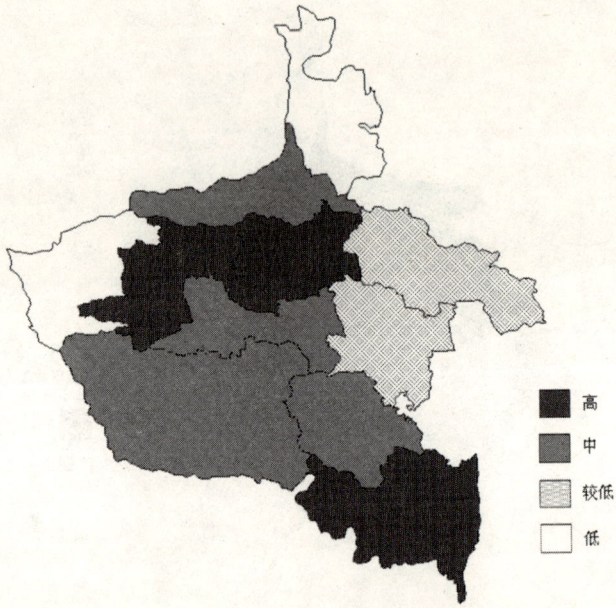

图 7-3　1935 年河南省各区霍乱发病率

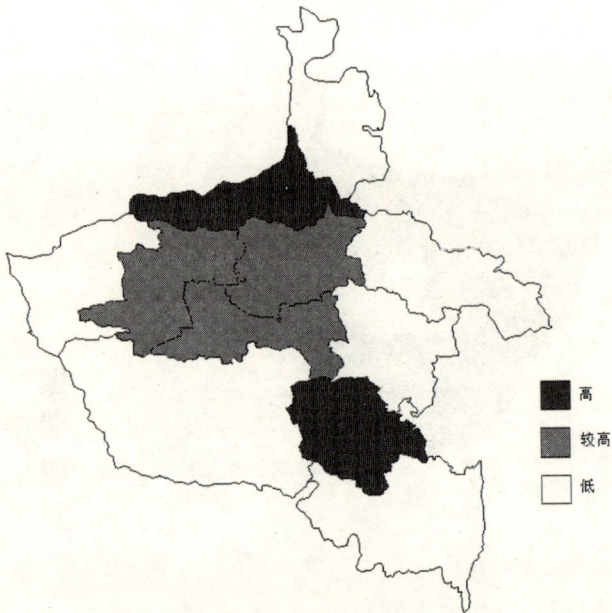

图 7-4　1935 年河南省各区天花发病率

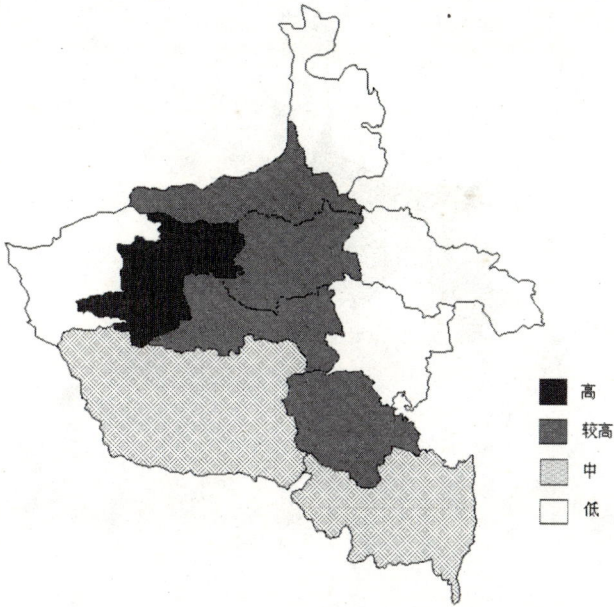

图 7-5 1935 年河南省各区伤寒发病率

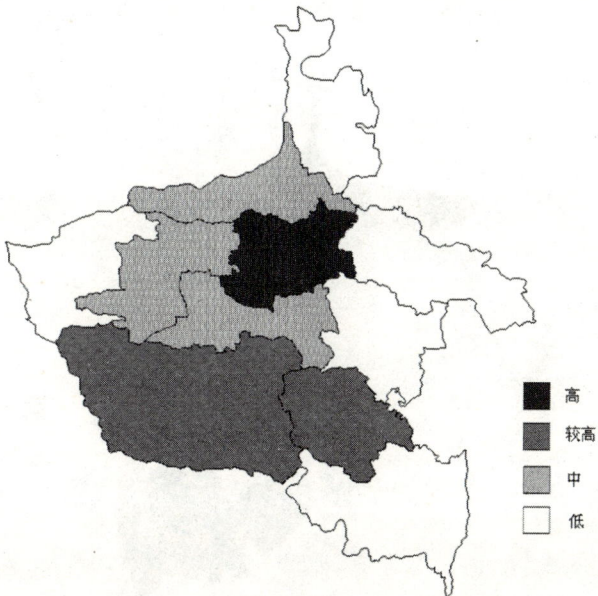

图 7-6 1935 年河南省各区赤痢发病率

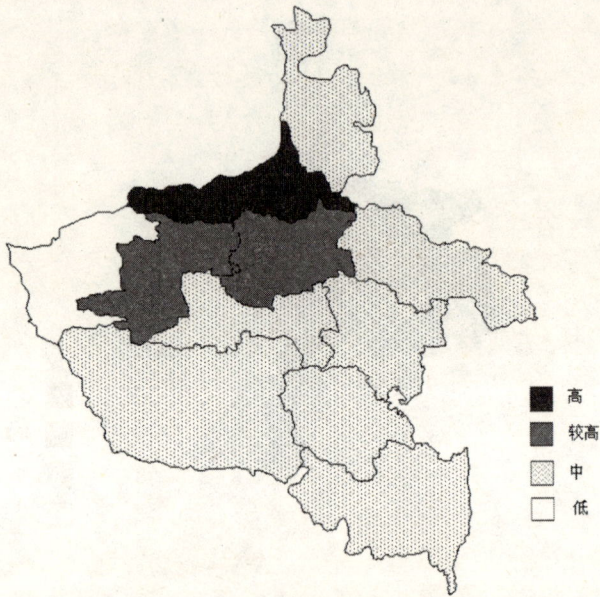

图 7-7   1935 年河南省各区白喉发病率

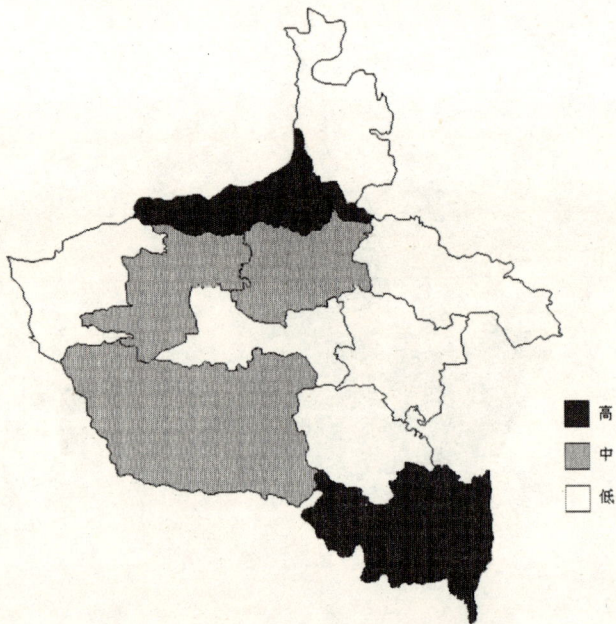

图 7-8   1935 年河南省各区斑疹伤寒发病率

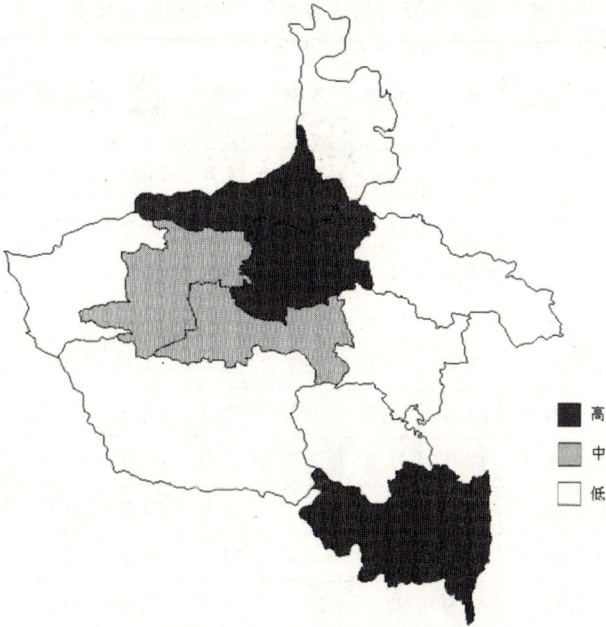

图 7-9　1935 年河南省各区猩红热发病率

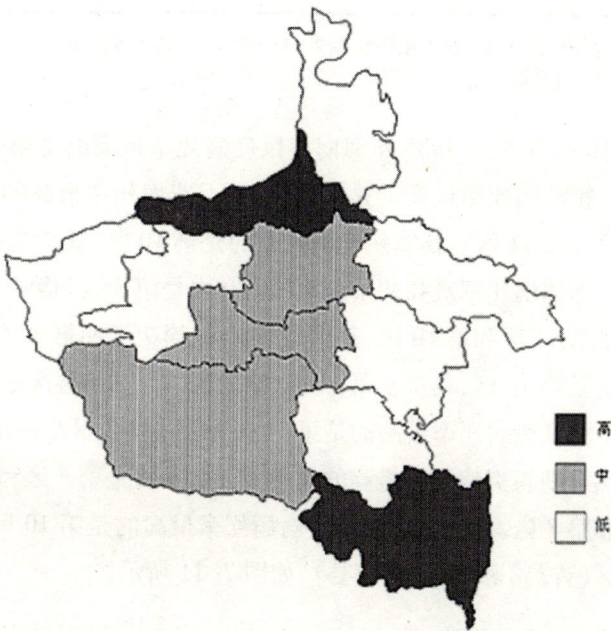

图 7-10　1935 年河南省各区流行性热脊髓膜炎发病率

表 7-18　1935 年河南省各区九种传染病病死率　　　　　　（%）

地方别	鼠疫	霍乱	天花	伤寒	赤痢	白喉	斑疹伤寒	猩红热	流行性热脊髓膜炎	共计
第 1 区	34.1	7.3	9.1	8.1	2.5	14.8	14.0	16.0	8.7	5.9
第 2 区	18.5	19.2	13.0	15.8	9.9	20.3	23.0	18.8	3.8	15.3
第 3 区	12.5	13.2	14.8	21.5	7.3	14.1	27.0	10.4	13.3	13.8
第 4 区	16.1	19.7	12.1	16.7	7.5	17.1	7.3	17.7	5.9	12.4
第 5 区	25.0	2.2	5.0	3.1	2.7	8.5	7.1	7.6	2.4	3.6
第 6 区	32.6	20.9	24.5	24.7	6.1	27.7	19.6	19.8	4.8	15.5
第 7 区	25.0	12.7	17.3	21.8	7.6	22.0	26.3	17.6	21.3	15.1
第 8 区	23.1	22.9	13.7	18.8	10.7	13.9	20.0	22.0	13.0	15.5
第 9 区	48.7	10.3	14.7	10.7	6.7	22.0	11.6	11.2	9.0	10.7
第 10 区	49.1	32.6	41.9	32.6	23.2	31.3	38.6	34.3	18.5	32.0
第 11 区	54.2	19.3	22.1	14.1	8.0	33.3	29.3	35.6	32.1	16.9
全省	31.6	15.9	16.2	17.6	6.6	19.5	15.6	17.0	7.6	13.3

（资料来源：根据《河南统计月报》1936 年第 12 期第 51—98 页"河南省各县法定传染病统计表"相关
　　数字整理计算而得）

　　由表 7-18 可以看出，1935 年河南省鼠疫病死率最高的是第 11 区、第 10
区和第 9 区。霍乱病死率最高的是第 10 区。天花病死率最高的是第 10 区，
其次是第 6 区和第 11 区。伤寒病死率最高的是第 10 区，其次是第 6 区、第 7
区和第 3 区。赤痢病死率最高的是第 10 区，其次是第 8 区和第 2 区。白喉病
死率最高的是第 11 和第 10 区，其次是第 6 区、第 7 区和第 9 区。斑疹伤寒
病死率最高的是第 10 区，其次是第 11 区、第 3 区、第 7 区，再次是第 2 区、第 8
区和第 6 区。猩红热病死率最高的是第 11 区和第 10 区，其次是第 8 区和第 6
区。流行性热脊髓膜炎病死率最高的是第 11 区，其次是第 7 区和第 10 区，再
次是第 3 区和第 8 区。整体而言，传染病病死率最高的是第 10 区（洛阳），最
低的是第 5 区（许昌）和第 1 区（郑县），如图 7-11 所示。

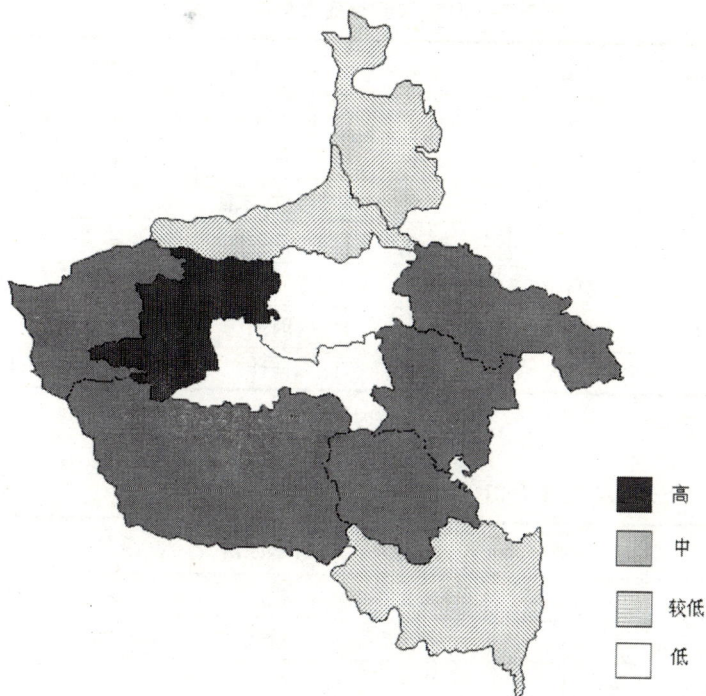

图7-11 1935年河南省各区传染病病死率

三、自杀

1. 1916年全省自杀者情况

表7-19 1916年河南省自杀者年龄分布

年龄段	实数	比例	年龄段	实数	比例
16岁以下	11	3.5	41—50	51	16.0
16—20	30	9.4	51—60	34	10.7
21—30	87	27.4	61岁以上	28	8.8
31—40	72	22.6	年龄未详	5	1.6
合计		318		100.0	

（资料来源:根据内务部统计科《内务统计·民国五年分河南人口部》中表六丙相关数字整理计算而得）

表 7-20　1916 年河南省自杀者自杀原因

自杀原因	实数	比例	自杀原因	实数	比例
精神错乱	19	6.0	畏罪发觉	15	4.7
生计艰难	48	15.1	悔恨	12	3.8
病苦	40	12.6	畏分娩之苦	——	——
家庭不睦	59	18.6	老弱不自由	6	1.9
亲庭谴责	11	3.5	负债难偿	37	11.6
婚姻不自由	9	2.8	原因未详	59	18.6
情妒	9	2.8	合计	318	100.0

(资料来源:同表 7-19)

表 7-21　1916 年河南省自杀者自杀方式

自杀原因	实数	比例	自杀原因	实数	比例
自刃	11	3.5	投崖	6	1.9
自经	78	24.5	铳戕	4	1.3
入水	1	0.3	服毒	87	27.4
赴火	71	22.3	其他	1	0.3
合计			318	100.0	

(资料来源:同表 7-19)

　　由以上三表可知,1916 年河南省自杀者有 318 人,只有约 10 万分之 1,与现在相比明显偏低(2007 年中国自杀率为 10 万分之 23,国际平均自杀率为 10 万分之 10),可能有一定程度的漏报。其中 21—30 岁年龄段所占比例最高,达 27.4%,其次是 31—40 岁年龄段,占 22.6%,两者合计达 50%。自杀原因从高到低依次是家庭不睦(18.6%)、生计艰难(15.1%)、病苦(12.6%)、负债难偿(11.6%)等。自杀方式主要是服毒(27.4%)、自缢(24.5%)和投火(22.3%)。

　　2. 1934 年开封市民自杀情况

表7-22　1934年开封市民自杀者年龄分布

年龄段	实数			比例		
	男	女	合计	男	女	合计
16—20	1	3	4	7.1	15.8	12.1
21—25	1	6	7	7.1	31.6	21.2
26—30	—	2	2	0.0	10.5	6.1
31—35	1	3	4	7.1	15.8	12.1
36—40	3	3	6	21.4	15.8	18.2
41—45	6	—	6	42.9	0.0	18.2
46—50	2	—	2	14.3	0.0	6.1
61—65	—	1	1	0.0	5.3	3.0
66—70	—	1	1	0.0	5.3	3.0
总计	14	19	33	100.0	100.0	100.0

（资料来源:《河南统计月报》1936年第1期第135页"开封社会调查"之社会病态部分表乙）

表7-23　1934年开封市民自杀者职业分布

职业	实数			比例		
	男	女	合计	男	女	合计
工业	4	—	4	28.6	0.0	12.1
商业	3	—	3	21.4	0.0	9.1
交通业	1	—	1	7.1	0.0	3.0
自由职业	—	1	1	0.0	5.3	3.0
雇佣	—	1	1	0.0	5.3	3.0
无业	6	17	23	42.9	89.5	69.7
总计	14	19	33	100.0	100.0	100.0

（资料来源:同表7-22）

表 7-24 1934 年开封市民自杀原因分布

自杀原因	实数			比例		
	男	女	合计	男	女	合计
家庭纠纷	2	5	7	14.3	26.3	21.2
失恋	—	5	5	0.0	26.3	15.2
厌世	—	4	4	0.0	21.1	12.1
生计困难	3	1	4	21.4	5.3	12.1
疾病	2	1	3	14.3	5.3	9.1
斗争	2	1	3	14.3	5.3	9.1
营业失败	2	—	2	14.3	0.0	6.1
未详	3	2	5	21.4	10.5	15.2
总计	14	19	33	100.0	100.0	100.0

（资料来源：同表 7-22）

由以上三表可知,1934 年开封市民自杀者为 33 人,自杀率也在 10 万分之 1 左右,与 1916 年全省水平相当接近。其中 21—25 岁年龄段所占比例最高,达 21.2%,其次是 36—40 岁年龄段(18.2%)和 41—45 岁年龄段(18.2%)。与 1916 年全省水平相比,20 岁以下年龄段和 21—30 岁年龄段所占比例相差无几(前者是 12.9% 与 12.1%,后者是 27.4% 与 27.3%),31—40 岁年龄段和 41—50 岁年龄段所占比例有大幅上升(前者是 22.6% 与 30.3%,后者是 16.0% 与 24.3%),而 50 岁以上年龄段所占比例则有大幅下降(19.5% 与 6.0%)。这当是 1916 年全省人口和 1934 年开封市人口的年龄结构有较大差异的缘故。

自杀者中男 14 人,女 19 人,女性占 57.6%。男性自杀者集中在 36—50 岁年龄段,达 78.6%,而女性自杀者集中在 40 岁以下年龄段,达 89.5%。男性自杀者中无业者占 42.9%,其次是工业(28.6%)和商业(21.4%),女性自杀者中无业者占 89.5%,其次是自由职业(5.3%)和雇佣(5.3%),总体而言,自杀者中无业者占 69.7%。男性自杀者中主要原因是生计困难(21.4%),其次是营业失败(14.3%)、斗争(14.3%)、疾病(14.3%)和家庭纠纷(14.3%),而女性自杀者中主要原因是家庭纠纷(26.3%)和失恋(26.3%),其次是厌世(21.1%)。总之,女性自杀较男性为多,男性自杀主要是经济因素,女性自杀主要是情感因素。

四、战争、灾害等对死亡的影响

民国时期是集自然灾害与兵祸匪患之大成的时代，河南省是遭难最深的省份之一。1929—1930 年的军阀混战和中原大战致"因战事死亡人口达 12 万余口，受伤 19500 余口，逃亡在外者达 1185000 余口，被军队拉夫达 1297700 余口，其中因以致死 3 万余口，而士兵之死亡尚不在内"。[①] 20 年代的河南匪患遍地，因之以致死的人数，不可能有准确的数字，而从第四章人口增长率的分析可知，匪患所导致的死亡人数在 20 年代应是比较高的，具体死亡人数无据可考。抗战期间，直接因战争而导致的人口死亡人数为 801917 人，因灾死亡人数 802256 人，1938 年花园口决堤导致的人口死亡 325589 人，1942 年大旱荒导致人口死亡 230 万，总计死亡 2159762 人[②]，局部灾害所带来的人口死亡尚未计算在内，实际人数当远远高于此数，即便按此数据计算，抗战时期全省此时段死亡率高达 62.7‰，"河南战前人口共有三千四百余万，今则仅余二千八百余万"。[③]

第三节　医疗卫生状况

人口的死亡率、死因和预期寿命与医疗卫生事业发展状况密切相关，民国时期河南省现代医疗体系的缓慢建立有效地控制了传染病的蔓延，减少了人口死亡率，是民国时期战乱与灾害频仍，人口仍然保持增长的重要原因。关于民国时期河南医疗卫生的资料极少，本节尽量搜集相关资料，复原 20 世纪 30 年代河南省的医疗卫生事业发展状况，以期揭示医疗卫生条件的改善对于人口增长的影响。

---

① 河南省赈务会：《豫灾纪实》序言，1931 年。
② 河南省社会处：《河南灾情实况》，1946 年 7 月。
③ 河南省社会处：《河南灾情实况》，1946 年 7 月。

一、省会开封的医疗卫生状况

1.医疗卫生机构的设立情况

省会开封的现代医疗体系卫生体系发轫于民国初年,1912 年省政府在开封设官医院一处,数度改名,至 1933 年更名为河南省省立医院。1934 年省立医院进行扩建,扩建后的省立医院"新建病房,甚为宏敞,内部设备,亦颇完善,并有太阳灯,爱克司光及暖气管之设置,在本省公私医院中,尚属仅见,实为公共卫生之一大建设"。同时省立医院在开封市内增设分诊所三处,并成立了护士学校,"按期招生,连同该院原有看护,施以训练,以培植医药人才"①。私立医院出现于 20 年代初期,至 1934 年已有各类医院 28 家,1934 年上半年统计收治病人十万余人,占开封县全部人口的 1/4 人次,说明到 30 年代开封已经拥有了相对较好的医疗设施。

表 7-25 1934 年开封医院概况统计表

项别	医院数	医师及职员数				病床数	半年内诊治人数	平均每医院半年内诊治人数
		共计	医师	看护	其他			
总计	28	317	96	190	31	1355	184208	6579
公立	4	206	47	147	12	1090	74348	18587
私立	24	111	49	43	19	265	109860	4578

(资料来源:《河南统计月报》1935 年第 12 期第 114 页"开封社会调查"之卫生部分"开封医院概况统计表")

由上表可以看出,1934 年开封有医院 28 家,其中 4 家公立医院、24 家私立医院(较大的医院有省立医院、福音医院、河大医院、大明医院、同济医院、中大医院、济汴医院、康平医院等)。共有医师 96 人,平均每院不到 4 人,其中公立医院平均有医师 10 人以上,而私立医院平均只有医师 2 人。共有病床 1355 张,平均每院 48 张,其中公立医院平均有病床 273 张,而私立医院平均只有病床 11 张。半年内诊治人数 184208 人,平均每院 6579 人,其中公立医院平均诊治 18587 人,私立平均诊治 4578 人。平均每个医师诊治 1919 人,其

---

① 《五年来民政总报告》,第 55 页。

中公立医院医师平均诊治 1582 人,私立医院医师平均诊治 2242 人。总之,
1934 年的开封医疗界,公立医院数量少、规模较大,私立医院数量多、规模一
般较小,但相对其规模,私立医院接诊了更多的病人。另外,公立医院相对成
立较晚,而私立医院早在 1924 年即有 7 家成立,此后历年均有成立,其中 1924
年和 1932 年是私立医院成立的两个高峰年份。

表 7-26　1934 年开封各家医院成立年份

年份	1924	1926	1928	1929	1930	1932	1933	未详	总计
公立	—	—	—	—	—	—	1	3	4
私立	7	2	1	2	2	6	4	—	24
共计	7	2	1	2	2	6	5	3	28

(资料来源:《河南统计月报》1935 年第 12 期第 115 页"开封社会调查"之卫生部分"开封历年设立医
　　院统计表")

表 7-27　1934 年开封中西医人数及年龄

年龄	实数			比例(%)		
	共计	西医	中医	共计	西医	中医
25 岁以下	22	22	—	10.1	25.3	—
26—30	28	21	7	12.8	24.1	5.3
31—35	22	16	6	10.1	18.4	4.6
36—40	33	14	19	15.1	16.1	14.5
41—45	19	6	13	8.7	6.9	9.9
46—50	30		30	13.8		22.9
51—55	30	4	26	13.8	4.6	19.8
56—60	19	1	18	8.7	1.1	13.7
61—65	8	—	8	3.7	—	6.1
66 岁以上	4		4	1.8		3.1
未详	3	3	—	1.4	3.4	—
总计	218	87	131	100.0	100.0	100.0

(资料来源:《河南统计月报》1935 年第 12 期第 114 页"开封社会调查"之卫生部分"开封中西医人数
　　及其年龄统计表"计算而得)

　　由表 7-27 可以看出,1934 年开封的 218 名医生中,有 87 名西医和 131

名中医,其中西医占 40%,中医占 60%。西医诸年龄段中,比例最多的是 25 岁以下,占 25.3%,其次是 26—30 岁,占 24.1%,另外 31—35 岁和 36—40 岁也较多。这四个年龄段,即 40 岁以下的合计占 83.9%。中医诸年龄段中,比例最多的是 46—50 岁,占 22.9%,其次是 51—55 岁,占 19.8%,另外 36—40 岁和 56—60 岁也较多。36—60 岁年龄段合计占 80.9%。与中医相比,西医呈现出明显的年轻化趋势。

表 7-28 1936 年开封各医院诊治病症分类统计表

疾病		实数	比例	疾病		实数	比例
内科	消化系病	10066	5.58	外科	菌性创	11305	6.27
	呼吸系病	10491	5.82		理化创	9763	5.41
	循环系病	6219	3.45		传染病	5246	2.91
	泌尿系病	6242	3.46		肿疡	14212	7.88
	神经系病	8053	4.46		皮肤病	16731	9.28
	运动器病	4292	2.38		花柳病	13036	7.23
	五官器病	10242	5.68		其他创伤	26403	14.64
	新陈代谢病	9454	5.24	内科合计		83691	46.40
	传染病	1689	0.94	外科合计		96696	53.60
	其他疾病	16943	9.39	总计		180387	100.00

(资料来源:《河南统计月报》1937 年第 2 期第 92 页"开封各医院诊治病症分类统计表"计算而得)

由表 7-28 可以看出,1936 年开封共有 180387 人次在各大医院就诊,约占总人口的 60%。内科约占 46.40%,外科约占 53.60%,内外科中各类疾病分配也相对比较均匀。值得注意的是,花柳病所占比例高达 7.23%。

2.省会开封的防疫状况

"在各类疾病中,死亡率最高的是恶性传染病。在缺乏科学预防和治疗的条件下,传染病的传播畅通无阻,常常会造成数量惊人的死亡,成为影响死亡率的最主要因素"[1]。清道光年间,河南省汝宁府已有种牛痘的机构,同治七年(1868 年)开封设施种牛痘局,民国元年成立的官医院内设牛痘局一所。1919 年福州发生霍乱,延及河南,开封、安阳、信阳等地霍乱流行,死亡惨重,

---

① 葛剑雄:《中国人口史》第一卷,复旦大学出版社 2001 年版,第 53 页。

省政府在开封成立了河南防疫事务所,1942年成立卫生试验所,生产牛痘、霍乱、伤寒等疫苗,抗战结束后,防疫机构又有较快增加,先后成立了卫生工程大队、黑热病防治所、甲状腺防治所、巡回医疗防疫队等①。

1936年开封注射疫苗情况见表7-29。

表7-29　1936年开封防疫状况统计表

月份	总计	布种牛痘人数	注射伤寒疫苗人数	注射脑膜炎疫苗人数	注射霍乱疫苗人数
1	70	3	37	22	8
2	165	115	24	12	14
3	771	624	60	27	60
4	1445	1405	28	2	10
5	1954	1702	100	25	127
6	299	123	32	32	112
7	241	—	79		155
8	455	73	82	19	281
9	297	54	91	18	134
10	115	27	39	23	26
11	119	14	24	46	35
12	90	47	23	4	16
共计	6021	4187	619	237	978

(资料来源:《河南统计月报》1937年第2期第93页"开封防疫状况统计表"计算而得)

由表7-29可以看出,1936年开封共有6207人接种各类疫苗,其中主要是接种牛痘,约占2/3。其次是霍乱和伤寒,接种脑膜炎疫苗的人数最少。牛痘接种集中在4月、5月,伤寒疫苗接种在5月、7月、8月、9月较多,霍乱疫苗接种集中在5—9月,脑膜炎疫苗接种的时间分配比较均匀,只是6月和11月稍多。结合前面对传染病发病季节的分析可知,天花发病主要集中在春季,伤寒、霍乱之类肠道传染病发病主要集中在夏季,而脑膜炎发病的季节特征不太明显。疫苗接种的时间与传染病发病时间高度一致。

---

①　本段内容综合引自《河南省志·卫生志》《河南近代大事记(1840—1949)》。

二、全省各地医疗体系的建立

民国时期全省各地的医疗机构也相继设立,1928 年省政府通令筹设平民医院,至 1933 年已有 80 余县成立,1933 年将平民医院改为县立医院,归县政府直接管辖,河南所设的 77 所县立医院虽然"达不到内政部的标准"①,但毕竟是医疗体系建立的标志。同时针对农村文化水平低,农民知识匮乏,以及医疗设备、资金不足等问题,1934 年河南省开始施行农村简易医疗计划,该计划规定"每区训练保健员一员,由县立医院加以训练,使有简易医疗知识与技术,负该区卫生医疗及巡回治疗责任,如成绩良好,再推行至联保及各保各甲,均设保健员,置保健药箱,庶几农民病疫,得有迅速治疗之机会"②。1940 年12 月河南省卫生处在洛阳成立,拟定了为期五年的《河南省卫生工作规划》,县卫生院开始设置,1941 年有 2 个,1942 年 16 个,1943 年增至 70 个③。防救疫疠的工作程序和成效由下面一段文字可见一斑:

> "本年(1933 年)一月潼关一带虎疫盛行,循陇海铁路由阌底镇蔓延东进,传播至洛阳行都,经民政厅迭次遴派医师前往防治,并派员赴部购领疫苗,分交各医师带往各地施注,当时天汽干燥,疫势猖獗,渐次流传至豫东南北各县,随经民政厅拟定河南临时防疫处简章,提请省府委员会议议决,由民政厅会同振务会省会公安局成立河南临时防疫处由该处组织流动防疫队五队,分往疫区实行防救,各县疫势,乃渐次消灭"④。

现代医疗与公共卫生体系的建立,使人们有能力更加有效地预防和治疗过去看来束手无策的传染病,在一定程度上降低了人口死亡率。

三、全省各地的教会医院

与公立医院成立较晚相比,各地教会医院创立较早,分布地域也广,在民国初期起到了更加积极的作用,各地设置情况如下:

---

① 内政部《内政年鉴》之《卫生篇》第一章,转引自侯杨方:《中国人口史》(第六卷·1910—1953),复旦大学出版社 2001 年版,第 589 页。
② 《五年来民政总报告》,第 56 页。
③ 范日新:《创建河南省卫生处的回忆》,《河南省文史资料》总第 37 辑,第 128 页。
④ 《五年来民政总报告》,第 17 页。

表 7-30 1935 年河南省各地教会医院统计表

地方别	医院名称	所属教会	设立年份	现有医师数			现有病房数	现有病床数	累计医治人数
				共计	男	女			
郑县	博施医院	安息日会	1934	2	1	1	4	8	480
郑县	圣教会医院	圣教会	1935	2	2	—	5	5	224
郑县	华美医院	浸礼会	1935	3	2	1	2	15	57
郑县	天主堂医院	圣教会	1912	1	—	1	2		134
开封	福音医院	内地会	1902	5	2	3	24	140	20662
商丘	圣保罗医院	中华圣公会	1923	3	3	—	50	100	1537
杞县	福音医院	循理会	1934	2	1	1	10	25	736
安阳	广生医院	耶稣教	1894	2	1	1	100	100	5469
安阳	圣心医院	天主教	1932	2	—	2	10	—	8747
浚县	惠民医院	长老会	1933	1	1	—	15	20	2543
汲县	惠民医院	基督教	1906	3	2	1	5	160	17251
汲县	圣心医院	天主教	1934	2	—	2	2	—	5865
内黄	凌云医院	天主教	1931	1	1	—	1	3	114
沁阳	恩赐医院	长老会	1902	3	2	1	26	148	14162
修武	仁人医院	长老会	1932	2	2	—	2	5	2216
延津	慈善医院	天主教	1926	1	1	—	2	—	3886
温县	恩苏医院	长老会	1932	4	3	1	9	12	1402
孟县	恩赐医院	基督教	1935	2	2	—	20	18	683
许昌	美国医院	信义会	1920	3	2	1	8	50	40035
郾城	疗养卫生医院	安息会	1917	3	2	1	48	62	10793
南阳	天主堂医院	天主堂	1934	2	—	2	10	20	2174
南阳	安民医院	福音堂	1930	1	1	—	5	6	246
南阳	博爱医院	福音堂	1923	2	1	1	12	15	269
唐河	福音医院	福音堂	1929	2	1	1	10	58	690
确山	小补医院	天主堂	1933	2	—	2	2	4	207
正阳	友爱医院	信义会	1927	1	1	—	—	—	533
潢川	信义会医院	信义会	1922	1	1	—	8	120	19522
潢川	天主堂医院	天主教	1931	1	—	1	2	3	13036
信阳	小补医院	天主堂	1925	4	—	4	2	8	267

续表

地方别	医院名称	所属教会	设立年份	现有医师数			现有病房数	现有病床数	累计医治人数
				共计	男	女			
洛阳	福音医院	信义会	1911	6	2	4	41	60	11878
洛阳	天主堂医院	天主教	1933	1	1	—	21	26	11508

（资料来源：《河南统计月报》1936年第5期第53页"各县教会医院概况统计表"整理而得）

由表7-30可以看出，1935年河南省共有各类教会医院31家，共有医师69人（男38人，女31人），共有病房451间，病床1191张，累计医治病人197326人。平均每家医院有医师2.2人，同1934年开封的私立医院规模相似。洛阳的福音医院、开封的福音医院、温县的恩苏医院、信阳的小补医院是其中规模最大的几家。其中天主教会设立的医院有11家，占1/3以上。信义会和长老会也是设立医院较多的教会。

1900年前只有1家教会医院，1900年代设立了3家，1910年代设立了3家，1920年代设立了8家，1930年代设立了16家。总之，教会医院的发展呈加速增长的态势。教会医院的空间分布，第1区（郑县）5家，第2区（商丘）2家，第3区（安阳）6家，第4区（新乡）5家，第5区（许昌）2家，第6区（南阳）4家，第7区（淮阳）0家，第8区（汝南）2家，第9区（潢川）3家，第10区（洛阳）2家，第11区（陕县）0家。教会医院分布区域较广（见图7-12），其存在弥补了公私立医院技术和力量的不足。

小　结

一、死亡率

1912年河南全省粗死亡率也只有7.21‰，1935年间全省人口粗死亡率只有7.1‰，1925—1934年间开封人口粗死亡率也在3‰—6‰之间，都严重偏低。相比之下只有1916年的死亡登记质量稍好，全省的人口粗死亡率为18.54‰，这一年份只有南部地区存在着严重的死亡漏登现象。

对分年龄段死亡率的分析显示，1—5岁年龄段死亡登记遗漏严重是

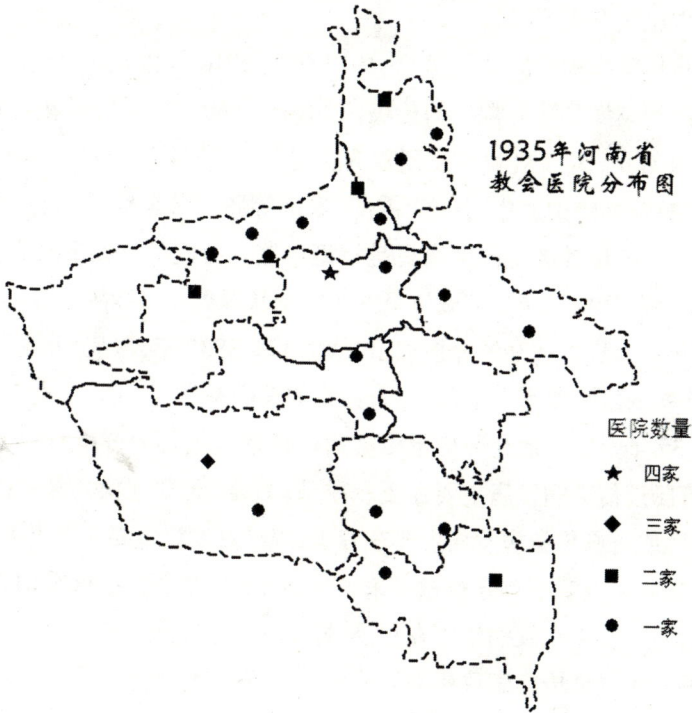

图 7-12 1935 年河南省教会医院分布图

1912 年粗死亡率严重偏低的重要原因。0—4 岁年龄段和 70 岁以上年龄段人口死亡登记遗漏严重是 1942 年开封市人口粗死亡率严重偏低的重要原因。

　　1916 年河南全省初生婴儿死亡率为 190‰,在当时世界各国中处于一个较高的水平,这反映了当时中国的整体发展水平非常落后。

二、死因

　　对历年河南省人口死亡原因的分析显示,1912 年河南省人口死因中八种传染病(霍乱、赤痢、伤寒、天花、鼠疫、斑疹伤寒、白喉、猩红热)所占比例为 56.89%,1916 年河南省人口死因中八种传染病所占比例为 25.40%。与 1912 年及 1916 年河南省人口死因相比,1934 年及 1941 年开封市民死因中八种传染病所占比例显著下降,而肺痨所占比例明显上升。

　　对 1912 年人口分年龄段死因的分析显示,6—20 岁年龄段死因中,八种传染病所占比例达 78% 以上,是主要的致死疾病。而 21 岁以上年龄段,八种传染病所占比例有所下降。

对历年传染病构成的分析显示,1912年及1916年以伤寒、霍乱、赤痢为代表的肠道传染病是最为常见的传染病(合计占60%以上),天花、白喉和斑疹伤寒也较常见,猩红热和鼠疫则较为少见。而1934年开封市民死因统计里,除肺结核外的传染病中,伤寒、霍乱、赤痢等肠道传染病所占比例为32%左右,1941年在开封这类传染病更是接近绝迹。由此可见城市较之农村,肠道传染病发病率更低,这当是城市里饮水安全状况更好的缘故。

对历年传染病发病率的分析显示,从1912—1935年,霍乱、天花、伤寒、白喉、斑疹伤寒的发病率都在下降,只有赤痢的发病率显著上升。

对1935年全省各地九种法定传染病疫情逐月报告的分析显示,霍乱、伤寒、赤痢等肠道传染病发病主要在夏秋季节,鼠疫、天花、白喉、斑疹伤寒等呼吸道传染病或蚤虱传染病发病主要在春季,猩红热发病主要在春夏季节,而流行性热脊髓膜炎发病季节分布相对来说比较平均,在春、夏、秋季均有较多比例。整体而言,传染病发病集中在夏季,即6—9月。

对1935年九种传染病致死率的分析显示,鼠疫病死率最高,在30%以上,赤痢和流行性热脊髓膜炎病死率最低,在10%以下,其他传染病病死率中等。整体而言,传染病病死率为13.7%,其中10—2月的病死率最高,以12月为最。将全年各月的传染病发病率与病死率进行分析,发现传染病发病较少的月份,往往病死率较高,而传染病发病较多的月份,病死率较低。这说明了这样一个现象:传染病在其发病率较低的季节,流行程度较低,病菌毒力较强,病死率较高,而在其发病率较高的季节,流行程度较高,毒力减弱,病死率亦随之降低。整体而言,传染病从酝酿到流行、减弱乃至消失,有一个随季节变化的周期。

对1935年九种传染病空间分布的分析显示,越接近中心及主要交通线的地区,传染病发病率越高,反之越低。这可能与人口流动的频繁程度有一定关系。

对历年自杀情况的分析显示,1916年河南省自杀率只有约10万分之1,与现在相比明显偏低(2007年中国自杀率为10万分之23,国际平均自杀率为10万分之10),可能有一定程度的漏报。女性自杀较男性为多,具体自杀原因,男性主要是经济因素,女性主要是情感因素。

三、医疗卫生状况

对 1934 年开封卫生医疗状况的考察显示,公立医院数量少、规模较大,私立医院数量多、规模一般较小,但相对其规模,私立医院接诊了更多的病人。另外,公立医院相对成立较晚,而私立医院早在 1924 年即有 7 家成立,此后历年均有成立,其中 1924 年和 1932 年是私立医院成立的两个高峰年份。医生中西医占 40%,中医占 60%。西医年龄集中在 40 岁以下,中医年龄集中在 40 岁以上,相比之下西医呈现出明显的年轻化趋势。全年共有 180387 人次在各大医院就诊,约占总人口的 60%。所就诊的各科比例分配相对比较均匀,值得注意的是,花柳病所占比例高达 7.23%。

对 1936 年开封疫苗接种的考察显示,共有 6207 人接种各类疫苗,其中主要是接种牛痘,约占 2/3。其次是霍乱和伤寒,接种脑膜炎疫苗的人数最少。牛痘接种集中在春季,伤寒疫苗和霍乱疫苗接种集中在夏季,脑膜炎疫苗接种季节特征不明显,总的来说疫苗接种的时间与传染病发病时间高度一致。

民国时期全省各地的医疗机构也相继设立,30 年代初在 80 余所县平民医院基础上,建立了 77 所县立医院,归县政府直接管辖,77 所县立医院虽然"达不到内政部的标准",但毕竟是现代医疗体系建立的标志。同时河南省开始施行农村简易医疗计划,1940 年 12 月河南省卫生处在洛阳成立,拟定了为期五年的《河南省卫生工作规划》,县卫生院开始设置,现代医疗体系已经初步建立起来并有效运转,对于降低疫病死亡率起到了积极作用。

教会医院是当时医疗卫生体系的重要组成部分。1935 年河南省共有各类教会医院 31 家,平均每家医院有医师 2.2 人,跟 1934 年开封的私立医院规模相似。从 1900 年前的 1 家,到 1900 年的 4 家,1910 年的 7 家,20 世纪 20 年代的 15 家,30 年代的 31 家,教会医院的发展呈加速增长的态势。空间集中在全省北部和几个中心城市,如郑县、南阳、洛阳、安阳、汲县、潢川等。

第八章 人口的职业、教育和宗教状况

第一节 人口的职业结构

人口的职业结构是指社会中人口职业的分布状况,1912 年和 1916 年人口普查的职业分类有 17 类,即议员、官吏、公吏、教员、生徒、僧侣教徒、律师、新闻记者、医士、稳婆、农业、矿业、商业、工业、渔业、其他各业、未详。1935 年人口统计的职业分类是农、矿、工、商、公务、交通运输、自由职业、人事服务无业与未详。如果数据足够准确,那么一个地区的职业结构能够反映出该地区的城市化程度,然而就民国时期的河南而言,除了开封等少数城市外,其他地区包括县城在内尚没有详细的城市人口数据,1935—1936 年年底刊登在《河南统计月报》上的各县社会调查中大部分也没有具体的城市人口数,因此讨论城乡结构比较困难,民国时期河南主要还是以务农为主的传统农业社会的职业结构。

一、历年职业结构

1. 1916 年职业结构

表 8-1　1916 年河南省各道人口职业结构(百分比)

职业	开封道	汝阳道	河洛道	河北道	全省
议员	0.00	0.00	0.01	0.00	0.00
官吏	0.02	0.04	0.01	0.01	0.02

职业	开封道	汝阳道	河洛道	河北道	全省
公吏	0.03	0.07	0.03	0.04	0.04
教员	0.07	0.10	0.08	0.12	0.09
生徒	0.65	1.33	1.43	1.20	1.04
僧侣教徒	0.07	0.23	0.29	0.12	0.15
律师	0.00	0.00	0.00	0.00	0.00
新闻记者	0.00	0.00	0.00	0.00	0.00
医士	0.05	0.06	0.06	0.09	0.06
农业	34.52	34.35	42.10	75.33	42.84
矿业	0.02	0.00	0.12	0.31	0.08
商业	20.13	3.42	5.33	3.52	10.65
工业	12.53	2.70	4.08	3.89	7.19
渔业	0.03	0.08	0.01	0.11	0.05
其他各业	12.06	3.33	5.73	8.21	8.17
未详	19.83	54.30	40.73	7.06	29.61
合计	100.00	100.00	100.00	100.00	100.00

（资料来源：根据内务部统计科《内务统计·民国五年分河南人口之部》中表三整理计算而得）

　　将表8-1进行合并计算，1916年全省农业人口所占比例为42.84%，笔者认为这是不可能的，应将未详计入农业，计有农业人口72.44%，商业人口占10.65%，工业人口占7.19%，矿业人口占0.08%，其他人口占1.34%，我们发现河北道、河洛道、汝阳道农业人口都在82%以上，这个数字是基本符合依然是传统农业状态下的河南实际情况，而修正后的开封道农业人口为54.35%，这个数字依然令人生疑，尽管省会在该区，但高达12.53%的工业人口从其所辖地区来看是不可能的，尤其将其与1935年的第一、第二等原开封道辖区结合来看，1935年的原开封道辖区农业与无业人口相加均超过了80%，则1916年职业统计数字更不可信，而同期开封道工商业人口占30%以上，远远高于其他地方，这可能是由于省会在开封，因而导致其统计时的口径不一所致，也是显示的农业人口比例较低的主要原因。结果全省农业人口比例为72.45%，开封道54.34%，汝阳道88.65%，河洛道82.83%，河北道82.38%。除开封道外，其他地方农业人口都在80%以上。

2. 1935 年职业结构

表 8-2   1935 年河南省各区人口职业结构(百分比)

地方别	农	矿	工	商	公务	交通运输	自由职业	人事服务	无业	未详	总计
第 1 区	61.74	0.17	2.83	5.33	0.75	0.43	1.00	3.76	23.21	0.78	100.00
第 2 区	62.99	0.11	3.67	4.96	0.68	1.09	2.10	2.16	20.59	1.64	100.00
第 3 区	64.15	0.88	5.44	5.50	0.73	0.17	0.39	1.80	20.17	0.77	100.00
第 4 区	59.98	0.87	5.11	4.74	0.73	0.30	1.25	4.96	20.64	1.41	100.00
第 5 区	58.49	0.95	5.56	3.42	0.48	0.63	0.88	3.26	22.06	4.27	100.00
第 6 区	72.73	0.09	1.63	2.65	1.01	0.54	0.75	4.02	15.36	1.23	100.00
第 7 区	67.41	0.00	1.88	2.65	0.77	0.62	1.05	6.46	16.91	2.26	100.00
第 8 区	71.17	0.00	2.91	3.01	0.44	0.32	0.98	7.07	10.97	3.13	100.00
第 9 区	73.37	0.02	3.09	3.84	0.41	0.67	1.28	4.04	12.14	1.13	100.00
第 10 区	69.94	0.42	6.01	4.78	1.00	0.33	0.58	0.91	14.88	1.14	100.00
第 11 区	73.15	0.45	2.44	2.46	1.32	0.63	0.68	6.15	11.97	0.74	100.00
全省	66.34	0.32	3.51	3.94	0.74	0.54	1.03	4.03	17.84	1.72	100.00

(资料来源:《河南统计月报》1936 年第 7 期第 15—26 页"河南人口统计"中分县人口职业分类整理计算而得)

由表 8-2 可以看出,1935 年河南全省农业人口所占比例为 66.34%,第 1—5 区农业人口所占比例较低,在全省平均水平以下,其中以第 5 区为最低,相比之下第 6—11 区农业人口所占比例较高,在全省平均水平以上,其中以第 9 区为最高。矿业人口所占比例以第 3 区、第 4 区、第 5 区为最高,其次是第 10 区和第 11 区。工业人口所占比例以第 3 区、第 4 区、第 5 区、第 10 区为最高。商业人口所占比例以第 1 区、第 3 区、第 2 区、第 4 区、第 10 区为最高。同 1916 年的情况相似,各区在统计上口径不尽相同,同样一部分人口的职业,有的区将其归为"农业",有的区将其归为"无业"。将 1935 年"农业"与"无业"比例合计,可知各区都在 80% 以上。与各区的工商业和人事服务业进行比较,可发现工商业比例高的区,人事服务业比例低,反之则高,工商业比例与人事服务业比例也是此消彼长的关系。这反映了这样一个现象:在农业人口所占比例大致相同的背景下,其余人口的职业选择主要有工商业和人事服务业两种,从事工商业人口较多的区,从事人事服务业的人口较少,反之则较多。具体来看,北部各区(第3区、第10区、第4区、第5区、第2区、第1区)从事工商业人口比例较高,而南部各区(第9区、第8区、第11区、第7区、第6区)从事人事服务业人口比例较高。而第三、四区矿业比例的增加则说明了一个实际的情况,即大量矿产资源、主要是煤矿的开采,使得矿业逐渐繁荣起来。1909年福公司首家矿厂在修武县境内开始采煤,是为工业的起始,煤矿业"由民国4年至民国10年始渐发展,由民国10年至民国14年,已有兴旺可观"①。棉纺织业在河南发展也较快,1919年外省投资建于郑州的豫丰纺厂,1929年卫辉县的华新纺织厂,以及本省资本投资位于武陟的成兴纱厂,近代工业生产在民国以后有了长足的发展。如图8-1、8-2、8-3、8-4所示。

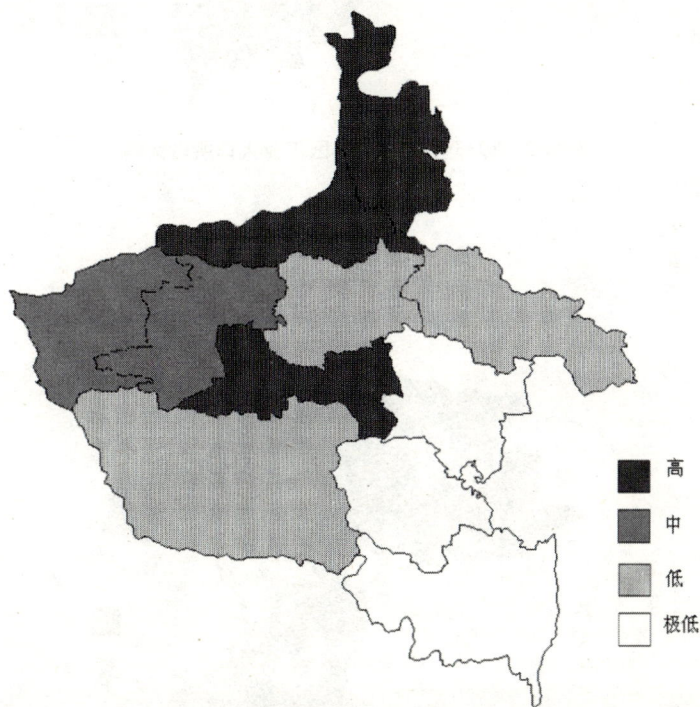

图8-1　1935年河南省各区矿业人口所占比例

① 王景尊:《河南矿业报告》,第79—80页,开封新时代印刷局,1934年,转引自《河南通史》第四卷,第295页。

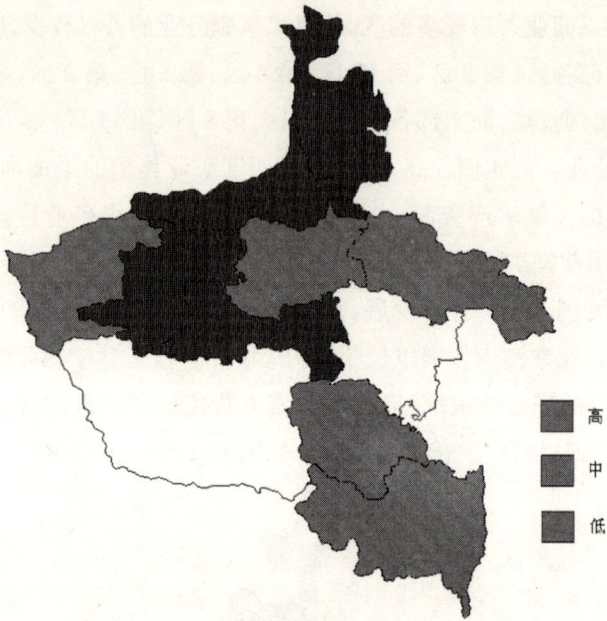

图 8-2   1935 年河南省各区工业人口所占比例

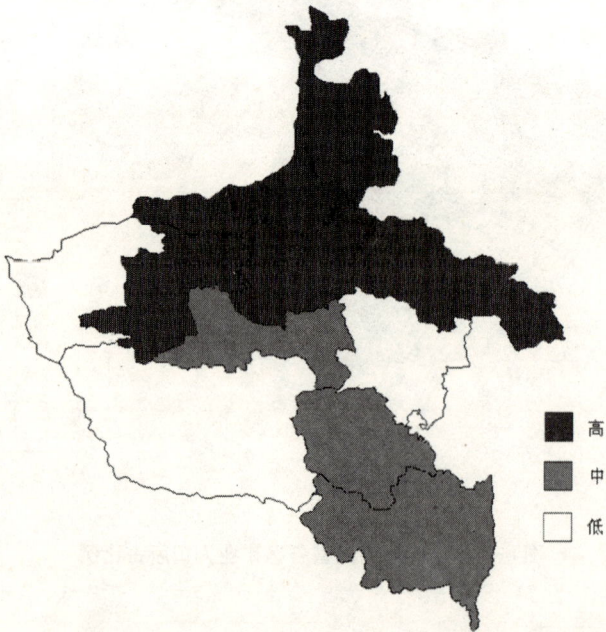

图 8-3   1935 年河南省各区商业人口所占比例

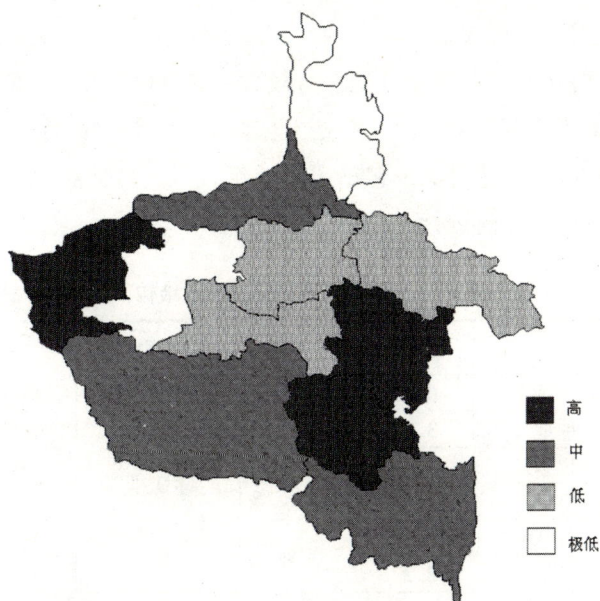

高
中
低
极低

图 8-4 1935 年河南省各区人事服务业人口所占比例

3.省会开封的职业结构

表 8-3 1934 年开封市民职业结构

职业	男	女	合计
农业	3.59	—	1.81
工业	10.97	0.16	5.60
商业	20.71	0.48	10.66
自由职业	2.33	0.24	1.29
公务员	6.16	0.02	3.11
交通运输	8.52	—	4.29
人事服务	5.64	62.66	33.97
无业	34.35	32.56	33.46
未详	7.73	3.88	5.82
总计	100.00	100.00	100.00

（资料来源:《河南统计月报》1935 年第 6 期第 120 页"开封社会调查"之人口部分表七）

由表 8-3 可以看出,1934 年开封市民的职业中,从业人员最多的是人事服务业,其次是无业,再次是商业、工业、交通运输和公务员,从事农业和自由职业的很少。男女两性在职业分配上有较大差异,60% 以上女性集中在人事服务业,男性主要从事商业、工业和交通运输业。但男女两性都有 30% 以上的人口是无业,说明统计对象中包括了未成年人口。另外农业人口比例非常低,说明统计只在市区内进行。

表 8-4　1934 年开封户主职业结构

类别		比例	类别			比例
农业	种菜	0.42	工业	手工业	修车	1.47
	种地	3.98			铜锡	2.77
	牧畜	0.04			铁	0.92
	小计	4.45			织席	0.13
自由职业	会计师	0.29			竹铺	0.04
	教员	2.27			鞋工	0.63
	医师	1.17		劳力工人	工人	2.47
	律师	0.46			泥工	2.35
	传教士	0.25			木工	2.31
	工程师	0.04		小计		13.09
	编辑	0.04	商业	贩卖		13.93
	新闻记者	0.25		经纪介绍		0.59
	小计	4.78		生活供应		10.61
公务员	政	6.38		金融业		0.46
	警	2.43		其他		5.29
	军	2.98		小计		30.87
	小计	11.79	人事服务	雇工		3.02
交通运输	邮电	0.71		侍役		0.80
	推挽	14.85		厨工		2.39
	运输	0.34		小计		6.21
	其他	0.96	无业			7.09
	小计	16.86	未详			4.87

(资料来源:《河南统计月报》1935 年第 6 期第 116 页"开封社会调查"之人口部分表七)

由表 8-4 可以看出,1934 年开封户主中,4.45% 从事农业(主要是种地),4.78% 从事自由职业(主要是教员和医师),11.79% 从事公务员(主要在政界),12.67% 从事交通运输(主要是推挽),13.09% 从事工业(主要是劳力工人,如泥工、木工等),30.87%从事商业(主要是小商贩),6.21%从事人事服务业(主要是雇工、厨工),7.09%无业。与前述1934年开封男性相比,无业比例从34.35%下降到7.09%,而商业、交通运输业、公务员比例则有大幅增长。这有两方面原因:一是户主一般都是成年人,而1934年开封男性包括未成年人;二是成年男性要想结婚成家、成为户主,一般要有一份职业。无业的户主,一是年老退休;二是单身户主,这两种情况都不多见。

表 8-5　1942 年开封人口职业结构

职业	男	女	合计
农业	17.93	9.16	14.08
工业	13.79	9.02	11.71
矿业	0.00	0.00	0.00
商业	31.08	14.24	23.70
学界	5.26	2.95	4.25
军界	1.90	0.31	1.20
政界	6.08	0.47	3.62
医师	0.14	0.06	0.11
律师	0.07	0.01	0.04
佣工	3.39	4.00	3.66
无业	12.86	50.85	29.50
失业	4.29	7.45	5.67
自由业	3.21	1.48	2.45
总计	100.00	100.00	100.00

(资料来源:伪省公署1942年《统计年鉴》第58页"河南省会人口职业分配统计表")

由表8-5可以看出,1942年开封人口中,从事商业的最多,达23.70%,其次是农业和工业。另外,统计项目中将无业和失业区分开来。与1934年开封市民职业结构相比,1942年开封人口的职业结构有较大变化:男性无业人口比例有所减少,女性无业人口比例大幅增长,在50%以上;从事农业、工业、商业的人口比例大幅增长;从事人事服务业的人口比例大幅下降,尤其是女性。这主要是统计口径的不同,后者涉及范围更大,包含了城市周边的农村人口。

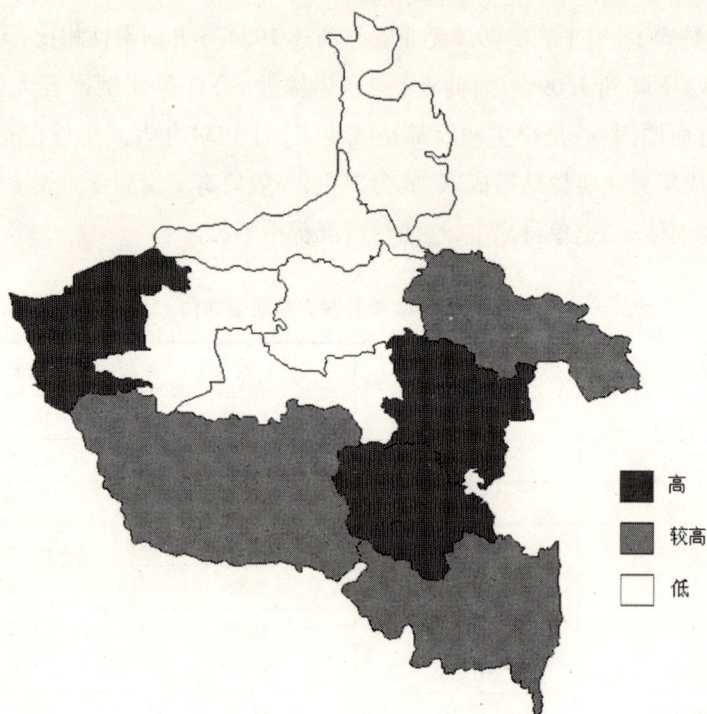

图 8-5 1935 年河南省各区人均耕地数

二、农民与耕地

表 8-6 1935 年河南省各区农户与耕地数

地方别	总户数	农民户数	人口数	耕地面积（市亩）	农户比例（%）	人均耕地
第 1 区	555556	439218	3525568	10161823	79.06	2.88
第 2 区	549872	444975	3439562	12557308	80.92	3.65
第 3 区	593856	464379	3556477	10281720	78.20	2.89
第 4 区	513392	409891	3154060	8901563	79.84	2.82
第 5 区	520711	390006	2969971	7431145	74.90	2.50
第 6 区	873747	747208	5101082	17013967	85.52	3.34
第 7 区	605975	525431	3549564	15154418	86.71	4.27
第 8 区	503482	416102	2789252	11265488	82.64	4.04

续表

地方别	总户数	农民户数	人口数	耕地面积（市亩）	农户比例（%）	人均耕地
第9区	451225	354473	2935699	10058993	78.56	3.43
第10区	349834	279746	2470713	6093110	79.97	2.47
第11区	168637	144159	1081288	4471834	85.48	4.14
全省	5686287	4615588	34573236	113391369	81.17	3.28

（资料来源：根据《河南统计月报》1936年第8期第9页"河南农林统计"之农业部分表二整理计算而得）

由表8-6可以看出，1935年全省有农户5686287户，占全省总户数的81.17%，各区农户所占比例在74.90%—86.71%之间，相对而言第5区、第3区、第9区、第1区、第4区、第10区、第2区农户所占比例较低，低于全省平均水平。总的来说是北部地区农户比例较低，这与前面各区人口职业结构的分析结果是一致的。人均耕地多的区，农户比例也大，反之则较小。这反映了人均耕地对农户比例的制约，人均耕地较少的地区，必然有更多的人口转投非农行业，见表8-7。

表8-7 1935年河南省各区农民类型

地方别	自耕农	半自耕农	佃农	雇农	总计
第1区	71.16	15.50	9.51	3.82	100.00
第2区	70.60	17.25	9.52	2.90	100.00
第3区	68.93	18.83	8.63	3.61	100.00
第4区	62.47	20.49	12.12	4.92	100.00
第5区	56.37	17.71	22.27	3.65	100.00
第6区	39.34	25.25	24.67	10.74	100.00
第7区	52.08	25.62	15.65	6.65	100.00
第8区	54.48	20.72	21.41	3.39	100.00
第9区	27.33	25.76	37.97	8.94	100.00
第10区	55.35	28.87	13.23	2.55	100.00
第11区	56.77	24.51	16.42	2.30	100.00
全省	55.79	21.53	17.30	5.38	100.00

（资料来源：根据《河南统计月报》1936年第8期第14页"河南农林统计"之农业部分表三整理计算而得）

　　由表8-7可以看出,1935年河南全省农民中自耕农占55.79%,半自耕农占21.53%,佃农占17.30%,雇农占5.38%。自耕农比例,以第1区、第2区、第3区、第4区、第11区、第5区为最多,高于全省平均水平,而以第9区和第6区为最少。半自耕农比例,以第10区、第9区、第7区、第6区、第11区为最多。佃农占农比例,以第9区为最多,其次是第6区、第5区和第8区。雇农比例,以第6区、第9区和第7区为最多。自耕农比例与其他农民比例均存在此消彼长的关系。从土地占有上看,自耕农土地完全自有,半自耕农土地大部分自有,佃农土地小部分自有,雇农则完全没有土地。从自耕农到雇农,自有土地呈递减趋势。自耕农多的地方,土地集中程度较低。第9区和第6区的土地集中程度最高,其次是第7区、第8区和第5区,再次是第11区、第10区和第4区,而以第3区、第1区和第2区为最低。总的来说,全省北部地区土地集中程度低于南部地区。如图8-6所示。

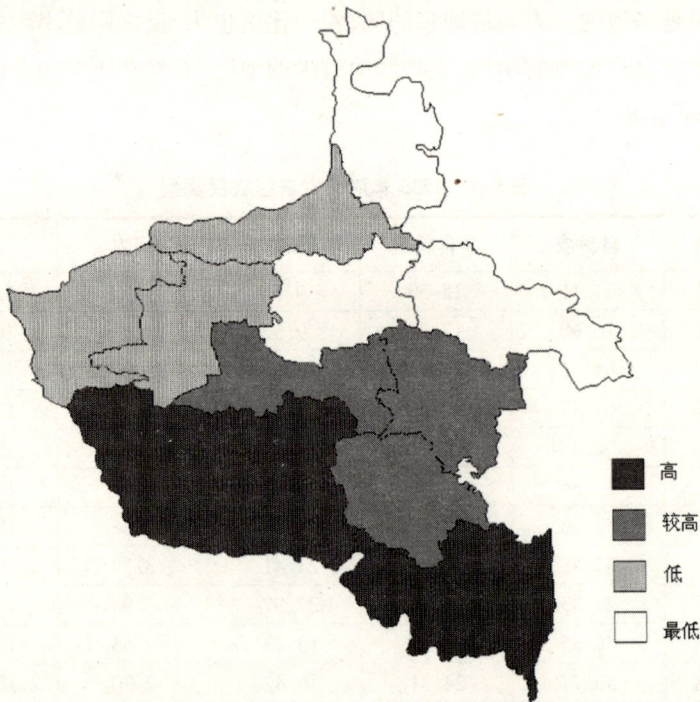

图8-6　1935年河南省各区农户土地集中程度

三、娼妓业

1933 年河南省会开封,共有登记妓女 287 人,其中甲等 84 人,乙等 73 人,丙等 130 人。以下是其具体情况:

表 8-8 1933 年开封娼妓之年龄

年龄	甲等	乙等	丙等	共计
13—15	22	—	—	22
16—18	39	31	54	124
19—21	20	36	39	95
22—24	3	5	16	24
25—27	—	1	6	7
28 岁以上	—	—	15	15
总计	84	73	130	287
平均年龄	17	19	20	19

(资料来源:《河南统计月报》1936 年第 1 期第 137 页"开封社会调查"之社会病态部分表丙)

由表 8-8 可以看出,甲等妓女 84 人中,81 人在 21 岁以下,61 人在 18 岁以下,平均年龄 17 岁。乙等妓女 73 人中,69 人在 16—21 岁之间,平均年龄 19 岁。丙等妓女 130 人中,109 人在 16—24 岁之间,平均年龄 20 岁。可见妓女等次的划分,主要是按照年龄来的,甲等比乙等年轻,乙等又比丙等年轻。

表 8-9 1933 年开封娼妓之籍贯

籍贯		甲等	乙等	丙等	共计
河南	开封	31	33	17	81
	杞县	2	2	2	6
	淮阳	1	2	1	4
	滑县	—	—	3	3
	商丘	—	2	1	3
	汜水	—	1	1	2
	其他	1	—	3	4
	合计	35	40	28	103

续表

籍贯		甲等	乙等	丙等	共计
山东	沂州	4	14	86	104
	曹县	—	—	5	5
	滕县	—	2	1	3
	其他	2	9	3	14
	合计	6	25	95	126
江苏	扬州	4	—	—	4
	镇江	4	—	—	4
	徐州	1	2	1	4
	其他	13	2	1	16
	合计	22	4	2	28
河北	正定	4	1	1	6
	保定	3	1	—	4
	磁县	2	—	—	2
	合计	9	2	1	12
北平		12	1	2	15
湖北	夏口	—	—	1	1
陕西		—	1	1	2

（资料来源:同表8-8）

由表8-9可以看出,1933年开封287名妓女中,103名河南籍(其中81名开封籍),126名山东籍(其中104名沂州籍),28名江苏籍,12名河北籍,15名北平籍,1名湖北籍,2名陕西籍。84名甲等妓女中,35名河南籍(其中31名开封籍),22名江苏籍,12名北平籍,9名河北籍。73名乙等妓女中,40名河南籍(其中33名开封籍),25名山东籍。130名丙等妓女中,28名河南籍(其中17名开封籍),95名山东籍(其中86名沂州籍)。可见当时开封妓女主要来自山东、河南两省,其中河南省的80%是开封本地人。甲等妓女主要来自开封、江苏和北平,乙等妓女主要来自开封和山东,丙等妓女主要来自山东沂州和开封。甲乙丙三等妓女中开封籍都占重要地位,此外甲等主要来自江苏和北平,乙等丙等主要来自山东。

表 8-10 1933 年开封娼妓之负担生活人数

负担人数	甲等	乙等	丙等	共计
1	6	6	3	15
2	17	25	35	77
3	29	24	53	106
4	14	14	33	61
5	6	—	6	12
6	6	1	—	7
7	6	3	—	9
总计	84	73	130	287
平均负担人数	3.5	2.9	3	3

（资料来源：同表 8-8）

由表 8-10 可以看出,妓女从事该行业,大多是为了生计,即所谓养家糊口。1933 年开封 287 名妓女中,负担 3 人的最多,达 106 人,其次是 2 人和 4 人,平均负担 3 人。84 名甲等妓女中,负担 3 人的最多,达 29 人,其次是 2 人和 4 人,平均负担 3.5 人。73 名乙等妓女中,负担 2 人的最多,达 25 人,其次是 3 人和 4 人,平均负担 2.9 人。130 名丙等妓女中,负担 3 人的最多,达 53 人,其次是 2 人和 4 人,平均负担 3 人。总之,除甲等妓女负担较多外,乙等丙等妓女负担跟总体一致,在 3 人左右。

表 8-11 1933 年开封娼妓之为娼年数

为娼年数	甲等	乙等	丙等	共计
不满 1 年	—	7	10	17
1	17	17	51	85
2	30	22	40	92
3	16	14	20	50
4	9	7	7	23
5	7	5	1	13
6	3	1	—	4
7	1	—	—	1
8 年以上	1	—	1	2
总计	84	73	130	287

（资料来源：同表 8-8）

由表 8-11 可以看出,1933 年开封 287 名妓女中,为娼 2 年的最多,达 92
人,其次是 1 年和 3 年,平均为娼 2.2 年。84 名甲等妓女中,为娼 2 年的最多,
达 30 人,其次是 1 年和 3 年,平均为娼 2.7 年。73 名乙等妓女中,为娼 2 年的
最多,达 22 人,其次是 1 年和 3 年,平均为娼 2.3 年。130 名丙等妓女中,为娼
1 年的最多,其次是 2 年和 3 年,平均为娼 1.8 年。可见,甲等妓女从业时间
多于乙等,乙等又多于丙等。

表 8-12　1940 年开封娼妓状况统计表

等级	妓院数	娼妓数		纳捐数（元）	检验结果	
		原有	现有		有病	无病
总计	31	277	230	12008	69	161
一等	14	132	109	8766	45	64
二等	2	65	45	2380	24	21
三等	15	80	76	862	—	76

（资料来源:伪省公署 1940 年《统计年鉴》之"河南省会娼妓状况统计表"）

由表 8-12 可以看出,1940 年开封有妓院 31 家,妓女 230 人,平均每家有
7.5 人。一等妓女人均纳捐 52 元,41%有病,二等妓女人均纳捐 53 元,53%有
病,三等妓女人均纳捐 11 元,全部无病。与 1933 年相比,妓女数量有所减少,
一等妓女比例有所上升,二等三等比例均有所下降。

第二节　教育状况所反映的人口素质

人口素质是人口史研究的重要内容,"教育素质当然是其中的一个重要
指标"[1],民国时期人们已有此认识。1935 年河南省在人口统计中专门有"人
口之识字能力"一栏,该统计"在于表现人口之教育程度"[2]。河南省的现代
教育发轫于科举废除之后,1912 年全省小学由清末的 3000 余所增至 4600 余

---

① 侯杨方:《中国人口史》(第六卷·1910—1953),复旦大学出版社 2001 年版,第 544 页。
② 《河南人口统计引言》,载《河南统计月报》1936 年第 7 期,第 1 页。

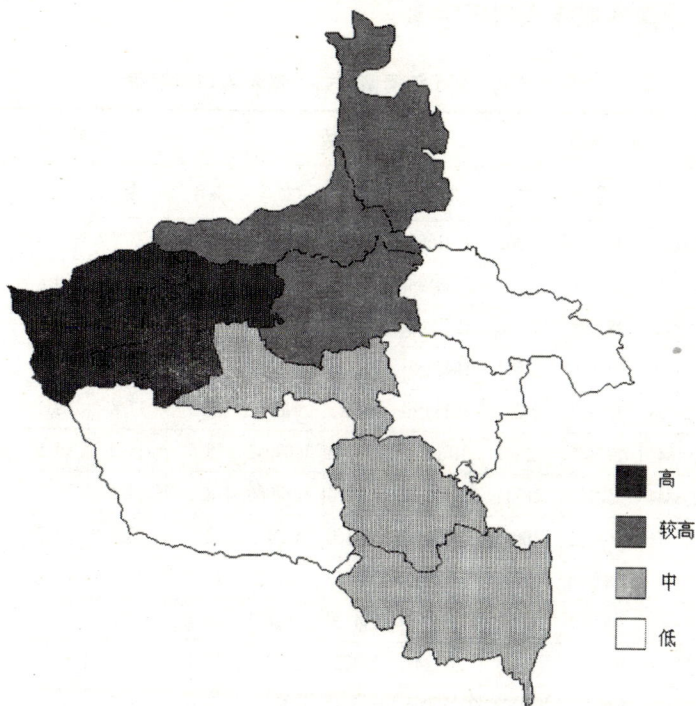

图 8-7 1935 年河南省各区成年人口识字率

所,学生达 11 万余人①,然而由于战乱等社会形势的干扰,河南各类学校进展较为缓慢,教育停滞的原因,时人归结为"一为财政支绌,一为官吏不事提倡反加摧残",再则"招生一再展期,招不来人"②。1927 年后,随着社会局势的相对稳定,学校教育有了较大的发展,到抗日战争爆发前夕(1936 年),全省有中小学近 2 万所,学生 110 多万人,较 1928 年增长了 2.5 倍左右③。在全国各省统计比较中,河南每公里地有小学 34 多所,排第六位,每万居民中有入学儿童 26 人,受到中学教育的 11 人,排第九位④,在全国范围内处于中上水平。

---

① 王天奖:《民国时期河南的学校教育》,《河南大学学报》1996 年第 3 期,第 59 页。

② 赵济亚:《河南教育状况》,《都市教育》第二十四期(1915 年),转引自《河南教育资料汇编·民国部分》,河南省教育志编辑部编,1984 年 9 月,内部稿。

③ 王天奖:《民国时期河南的学校教育》,《河南大学学报》1996 年第 3 期,第 60 页。

④ 《教育部调查》(内部资料),转引自貊琦主编:《中国人口(河南分册)》,第 346 页。

一、河南省成年人口识字率

表 8-13　1935 年河南省各区成年人口识字率

地方别	识字人数			不识字人数			识字率(%)			
	共计	男	女	共计	男	女	共计	男	女	男女之差
第 1 区	520798	441437	79361	2991666	1420848	1570818	14.8	23.7	4.8	18.9
第 2 区	156492	146993	9499	2398496	1202343	1196153	6.1	10.9	0.8	10.1
第 3 区	302060	288392	13668	1501902	685323	816579	16.7	29.6	1.6	28.0
第 4 区	368255	345698	22557	1842255	793773	1048482	16.7	30.3	2.1	28.2
第 5 区	227196	205959	21237	1945056	954343	990713	10.5	17.8	2.1	15.7
第 6 区	295042	272141	22901	3181762	1673715	1508047	8.5	14.0	1.5	12.5
第 7 区	268844	250133	18711	3013190	1476124	1537066	8.2	14.5	1.2	13.3
第 8 区	214111	203442	10669	1477059	664560	812499	12.7	23.4	1.3	22.1
第 9 区	211442	187308	24134	1870196	949969	920227	10.2	16.5	2.6	13.9
第 10 区	343507	332152	11355	1557081	644220	912861	18.1	34.0	1.2	32.8
第 11 区	126095	120794	5301	571343	252025	319318	18.1	32.4	1.6	30.8
全省	3033842	2794449	239393	22350006	10717243	11632763	12.0	20.7	2.0	18.7

(资料来源:根据《河南统计月报》1936 年第 7 期第 12—14 页"河南人口统计"中分县识字与不识字人数整理计算而得)

识字率的分布情况如表 8-13 所示。由表 8-13 可以看出,1935 年河南全省成年人口识字率为 12.0%,其中男性识字率 20.7%,女性识字率为 2%,当然据此可以得出文盲率达 88%,其中男性文盲率为 79.3%,女性文盲率更高达 98.0%。具体到各区来看,识字率最高的是第 10 区(洛阳)和第 11 区(陕县),其次是第 3 区(安阳)、第 4 区(新乡)和第 1 区(郑县),再次是第 8 区(汝南)、第 5 区(许昌)、第 9 区(潢川),而以第 6 区(南阳)、第 7 区(淮阳)和第 2 区(商丘)为最低。就县而言,识字率最高的是开封,识字率达 40.38%,其中男子识字率达到了 48.89%,女子识字率达到了 30.14%。最低的县是民权,识字率仅为 3.65%,其中男子识字率为 6.71%,女子识字率为 0.24%①。总的来说,西部北部地区识字率较高,东部南部地区识字率较低。男子的识字率普

---

① 根据《河南统计月报》1936 年第 7 期第 12—14 页计算而得。

遍高于女子,许多县份女子识字率在1%以下,这与乡村中普遍存在的性别歧视有密切关系。行政院农村复兴委员会调查中也发现"在河南,重男轻女的观念很厉害。在乡村小学校中,简直很难找到一个女学生"①。

二、开封中小学校

开封作为省会城市,资料比较齐全,因此我们以开封作为重点考察的对象。开封县识字率之高当属正常,然而与1934年开封县社会调查的识字率比较,我们就会发现二者之间的误差,"全县不识字者,占52%强;识字者占百分之47强"②,这个比例与1935年识字率40.38%相差较大,1934年的调查指出"学龄儿童在学者占53%,失学者占49.37%"③,1934年社会调查所得开封人口为456876人,1935年统计开封人口为456136,基本尚属一致,因此开封社会调查的数据可以和1935年的年龄结构结合起来考察。

表8-14　1934年开封省立各小学校学生与教师情况表

校　别	学　生				教　员				每一教员对应学生数	年度教员俸给	教员平均年薪
	初级		高级		初级		高级				
	男	女	男	女	男	女	男	女		(元)	(元)
第一小学校	176	206	138	70	2	8	7	—	35	8568	504
第二小学校	141	136	67	55	4	2	6	—	33	6480	540
第三小学校	269	163	101	66	6	4	6	—	37	8064	504
第四小学校	237	155	109	76	5	5	6	—	36	8640	540
第五小学校	142	94	89	53	2	4	6	—	32	6048	504
第六小学校	264	176	168	88	2	8	8	2	35	10800	540
第七小学校	141	103	53	25	6	5	—	—	29	5544	504
第八小学校	214	101	80	30	3	6	4	1	30	7536	538
第九小学校	120	40	96	31	3	2	4	—	32	4536	504

---

① 行政院农村复兴委员会编:《河南省农村调查》,商务印书馆1934年版,第122页。
② 《河南各县社会调查·(五)开封》,《河南统计月报》1935年2、3期合刊,第141页。
③ 《河南各县社会调查·(五)开封》,《河南统计月报》1935年2、3期合刊,第141页。

续表

校 别	学 生				教 员				每一教员对应学生数	年度教员俸给（元）	教员平均年薪（元）
	初级		高级		初级		高级				
	男	女	男	女	男	女	男	女			
第十小学校	215	168	94	54	1	4	10	1	33	8640	540
第十一小学校	155	69	91	17	6	2	3	—	30	5544	504
师范附属小学校	256	146	127	59	10	2	5	—	35	9192	541
女师附属小学校	122	197	20	59	1	13	—	—	28	6800	486
总计	2452	1754	1233	683	51	65	65	4	33	96392	521

（资料来源：《河南统计月报》1935 年第 8 期第 111 页"开封社会调查"之教育部分表甲）

1934 年省会开封共有省立小学 13 所，学生 6122 人，1935 年 6—10 岁儿童 31120 人，则省立小学在校人数只占适龄儿童的 19.67%，该县另有县立小学十余处、基督教会小学一处、回民小学一处。

开封的省立小学平均每校 471 人，规模最大的学校有 696 人，规模最小的只有 287 人。全体学生中男生 3685 人，占 60.2%，女生 2437 人，占 39.8%。初小学生 4206 人，男生占 58.3%，女生占 41.7%。高小学生 1916 人，男生占 64.4%，女生占 35.6%。整体而言，男生多于女生，从初小到高小，随着年级的升高，女生所占比例越来越小。各校共有教师 185 人，其中男教师 116 人，占 62.7%，女教师 69 人，占 37.3%。初小教师 116 人，男教师占 44.0%，女教师占 56.0%。高小教师 69 人，男教师占 94.2%，女教师仅占 5.8%。整体而言，男教师多于女教师，初小女教师占多数，而高小几乎都是男教师。平均每位教师对应 33 个学生，最少的学校为 28 人，最多的学校为 37 人。各校教师平均年薪 521 元，最高的学校为 541 元，最低的学校为 486 元。高小教师比例高的学校，其教师平均年薪也较高。

再来看看开封中等学校的情况：

表 8-15 1934 年开封中等学校学生情况表

校 别		总计	初 级			高 级		
			共计	男	女	共计	男	女
省立	开封高级中学	371	—	—	—	371	362	9
	开封初级中学	703	703	703	—			
	开封女子中学	397	280	—	280	117	—	117
	开封师范学校	456	—	—	—	456	456	
	开封女子师范学校	487	165	—	165	322	—	322
私立	济汴中学	396	201	201	—	195	195	
	中州中学	534	534	534	—	—	—	—
	雨河中学	647	597	597	—	50	50	
	黎明中学	632	568	568	—	64	64	
	嵩阳中学	360	300	300	—	60	60	
	中山中学	263	263	263	—	—	—	—
	明伦中学	216	216	216	—			
	光豫工读中学	143	143	143	—			
	励志中学	120	120	120	—			
	大华中学	84	84	51	33			
	南江中学	35	35	35	—			
	大梁中学	140	140	140	—			
	北仓女子中学	329	245	—	245	84		84
	明伦女子中学	105	105	—	105			
	静宜女子中学	201	162	—	162	39		39
	任时女子中学	120	120	—	120			
	东岳艺术师范	289	—	—	—	289	265	24
	艺术师范学校	204	—	—	—	204	134	70
总计		7232	4981	3871	1110	2251	1586	665

（资料来源：《河南统计月报》1935 年第 8 期第 111 页"开封社会调查"之教育部分表乙）

由表 8-15 可以看出，1934 年省会开封共有各类中学 23 所，学生 7232 人，其中省立学校 5 所，学生 2414 人，平均每校 483 人，私立学校 18 所，学生 4818 人，平均每校 268 人。全体学生中男生 5460 人，占 75.5%，女生 1772 人，占 24.5%。初中学生 4981 人，男生占 77.7%，女生占 22.3%。高中学生 2251

人,男生占 70.6%,女生占 29.4%。整体而言,男生远多于女生,但与小学相反,从初中到高中,随着年级的升高,女生所占比例也在增加。5 所省立学校中,高中生所占比例为 52.4%,初中生所占比例为 47.6%,而 18 所私立学校中,高中生所占比例为 20.4%,初中生所占比例为 79.6%。可见私立中学以初中为主,省立中学则初中、高中并重,高中略占优势。5 所省立学校中,男生所占比例为 63.0%,女生所占比例为 37.0%,而 18 所私立学校中,男生所占比例为 81.7%,女生所占比例为 18.3%。可见私立中学比省立中学男女生性别比例更为不平衡。总之,私立中学规模较小,学制以初中为主,学生以男生为主,省立中学规模较大,学制和性别分配上相对均衡。

三、各地教会学校

表 8-16　1935 年河南省各地教会学校统计表

地方别	学校名称	所属教会	设立年份	负责人国籍	学生人数		
					共计	男	女
郑县	天主堂养老院附设初级小学	天主教	1927	中国	29	29	
郑县	培德女子小学	天主教	1929	中国	148	11	137
郑县	善道中法学校	天主教	1927	中国	29	29	
郑县	天主堂私立初级小学	天主教	1933	中国	31	31	
郑县	私立履光小学	圣公会	1930	中国	135	73	62
开封	豫中中学校	圣公会	1914	英国	140	70	70
开封	豫中附小	圣公会	1926	英国	290	120	170
尉氏	初级小学校	天主教	1930	意国	24	21	3
尉氏	初级义务女校	浸礼会	1933	中国	15		15
汜水	初级小学	浸礼会	1934	中国	19	12	7
新郑	圣公会初级小学	圣公会	1933	中国	76	54	22
禹县	—	天主教	1929	中国	36	24	12
禹县	—	耶稣教	1930	中国	54	38	16
宁陵	天主堂小学校	圣教会	1931	西班牙	30	15	15
宁陵	基督初级小学	福音堂	1918	中国	26	26	
民权	天主堂小学校	天主教	1932	意国	40	40	
睢县	传教学	圣教会	1927	中国	32	17	15

续表

地方别	学校名称	所属教会	设立年份	负责人国籍	学生人数		
					共计	男	女
睢县	圣道学	信义会	1917	中国	19	3	16
夏邑	圣心小学	天主教	1934	中国	15	15	
夏邑	天主小学	天主教	1934	中国	15	15	
夏邑	天主小学	天主教	1935	中国	13	13	
安阳	灵生初级小学	基督教	1935	中国	30	14	16
安阳	斌英初级中学	基督教	1931	中国	168	140	28
安阳	三育研究社	安息日会	1933	中国	22	19	3
安阳	明道院	天主教	1931	中国	142	67	75
安阳	卫生传习所	天主教	1932	意国	75		75
浚县	义教讲习所	天主教	1928	中国	30	20	10
浚县	天主教小学校	天主教	1920	中国	8	8	
浚县	三角崇俭小学校	天主教	—	中国	21	15	6
汲县	河朔圣经学校	基督教	1933	加拿大	34	24	10
汲县	河朔圣经学校	基督教	1915	加拿大	31		31
汤阴	传教所	天主教	1933	中国	40	15	25
沁阳	基督教妇女学校	基督教	1933	加拿大	43		43
修武	天主教小学校	天主教	1903	美国	68	40	28
原武	天主堂附小	天主教	1912	美国	15	15	
原武	七里谷堆初小	天主教	1931	中国	16		16
原武	孟庄初小	天主教	1935	中国	22	22	
原武	南窑初小	天主教	1935	中国	18	18	
阳武	天主学校	天主教	1927	中国	36	26	10
延津	公教传习所	天主教	1904	中国	40	40	
许昌	圣经学校	信义会	1929	美国	90	90	
许昌	妇女工读社	信义会	1929	美国	250		250
襄城	中义小学校	天主教	1933	意国	50	50	
襄城	福音小学校	基督教	1931	英国	105	70	35
郾城	福音小学校	内地会	1916	英国	29	15	14
郾城	三育研究社	安息会	1919	中国	220	140	80

续表

地方别	学校名称	所属教会	设立年份	负责人国籍	学生人数		
					共计	男	女
郾城	公教小学	天主教	1933	意国	15	15	
临汝	初级小学	信义会	1916	中国	29	14	15
临汝	领洗小学	方济各会	1908	意国	24	15	9
南阳	私立西满学校	天主教	1930	意国	333	262	71
南阳	私立青年小学校	耶稣教	1930	中国	231	141	90
唐河	类思初级小学	天主教	1933	意国	88	54	34
邓县	新华小学校	信义会	1928	美国	360	319	41
邓县	要理初级小学	天主教	1931	意国	222	172	50
新野	信义小学校	耶稣教	1917	美国	27	3	24
新野	要理小学校	天主教	1933	中国	20	20	
桐柏	养育初级小学	耶稣教	1919	美国	20	20	
桐柏	明道初级小学	天主教	1931	中国	40	30	10
桐柏	福音小学校	耶稣教	1935	中国	15	14	1
桐柏	福音初级小学	耶稣教	1921	美国	80	50	30
舞阳	公立小学	天主教	1929	中国	186	125	61
舞阳	三育研究社	安息日会	1934	中国	31	17	14
泌阳	平民班	圣教会	1935	中国	45	30	15
泌阳	福幼学堂	救恩会	1931	美国	130	60	70
南召	守道第一小学	公教会	1934	中国	34	34	
南召	守道第二小学	公教会	1934	中国	16	16	
沈邱	三育小学	天主教	1927	美国	46	36	10
西华	博爱小学	基督教	1913	中国	21	15	6
西华	三育研究社	基督教	1925	中国	60	40	20
西华	三育研究社	基督教	1932	中国	40	35	5
鹿邑	女子小学	天主教	1925	中国	44		44
太康	崇德学校	内地会	1932	中国	80	60	20
扶沟	保守学校	天主教	1897	中国	23	16	7
扶沟	福音初小	基督教	1913	中国	28	23	5

续表

地方别	学校名称	所属教会	设立年份	负责人国籍	学生人数		
					共计	男	女
上蔡	初级小学	内地会	1934	中国	13	10	3
上蔡	三育研究社	安息日会	1932	中国	38	22	16
上蔡	三育小学校	天主教	1927	中国	40		40
汝南	信义小学校	信义会	1929	中国	163	95	68
汝南	和孝信义初级小学	信义会	1930	中国	46	30	16
汝南	官庄信义初级小学	信义会	1930	中国	46	28	18
汝南	王岗信义初级小学	信义会	1930	中国	29	6	23
汝南	射桥信义初级小学	信义会	1930	中国	38	13	25
西平	教会学校	天主教	1933	中国	15	15	
遂平	信义小学校	信义会	1925	中国	60	50	10
确山	信义小学校	信义会	1914	中国	48	20	28
确山	务本小学	神召会	1933	美国	20	10	10
确山	自立小学	圣主会	1933	中国	60	30	30
确山	女子工读学校	信义会	1931	中国	70	40	30
正阳	信义会小学校	信义会	1932	中国	134	89	45
新蔡	信义会小学校	信义会	1933	中国	60	30	30
潢川	信义会小学校	信义会	1913	中国	102	58	44
潢川	天主教经言学校	天主教	1933	德国	54	54	
光山	信义小学校	信义会	1914	美国	29	15	14
固始	圣三学院	公教会	1934	奥国	15	13	2
固始	信义初小	信义会	1913	中国	26	16	10
固始	信义初小	信义会	1924	中国	22	15	7
息县	信义初小	信义会	1932	中国	61	36	25
信阳	圣经学校	信义会	1914	美国	58	27	31
信阳	善导女子学校	协进会	1928	德国	126		126
信阳	义光女子中学	信义会	1931	中国	163	25	138
罗山	信义小学	信义会	1901	中国	63	38	25
罗山	—	圣言会	1929	中国	25	25	
洛阳	德来女子小学校	天主教	1933	意国	64	18	46

续表

地方别	学校名称	所属教会	设立年份	负责人国籍	学生人数		
					共计	男	女
洛阳	妇女工读社	信义会	1932	中国	111		111
洛阳	习真学校	信义会	1907	中国	146	132	14
孟津	儿童学道班	耶稣教	1935	中国	25	18	7
嵩县	宗教儿童训练所	圣心会	1934	中国	10	10	
灵宝	锡山学校	内地会	1928	瑞典	20	20	
灵宝	保守学校	方济各会	1934	中国	30	30	
卢氏	新心学校	基督教会	1934	中国	28	17	11
渑池	尚德小学校	公教会	1907	中国	92	92	

(资料来源:《河南统计月报》1936 年第 5 期第 54—58 页"各县教会学校概况统计表"整理而得)

由表 8-16 可以看出,1935 年河南省共有各类教会学校 111 所,共有学生 7257 人,平均每校 65 人,学校规模远小于 1934 年开封省立小学。学生人数在 200 人以上的学校有 7 所,在 100—200 人之间的有 15 所,在 50—100 人之间的有 20 所,在 30—50 人之间的有 27 所,在 30 人以下的有 42 所。全体学生中男生 4287 人,占 59.1%,女生 2970 人,占 40.9%。男女生比例与 1934 年开封省立小学情况相似。27 所学校只有男生,10 所学校只有女生。部分女校,如德来女子小学校、义光女子中学、培德女子小学也招收男学生。111 所学校中属于天主教系统的有 45 所,占 40% 左右。新教差会中信义会办学最多,达 25 所。学校负责人之国籍统计,中国 76 人,美国 13 人,意大利 10 人,英国 4 人,加拿大 3 人,德国 2 人,奥地利、西班牙、瑞典各 1 人。

1900 年前只有 1 所教会学校,1900—1909 年设立了 6 所,1910—1919 年设立了 17 所,20 年代设立了 24 所,30 年代设立了 62 所。总之,与教会医院类似,教会学校的发展呈加速增长的态势。教会学校的空间分布,第 1 区(郑县)13 所,第 2 区(商丘)8 所,第 3 区(安阳)11 所,第 4 区(新乡)8 所,第 5 区(许昌)9 所,第 6 区(南阳)17 所,第 7 区(淮阳)8 所,第 8 区(汝南)16 所,第 9 区(潢川)12 所,第 10 区(洛阳)5 所,第 11 区(陕县)4 所。总体而言,教会学校在全省各地分布比较均匀,这一点与教会医院集中在北部地区形成鲜明对照,如图8-8所示。

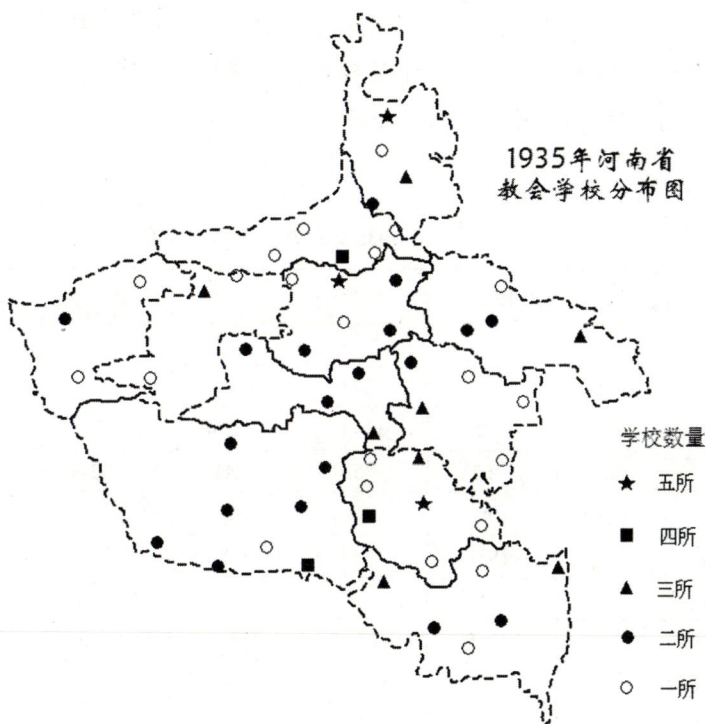

图 8-8　1935 年河南省教会学校分布图

四、20 世纪 30 年代河南全省教育概况

　　教育对于提高人口素质之意义毋庸赘言,民国时期河南省的教育事业可以说是在艰难中行进,民国初年,学校教育一时兴起,但迅即转为停滞。1920年 9 月,河南各地学校,开课多日,到堂的学生,平均计算不过 1/5。至于在外留学的学生,能出来的,不及 5%,"即或出来的学生也都是很勉强的。还有一部在暑假未回家的,大概都没有钱花,焦急万状。这一早不大紧,不知早坏了多少学生"①。河南沁阳县,学校原有 130 处,因早停办已有 31 处之多②。安阳红十字分会报告,"乡间学校,村村解馆,由于公款不给,即在城内高初二

---

①　《晨报》1920 年 9 月 26 日。
②　《晨报》1920 年 11 月 5 日。

等,凡属官校者,亦一律停止"①。河南济源,"各私立学校,早就停办;公立学校能暂且支持的仅一两个;儿童失学的约有十分之八九"②。20 世纪 20 年代以后,学校教育缓慢发展起来,关于学校教育的资料有许多,本书谨就《五年民政总报告》所载,对学校教育做一简要的回顾。

1.大学

表 8-17　1931—1935 年河南省大学统计表

年份		1931	1932	1933	1934	1935
学校数		2	3	3	3	3
学生数	合计	1260	1247	1067	909	863
	男	1198	1194	1026	877	807
	女	62	53	41	32	56
教职员数	合计	196	304	263	282	249
	男	191	300	258	277	242
	女	5	4	5	5	7
校均学生数		630.0	415.7	355.7	303.0	287.7
校均教职员数		98.0	101.3	87.7	94.0	83.0
女生所占百分比		4.9	4.3	3.8	3.5	6.5
女教职员所占百分比		2.6	1.3	1.9	1.8	2.8

(资料来源:《五年来民政总报告——刘主席主豫五周年纪念特刊》,河南省政府秘书处编印民国二十四年十月二十日出版)

由表 8-17 可知,1931 年全省有大学 2 所,1932—1935 年间均稳定在 3 所,从 1931 年到 1935 年,在校大学生数持续下降,从 1260 人下降到 863 人,校均学生数从 630.0 人下降到 287.7 人,而教职员数则先升后降,校均教职员数从 83.0 人到 101.3 人,变化幅度远较学生为小。每一位教职员对应的学生数,从 6.4 人到 3.5 人,也呈下降态势。女学生所占百分比从 3.5%—6.5%不等,女教职员所占百分比更低,从 1.3%—2.8%不等。

①　《申报》1920 年 10 月 11 日。
②　《晨报》1920 年 9 月 22 日。

2.高中

表 8-18　1931—1935 年河南省高中统计表

年份		1931	1932	1933	1934	1935
学校数		2	3	3	3	2
学生数	合计	681	1031	1086	1101	899
	男	662	990	1036	1063	890
	女	19	41	50	38	9
教职员数	合计	84	102	117	124	84
	男	83	100	115	123	84
	女	1	2	2	1	—
校均学生数		340.5	343.7	362.0	367.0	449.5
校均教职员数		42.0	34.0	39.0	41.3	42.0
女生百分比		2.8	4.0	4.6	3.5	1.0
女教职员百分比		1.2	2.0	1.7	0.8	—

（资料来源：同表 8-17）

　　由表 8-18 可知，1931 年全省有高中 2 所，1932—1934 年间均稳定在 3 所，1935 年又降为 2 所。从 1931 年到 1934 年，在校学生数持续上升，从 681 人上升到 1101 人，到 1935 年又出现下降，而校均学生数一直保持上升趋势。除 1935 年外，教职员数也保持上升势头，校均教职员数从 34.0 人到 42.0 人，变化幅度较学生为小。每一位教职员对应的学生数，从 8.1 人到 10.7 人，变化也不是很大。女学生所占百分比从 1.0%—4.6% 不等，女教职员所占百分比更低，从 0.8%—2.0% 不等。

　　3.初中

表 8-19　1931—1935 年河南省初中统计表

年份		1931	1932	1933	1934	1935
学校数		47	57	85	115	116
学生数	合计	8051	10273	17907	19997	14638
	男	7794	9787	16640	18410	13025
	女	257	486	1267	1587	1613

续表

年份		1931	1932	1933	1934	1935
教职员数	合计	840	1057	1371	1911	1601
	男	806	1015	1301	1822	1522
	女	34	42	70	89	79
校均学生数		171.3	180.2	210.7	173.9	167.5
校均教职员数		17.9	18.5	16.1	16.6	13.8
女生百分比		3.2	4.7	7.1	7.9	8.3
女教职员百分比		4.0	4.0	5.1	4.7	4.9

(资料来源:同表 8-17)

　　由表 8-19 可知,1931 年到 1935 年,全省初中数目从 47 所增加到 116
所,一直呈上升态势。1931 年到 1934 年,在校学生数亦持续上升,从 8051 人
上升到 19997 人,到 1935 年略有下降。校均学生数先升后降,在 1933 年达到
顶峰。除 1935 年外,教职员数也保持上升势头,但从 1932 年开始,校均教职
员数从 18.5 人下降到 13.8 人,处于持续下降中。每一位教职员对应的学生
数,从 9.6 人到 13.1 人,变化也不是很大。女学生所占百分比从 3.2%—
8.3%不等,女教职员所占百分比更低,从 4.0%—5.1%不等。

　　4.师范学校

表 8-20　1931—1935 年河南省师范学校统计表

年份		1931	1932	1933	1934	1935
学校数		69	82	95	103	105
学生数	合计	7623	8421	10014	11218	11590
	男	6394	6879	8840	9467	9691
	女	1229	1542	1174	1751	1899
教职员数	合计	672	757	1068	1125	1133
	男	621	698	991	1030	1034
	女	51	59	77	95	99
校均学生数		110.5	102.7	105.4	108.9	110.4
校均教职员数		9.7	9.2	11.2	10.9	10.8
女生百分比		16.1	18.3	11.7	15.6	16.4

年份	1931	1932	1933	1934	1935
女教职员百分比	7.6	7.8	7.2	8.4	8.7

（资料来源：同表8-17）

由表8-20可知，1931年到1935年，全省师范学校数目从69所增加到105所，一直呈上升态势。在校学生数亦持续上升，从7623人上升到11590人。校均学生数先降后升，不过变化不大，在102.7人到110.5人之间。教职员数也保持上升势头，校均教职员数亦然，不过变化不大，在9.2人到11.2人之间。每一位教职员对应的学生数，从9.4人到11.3人，变化也不是很大。女学生所占百分比从11.7%—18.3%不等，女教职员所占百分比更低，从7.2%—8.7%不等。

5.职业学校

表8-21　1931—1935年河南省职业学校统计表

年份		1931	1932	1933	1934	1935
学校数		24	22	24	28	36
学生数	合计	1393	1438	1808	1872	2287
	男	1329	1438	1658	1734	2191
	女	64	—	150	138	96
教职员数	合计	172	189	215	239	293
	男	172	189	212	233	285
	女	—	—	3	6	8
校均学生数		58.0	65.4	75.3	66.9	63.5
校均教职员数		7.2	8.6	9.0	8.5	8.1
女生百分比		4.6	—	8.3	7.4	4.2
女教职员百分比		—	—	1.4	2.5	2.7

（资料来源：同表8-17）

由表8-21可知，1931—1935年，全省职业学校数目从24所增加到36所，总体呈上升态势。在校学生数亦持续上升，从1393人上升到2287人。校均学生数先升后降，在1933年达到顶峰，达75.3人。教职员数也一直保持上升势头,校均教职员数跟校均学生数类似,在 1933 年达到顶峰,达 9.0 人,不过变化不大。每一位教职员对应的学生数,从 7.6 人到 8.4 人,变化也不是很大。女学生所占百分比从 4.2%—8.3%不等,女教职员所占百分比更低,从 1.4%—2.7%不等。

6.小学

表 8-22　1931—1935 年河南省小学统计表

年份		1931	1932	1933	1934	1935
学校数		18632	18863	17582	17826	16537
学生数	合计	768466	782539	896578	740223	714457
	男	701721	717424	821596	684070	665162
	女	66745	65115	74982	56153	49295
教职员数	合计	64924	32282	18400	30475	27630
	男	63451	30187	16189	27934	26471
	女	1473	2095	2211	2541	1159
校均学生数		41.2	41.5	51.0	41.5	43.2
校均教职员数		3.5	1.7	1.0	1.7	1.7
女生百分比		8.7	8.3	8.4	7.6	6.9
女教职员百分比		2.3	6.5	12.0	8.3	4.2

(资料来源:同表 8-17)

　　由表 8-22 可知,1931—1935 年,全省小学数目从 18632 所减少到 16537 所,总体呈下降态势。在校学生数亦持续下降,从 768466 人下降到 714457 人。校均学生数先升后降,在 1933 年达到顶峰,达 51.0 人。教职员数也呈下降势头,1932 年竟比 1931 年下降了一半。1932 年校均教职员数比 1931 年下降了一半,在 1932—1935 年间变化不大。每一位教职员对应的学生数,从 11.8 人到 48.7 人,变化较大。女学生所占百分比从 6.9%—8.7%不等,女教职员所占百分比从 2.3%—12.0%不等。

　　综合以上几种类型的学校情况,我们可以做出这样一个基本的判断:1931—1935 年间,河南省大学和高中学校数量保持稳定,初中、师范学校、职业学校数量持续上升,而小学数目在持续下降。在校学生数,大学、小学在下降,高中先升后降,初中、师范学校、职业学校持续上升。教职员数,大学、高中先升后降，初中、师范学校、职业学校持续上升，而小学则有明显的下降。以校均师生衡量的学校规模，除大学在下降外，其他类型的学校都保持相对稳定。女生所占百分比和女教职工所占百分比，均以师范学校为最高，以高中和大学为最低。但女生所占百分比又明显高于女教职工所占百分比。全省各类型学校在校生中，每一个大学生对应 0.9 个高中生、14.2 个初中生、9.1 个师范生、1.6 个职校生、730 个小学生，这反映了 20 世纪 30 年代河南省学校教育的大致格局，即小学升初中的概率远小于初中升高中的概率，初中升高中的概率又小于高中升大学的概率。所以当时初中及类似学校是最供不应求的，如前所述，从学校数量、在校学生数、教职员数三个方面来看，发展最迅速的也正是初中、师范学校和职业学校这三类学校。

第三节　宗教状况

一、各大宗教信教人数

表 8-23　1935 年河南省各区各宗教信徒比例（每万人）

地方别	佛教	道教	回教	耶稣教	天主教	其他
第 1 区	17.8	2.2	676.0	65.3	80.6	1.1
第 2 区	6.5	1.0	54.8	15.4	40.7	0.0
第 3 区	14.3	0.8	3.6	24.2	132.1	0.0
第 4 区	37.3	1.8	50.5	12.8	197.5	0.0
第 5 区	19.9	5.6	218.6	83.6	190.5	0.1
第 6 区	17.4	6.4	86.9	28.3	24.8	0.1
第 7 区	11.6	3.9	73.8	32.4	30.7	0.5
第 8 区	31.8	1.8	206.7	27.2	6.9	0.0
第 9 区	31.2	20.2	229.6	106.2	58.9	4.6
第 10 区	5.8	2.5	7.4	31.9	2.3	0.0
第 11 区	87.4	6.4	181.6	116.4	34.1	0.0
全省	21.2	4.6	160.9	43.7	73.8	0.6

（资料来源：根据《河南统计月报》1936 年第 7 期第 57—59 页"河南人口统计表"中分县信教人数整理计算而得）

　　由表 8-23 可以看出,1935 年河南省信徒最多的宗教是伊斯兰教,其次是天主教和基督新教,再次是佛教,道教最少。这个统计中,佛教信徒比例最高的区是第 11 区(陕县),其次是第 4 区(新乡)、第 8 区(汝南)和第 9 区(潢川),以第 2 区(商丘)和第 10 区(洛阳)为最少。道教信徒比例最高的区是第 9 区(潢川),其次是第 11 区(陕县)、第 6 区(南阳)和第 5 区(许昌)。穆斯林比例最高的区是第 1 区(郑县),其次是第 9 区(潢川)、第 5 区(许昌)、第 8 区(汝南)和第 11 区(陕县),以第 3 区(安阳)和第 10 区(洛阳)为最少。基督新教信徒比例最高的区是第 11 区(陕县)和第 9 区(潢川),其次是第 5 区(许昌)和第 1 区(郑县),以第 2 区(商丘)和第 4 区(新乡)为最少。天主教信徒比例最高的区是第 4 区(新乡)、第 5 区(许昌)和第 3 区(安阳),其次是第 1 区(郑县)和第 9 区(潢川),以第 8 区(汝南)和第 10 区(洛阳)为最少。如图 8-9、8-10、8-11、8-12、8-13 所示。

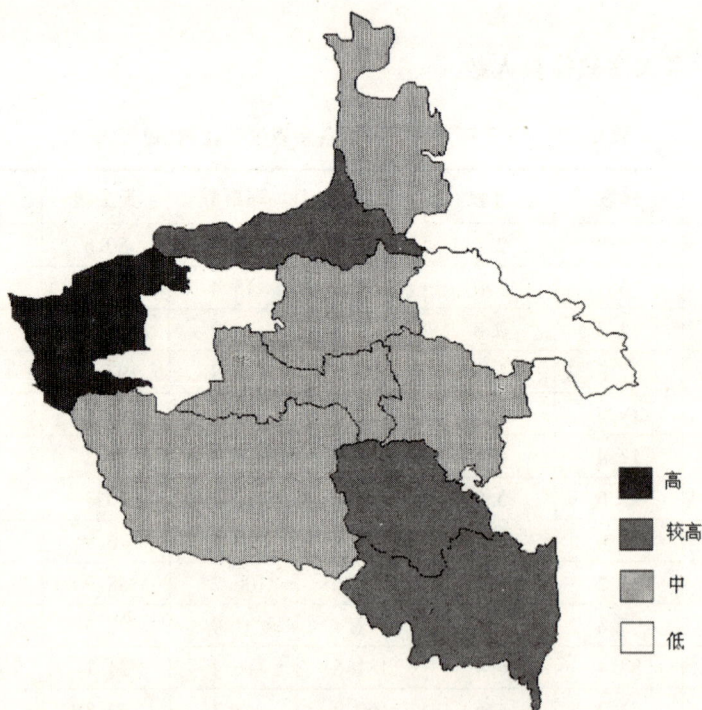

图 8-9　1935 年河南省各区总人口中佛教信徒所占比例

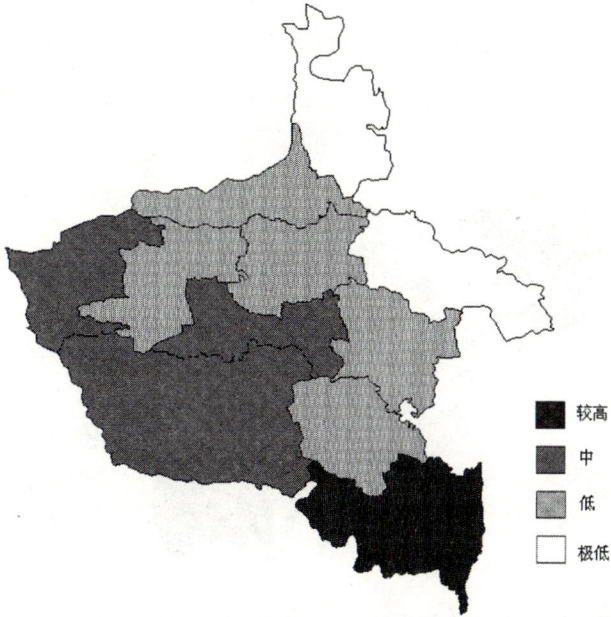

图 8-10　1935 年河南省各区总人口中道教信徒所占比例

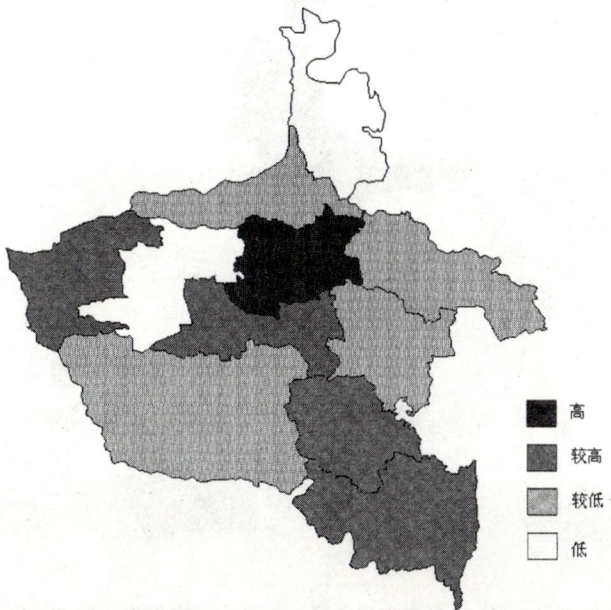

图 8-11　1935 年河南省各区总人口中穆斯林所占比例

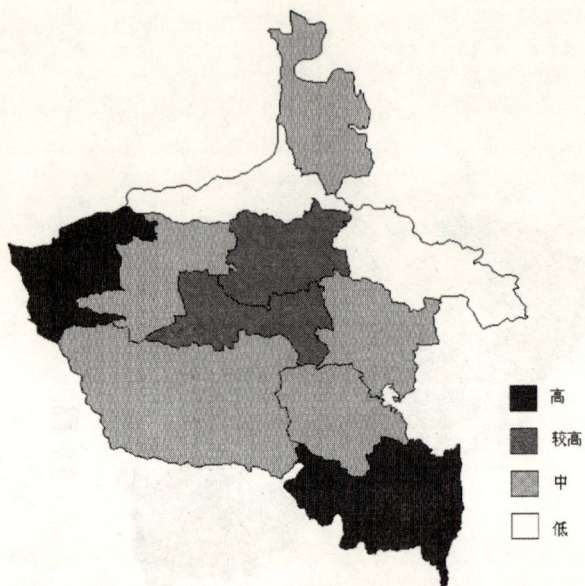

图 8-12 1935 年河南省各区总人口中基督新教信徒所占比例

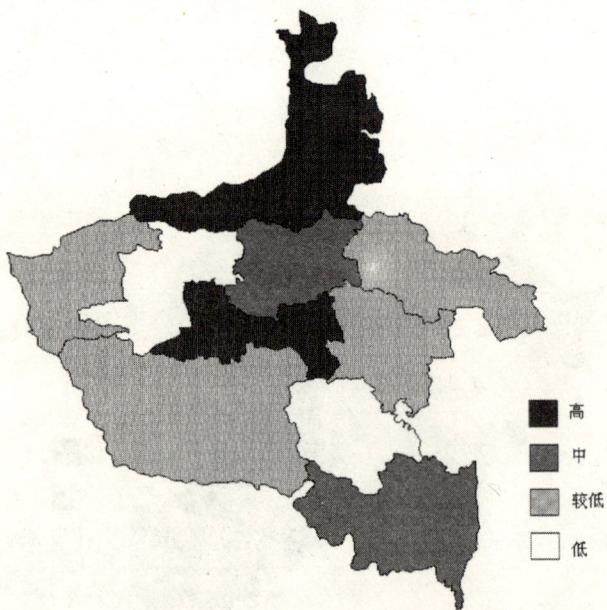

图 8-13 1935 年河南省各区总人口中天主教信徒所占比例

二、教堂分布

表 8-24　1935 年河南省各区教堂所属国籍

地方别	教堂数	所属国籍												
		瑞典	瑞士	法国	挪威	美国	中国	英国	意大利	犹太	土耳其	西班牙	德国	奥地利
第1区	54					24	10	8	10	1	1			
第2区	59					18	11	5	4			17	4	
第3区	30						10	5	15					
第4区	18					5	6	4	2				1	
第5区	22				1	6	1	3	10					1
第6区	45			1	5	8	12	7	12					
第7区	29					6	6	8	9					
第8区	25					13	4	1	1			1	2	2
第9区	18			1		4	10						1	2
第10区	24		1			11	7		5					
第11区	9						2	1	2					
全省	333	0	1	2	7	95	79	42	70	1	1	18	8	5

（资料来源：根据《河南统计月报》1936 年第 4 期第 74—103 页"各县教堂统计表"整理计算而得）

　　如表 8-24 所示，1935 年河南省有教堂 333 所。除一所犹太教堂和一所土耳其清真寺外，其余皆是天主教和基督新教教堂。属于美国的教堂最多，有 95 所。属于中国的有 79 所，属于意大利的有 70 所，属于英国的有 42 所，属于西班牙的有 18 所。其余各国拥有教堂数较少。各区教堂数目，最多的是第 2 区（商丘），有 59 所，其次是第 1 区（郑县），有 54 所，再次是第 6 区（南阳），有 45 所，而以第 11 区（陕县）为最少，只有 9 所。

表 8-25　1935 年河南省各区教堂设立年份

地方别	1912 年以前	1912—1916	1917—1921	1922—1926	1927—1931	1932 年以后	未详	共计
第1区	15	17	1	9	4	7	1	54
第2区	11	11	9	9	11	8		59

地方别	1912 年以前	1912—1916	1917—1921	1922—1926	1927—1931	1932 年以后	未详	共计
第 3 区	13	5	2	2	5	3		30
第 4 区	9	3	2	1		1		16
第 5 区	12	7	1	1	1			22
第 6 区	24	6	4	3	3	4	1	45
第 7 区	14	3	1	4	4	3		29
第 8 区	6	8	5	2	2	2		25
第 9 区	5	4	1		7		1	18
第 10 区	2		10	2	5	2	3	24
第 11 区	1	1	3		1	1	2	9
全省	112	65	39	33	43	31	8	331

（资料来源：同表 8-24）

　　表 8-25 是 1935 年河南省 333 所教堂的设立年份，共分六个时段，其中 1912—1931 年这二十年间以五年为一时段。设立教堂是传播宗教的前提条件，因此通过考察各时段各地区教堂的设立就可以了解宗教（主要是基督新教和天主教）传播的时空特征。为方便考察，将上表作如下变换：

表 8-26　1935 年河南省各区教堂设立年份（百分比）

地方别	1912 年以前	1912—1916	1917—1921	1922—1926	1927—1931	1932 年以后	未详	共计
第 1 区	27.8	31.5	1.9	16.7	7.4	13.0	1.9	100.0
第 2 区	18.6	18.6	15.3	15.3	18.6	13.6	0.0	100.0
第 3 区	43.3	16.7	6.7	6.7	16.7	10.0	0.0	100.0
第 4 区	56.3	18.8	12.5	6.2	0.0	6.2	0.0	100.0
第 5 区	54.5	31.8	4.5	4.5	4.5	0.0	0.0	100.0
第 6 区	53.3	13.3	8.9	6.7	6.7	8.9	2.2	100.0
第 7 区	48.3	10.3	3.4	13.8	13.8	10.3	0.0	100.0
第 8 区	24.0	32.0	20.0	8.0	8.0	8.0	0.0	100.0
第 9 区	27.8	22.2	5.6	0.0	38.9	0.0	5.6	100.0
第 10 区	8.3	0.0	41.7	8.3	20.8	8.3	12.5	100.0

续表

地方别	1912 年以前	1912—1916	1917—1921	1922—1926	1927—1931	1932 年以后	未详	共计
第 11 区	11.1	11.1	33.3	0.0	11.1	11.1	22.2	100.0
全省	33.6	19.5	11.7	9.9	12.9	9.3	2.4	100.0

（资料来源：根据表 8-25 计算而得）

　　由表 8-26 可以看出，1935 年河南全省 333 所教堂中，在 1912 年前设立的最多，占 33.6%，其次是在 1912—1916 年间和 1927—1931 年间，分别占 19.5% 和 12.9%。1917 年以后各时段所设立的教堂数目相差不大。第 1 区（郑县）教堂主要设立在 1912—1916 年间，占 31.5%，其次是 1912 年前，占 27.8%。第 2 区（商丘）教堂设立时间分布比较均匀，其中 1912 年前、1912—1916 年间、1927—1931 年较多，各占 18.6%。第 3 区（安阳）教堂主要设立在 1912 年前，占 43.3%，其次是 1912—1916 年间和 1927—1931 年间，各占 16.7%。第 4 区（新乡）教堂主要设立在 1912 年前，占 50.0%，其次是 1912—1916 年间，占 16.7%。第 5 区（许昌）教堂主要设立在 1912 年前，占 54.5%，其次是 1912—1916 年间，占 16.7%。第 6 区（南阳）教堂主要设立在 1912 年前，占 53.3%，其次是 1912—1916 年间，占 13.3%。第 7 区（淮阳）教堂主要设立在 1912 年前，占 48.3%，其次是 1922—1926 年间和 1927—1931 年间，各占 13.8%。第 8 区（汝南）教堂主要设立在 1912—1916 年间，占 32.0%，其次是 1912 年间和 1917—1921 年间，分别占 24.0% 和 20.0%。第 9 区（潢川）教堂主要设立在 1927—1931 年间，占 38.9%，其次是 1912 年前和 1912—1916 年间，分别占 27.8% 和 22.2%。第 10 区（洛阳）教堂主要设立在 1917—1921 年间，占 41.7%，其次是 1927—1931 年间，占 20.8%。第 11 区（陕县）教堂主要设立在 1917—1921 年间，占 33.3%，1912 年前、1912—1916 年间、1927—1931 年间、1932 年后四个时段各占 11.1%。总之，第 3 区（安阳）、第 4 区（新乡）、第 5 区（许昌）、第 6 区（南阳）、第 7 区（淮阳）教堂主要设立在 1912 年前，第 1 区（郑县）、第 8 区（汝南）教堂主要设立在 1912—1916 年间，第 10 区（洛阳）、第 11 区（陕县）教堂主要设立在 1917—1921 年间，第 9 区（潢川）教堂主要设立在 1927—1931 年间，只有第 2 区（商丘）教堂设立时间分布比较均匀，在各个时间段没有显著性差别。

表 8-27　1935 年河南省各区教堂设立年份　　　　　（百分比）

地方别	1912 年前	1912—1916	1917—1921	1922—1926	1927—1931	1932 年后	未详	共计
第 1 区	13.4	26.2	2.6	27.3	9.3	22.6	12.5	16.2
第 2 区	9.8	16.9	23.1	27.3	25.6	25.8	0.0	17.7
第 3 区	11.6	7.7	5.1	6.1	11.6	9.7	0.0	9.0
第 4 区	8.0	4.6	5.1	3.0	0.0	3.2	0.0	5.4
第 5 区	10.7	10.8	2.6	3.0	2.3	0.0	0.0	6.6
第 6 区	21.4	9.2	10.3	9.1	7.0	12.9	12.5	13.5
第 7 区	12.5	4.6	2.6	12.1	9.3	9.7	0.0	8.7
第 8 区	5.4	12.3	12.8	6.1	4.7	6.5		7.5
第 9 区	4.5	6.2	2.6	0.0	16.3	0.0	12.5	5.4
第 10 区	1.8	0.0	25.6	6.1	11.6	6.5	37.5	7.2
第 11 区	0.9	1.5	7.7	0.0	2.3	3.2	25.0	2.7
全省	100.0	100.0	100.0	100.0	100.0	100.0	100.0	100.0

（资料来源：根据表 7-25 计算而得）

　　由表 8-27 可以看出，1935 年河南全省 333 所教堂中，第 2 区（商丘）最多，占 17.7%，其次是第 1 区（郑县）和第 6 区（南阳），分别占 16.2% 和 13.5%。1912 年前所设教堂，第 6 区（南阳）最多，占 21.4%，其次是第 1 区（郑县）和第 7 区（淮阳），再次是第 3 区（安阳）和第 5 区（许昌）。1912—1916 年间所设教堂，第 1 区（郑县）最多，占 26.2%，其次是第 2 区（商丘）、第 8 区（汝南）和第 5 区（许昌）。1917—1921 年间所设教堂，第 10 区（洛阳）和第 2 区（商丘）最多，分别占 25.6% 和 23.1%，其次是第 8 区（汝南）和第 6 区（南阳）。1922—1926 年间所设教堂，第 1 区（郑县）和第 2 区（商丘）最多，各占 27.3%，其次是第 7 区（淮阳）和第 6 区（南阳）。1927—1931 年间所设教堂，第 2 区（商丘）最多，占 25.6%，其次是第 9 区（潢川）、第 3 区（安阳）和第 10 区（洛阳）。1932 年后所设教堂，第 2 区（商丘）和第 1 区（郑县）最多，分别占 25.8% 和 22.6%，其次是第 6 区（南阳）、第 7 区（淮阳）和第 3 区（安阳）。总之，1912 年前，即清代所设立的教堂主要集中在南阳地区，郑县、淮阳、安阳及许昌地区也有不少。1910—1919 年所设立的教堂主要集中在商丘和郑县地区，洛阳、汝南及南阳地区也有不少。20 世纪 20 年代所设立的教堂主要集中在商丘和郑县地区,淮阳、洛阳及安阳地区也有不少。20世纪30年代所设立的教堂主要集中在商丘和郑县地区,南阳、安阳及淮阳地区也有不少。考虑到人口因素,商丘地区和郑县地区是教堂密度最大的地区,洛阳地区的教堂密度也超过了全省平均水平,其余各区都在平均水平以下。

小　结

一、职业状况

1916年河南省各道的职业统计口径不同,农业人口与“未详”有时会混为一谈,因此只有将“农业”与“未详”比例合计,才更符合当时实际。除开封道外,其他地方农业人口占总人口比例都在80%以上。开封道工商业人口比例远远高于其他地方。

1935年各区的职业统计口径同样不尽相同,农业人口与无业常常混为一谈。将“农业”与“无业”比例合计,各区都在80%以上。在农业人口所占比例大致相同的背景下,其余人口的职业选择主要有工商业和人事服务业两种,从事工商业人口较多的区,从事人事服务业的人口较少,反之则较多。总的来说,北部各区从事工商业人口比例较高,而南部各区从事人事服务业人口比例较高。

开封的职业统计同样存在统计口径不同导致结果不同的例子。1934年开封市民职业统计与1934年开封户主职业统计的差别在于,后者基本都是成年男性,无业率非常低。1934年开封市民职业统计与1942年开封人口职业统计的差别在于,后者包含了城市周边的农村人口。

对各区人均耕地与农户比例的分析表明,北部地区农户比例较低,这与前面各区人口职业结构的分析结果是一致的。人均耕地多的区,农户比例也大,反之则较小。这反映了人均耕地对农户比例的制约,人均耕地较少的地区,必然有更多的人口转投非农行业。对各区农民类型的分析表明,全省北部地区自耕农比例更高,土地集中程度低于南部地区。

对1934年开封娼妓业的分析表明,妓女等次的划分,主要是依照年龄来的,甲等比乙等年轻,乙等又比丙等年轻。但从业年限则是甲等妓女多于乙等,乙等又多于丙等。负担养活人数,甲等妓女比乙等丙等妓女更多。甲乙丙三等妓女中开封籍都占重要地位,此外甲等主要来自江苏和北平,乙等丙等主要来自山东。

二、教育状况

对 1935 年河南省各区识字率的分析表明,西部北部地区识字率较高,东部南部地区识字率较低。各区识字率的差异主要是男性造成的,各区女性识字率没有显著性差异。

对 1934 年开封省立小学的考察表明,男生多于女生,从初小到高小,随着年级的升高,女生所占比例越来越小。男教师多于女教师,初小女教师占多数,而高小几乎都是男教师。平均每一位教师对应 33 个学生。

对 1934 年开封各类中学的考察表明,男生远多于女生,但与小学相反,从初中到高中,随着年级的升高,女生所占比例也在增加。私立中学规模较小,学制以初中为主,学生以男生为主,省立中学规模较大,学制和性别分配上相对均衡。

对 1935 年全省各地教会学校的考察表明,教会学校在学校规模上远小于1934 年开封省立小学,但在男女生比例上与其情况相似。从 20 世纪初到 20世纪 30 年代,教会学校的发展呈加速增长的态势,这一点与教会医院相似。然而教会学校在全省各地分布比较均匀,这一点与教会医院集中在北部地区形成鲜明对照。

1931—1935 年间,河南省大学和高中学校数量保持稳定,初中、师范学校、职业学校数量持续上升,而小学数目在持续下降。在校学生数,大学、小学数量在下降,高中数量先升后降,初中、师范学校、职业学校数量持续上升。教职员数,大学、高中数量先升后降,初中、师范学校、职业学校数量持续上升,而小学数量则有明显的下降。以校均师生衡量的学校规模,除大学数量在下降外,其他类型的学校数量都保持相对稳定。女生所占百分比和女教职工所占百分比,均以师范学校为最高,以高中和大学为最低。但女生所占百分比又明显高于女教职工所占百分比。全省各类型学校在校生中,每一个大学生对应0.9 个高中生、14.2 个初中生、9.1 个师范生、1.6 个职校生、730 个小学生,这反映了 20 世纪 30 年代河南省学校教育的大致格局,即小学升初中的概率远小于初中升高中的概率,初中升高中的概率又小于高中升大学的概率。所以当时初中及类似学校是最供不应求的,如前所述,从学校数量、在校学生数、教职员数三个方面来看,发展最迅速的也正是初中、师范学校和职业学校三类学校。

三、宗教状况

对 1935 年河南宗教状况的考察表明,全省信徒最多的宗教是伊斯兰教,其次是天主教和基督新教,再次是佛教,道教最少。设立教堂是传播宗教的前提条件,通过考察各时段各地区教堂的设立就可以了解宗教(主要是基督新教和天主教)传播的时空特征。民国以前所设立的教堂主要集中在南阳地区,民国时期所设立的教堂主要集中在商丘和郑县地区。考虑到人口因素,商丘地区和郑县地区是教堂密度最大的地区,洛阳地区的教堂密度也超过了全省平均水平,其余各区都在平均水平以下。

第九章　人口的迁移

葛剑雄指出："人口迁移，即人口的居住位置在空间的移动"，"人口迁移具有很强的时间性和地区性"①，"一般性的人口迁移，如逃荒、季节性外出工作、经商、从军、求学、仕宦、行医、游历、躲债、避祸、乞讨、啸聚山林、流浪等种种临时性的、短期的流动人口，有时也会有很大的数量，产生巨大的影响，所以也是研究的对象"②。人口迁移是人口移动的一种形式，是指人们一定时间内变更定居地的空间流动行为，各种社会变动都可能对人口迁移产生影响，其中最显著的是战争、动乱和自然灾害。民国时期河南省的人口迁移在很大程度上是以难民逃亡到其他地区暂时或长期定居下来的形式表现出来的，它所表现出来的外在形式与人口迁移非常相似。难民是指"由于战争或自然灾害的影响而流离失所、生活困难的人"，其被迫暂时离开原居住地往往是由于个人无法抗拒的原因。移民指的是那些出于各种动机和目的，离开原来的居住地而到另一距离较远的地方谋生，并且居住时间长或不再返回原居住地的人。二者的主观动机是不一样的，但他们可以相互转化——难民一旦在可能的条件下定居下来就转化为移民。

安介生提出了灾荒与移民的法则，即"灾荒驱遣律或饥荒驱遣律"，他指出："在自然灾害肆虐及粮食供应极度短缺的情况下，摆在普通百姓面前只有两种选择，即'死'与'徙'，不愿等死的人们只有选择外出求食或'就食'，历史上通常将由灾荒引发的、缺乏稳定性的迁移人口称为'流民'。于是，每次

---

① 葛剑雄：《中国人口史》（第一卷），复旦大学出版社2001年版，第63页。
② 葛剑雄：《中国人口史》（第一卷），复旦大学出版社2001年版，第64页。

严重自然灾害降临之时,也就是又一场流民运动爆发之日。自然灾害的肆虐程度以及饥荒程度,与流民运动的规模及持续时间相对应,同时也与流民转化为长久性的比例成正比。"①民国时期河南省的民众饱受水旱灾害与战争匪患,不得不离乡背井,辗转逃亡谋生,人口迁移时间跨度之长,规模之大在全国都是罕见的,对社会方方面面都造成了重大影响。

第一节 人口迁移的原因

一、频仍的自然灾害

民国年间,自然灾害与河南结下了不解之缘,灾害种类之多,范围之广,频率之大,都是少见的。具体包括旱灾、水灾、蝗灾、风灾、雹等等,其中以水旱灾害为主,而由旱灾引发的蝗灾也对人们的生活构成了极大的威胁。全省范围的水旱灾害就有 1920 年的旱灾、1928—1929 年的旱灾、1931 年的水灾、1936—1937 年的旱灾、1942—1943 年的旱灾等,局部的水旱灾害更是无年不有,现择其受灾人数在千万左右的简述如下:

1920 年的河南无处不旱,"灾区凡六十余县,灾民一千五百余万人,极贫待毙者三百五十万"②。其中以豫西、豫北最为严重。豫西"河洛道所属十九县中,巩、偃师、洛阳、宜阳、新安、渑池、陕、灵宝、阌乡等九县,秋收丝毫无望,且愈沿黄河愈西,灾情愈甚"③。"济源县灾情极惨,树皮、草根均已吃尽,现在粮绝疫发,死者已近万人,村落为墟,亘数十里不见人烟"④。豫北"由郑州顺京汉路线以北过了黄河,旱状更加厉害。卫辉、彰德一带几乎莫秋禾可说,而且这一带麦秋也一点未收"⑤。林县"逃荒灾民络绎不绝,行至该处无食可觅,

---

① 安介生:《历史时期中国人口迁移若干规律的探讨》,载安介生:《历史地理与山西地方史新探》,山西出版集团、山西人民出版社 2008 年版,第 182 页。
② 《(民国十八年)河南新志》,中州古籍出版社 1990 年版,第 556 页。
③ 《直鲁豫灾区分道调查记》,《大公报》1920 年 10 月 15 日。
④ 《豫境灾荒惨状之半豹》,《大公报》1920 年 9 月 28 日。
⑤ 杨钟健:《北四省灾区视察记》,《东方杂志》第十七卷第十九号,1920 年 10 月 10 日,第 116 页。

有将幼儿抛弃山谷中者"①。南阳盆地水患同时遭遇旱灾。内乡县"县城西北所辖三百余里,沿途两旁青桐、白榆等树木,未见尤有树皮者"。"大半饥民已数月未食五谷"②。"郑州地势本很低下,雨量也比他处为多。但此刻旱势也不减别地,而且车站上每天由彰德运来无食的饥民,到郑下车的很多。因此,郑州满街满车站差不多都是讨饭的"③。

　　1928—1930 年的旱灾。1928 年入秋以后,河南出现了大面积的旱灾,因旱致蝗灾严重,"秋收平均不及一成,豫北彰德因长期激战,为害尤烈;南阳苛捐繁重,谷价腾贵;豫西绿林武装四布,民不聊生"④。据民国十七年(1928年)十一月河南赈务处调查,南阳县、镇平县、鲁山县、淅川县、舞阳县、襄城县、叶县、方城县、泌阳县、内乡县、临汝县、新野县 13 县灾重十分;商水县等13 县灾重九分;巩县等 56 县灾重八分;中牟县等 29 县灾重七分⑤;灾民达400 多万⑥。1929 年华北五省大旱,河南省"春夏旱灾严重,二麦无收,秋苗枯槁。入伏之后,又遭大雨,山水暴发,河流漫溢,沁水暴涨,黄河水势之烈为近30 年所未有"⑦。受灾 111 县,灾民总数 770 万人⑧,其中受灾较重的县份,为豫西、豫南、豫东北各县,"豫西、豫南各县,灾民约占人口总数十分之八、九以上,豫东北各县,约占十分之六、七"⑨。1930 年"全省受灾 112 县,灾民总数1311 万人"⑩。河南省赈务会在总结时写道:"最近十六、十七、十八三载,几乎无县无灾,不过畸轻畸重,略见等差。灾可分为六种,兵、匪、旱、蝗、雹、风","僵尸盈野,流亡载道"⑪。

　　1931 年大水灾,遍及全省 80 余县,自春夏之交开始,先是"5 月 19 至 21

　　①　《豫境灾荒惨状之半豹》,《大公报》1920 年 9 月 28 日。
　　②　《赈务通告》,1921 年 4 月 15 日第十二期《公牍》,第 8—9 页。
　　③　杨钟健:《北四省灾区视察记》,《东方杂志》第十七卷第十九号,1920 年 10 月 10 日,第116 页。
　　④　王天奖等:《河南近代大事记(1840—1949)》,河南人民出版社 1990 年版,第 277 页。
　　⑤　《河南新志》,中州古籍出版社 1990 年版,第 591—607 页。
　　⑥　王天奖等:《河南近代大事记(1840—1949)》,河南人民出版社 1990 年版,第 279 页。
　　⑦　王天奖等:《河南近代大事记(1840—1949)》,河南人民出版社 1990 年版,第 284 页。
　　⑧　王天奖等:《河南近代大事记(1840—1949)》,河南人民出版社 1990 年版,第 287 页。
　　⑨　《豫省各县灾民确数占人口总额十分之八九》,《大公报》,1929 年 7 月 30 日。
　　⑩　王天奖等:《河南近代大事记(1840—1949)》,河南人民出版社 1990 年版,第 294 页。
　　⑪　河南省赈务会编:《河南各县灾情状况·豫灾弁言》,1929 年 8 月。

日,豫南浉河洪水暴发,罗山等县尽成泽国,罗山县城内水深达四五尺。6月初,浉河、淮河又漫溢成灾。"6月"自17日以来,光山县连日大雨,……各河水漫溢出槽,低下房屋,皆淹没屋顶。29日豫中大雨,沙河决堤3处,颍河上下游决口70余处,西华全县多被水淹"。7月中旬,"叶县四条河流泛滥,襄城洪水暴发,西平堤岸决口,西华尽成泽国。其洪水浩劫,为数年所仅见",8月"豫西如注,约一昼夜不息,伊河、洛河同时暴涨,田园村舍多被洪水淹没"。偃师县"城内积水深达丈余,房屋塌毁殆尽,后积水虽经排除,到年终时仍在二尺以上"。"受灾面积达59000余平方里,灾民949万以上,死亡11万人"①。

1936—1937年大旱灾,遭受旱灾93县,灾民约900万人②。其中豫西是旱灾的重灾区,1936年时人报道"豫西山脉纵横,田地多在高原,今年天时亢旱,致被灾田地达一千余万亩,待赈人数一百余万口,灾情已至严重状态"③。1937年豫西旱象不减,"豫西自客岁六月以还,旱魃为虐,灾象日重,迄于今兹仍未落雨,不但去岁颗粒无收,今春二麦因未能播种,夏收更无所望,豫西八百万民众,均罹空前浩劫"④。

1941—1943年的灾荒是河南近百年历史上最惨烈的灾害。1941年,旱灾兼雹灾、霜灾、水灾,上半年灾区即广达100多县,几乎无县不灾,入秋后,全省连月无雨,旱象已显⑤,形成三年的大灾荒。据祈大鹏估计,当时"灾民达一千余万,非赈不活有五六百万"⑥。1942年何应钦在一封信中谈及河南的灾情导致百姓逃难的情况:"灾情严重,系数年所未有,尤以豫西各县为最。人民生活不堪其苦,相率逃灾。"⑦当时旅居洛阳的苏天命描述了河南百姓的

---

① 王天奖等:《河南近代大事记(1840—1949)》,河南人民出版社1990年版,第299—305页。

② 王天奖等:《河南近代大事记(1840—1949)》,河南人民出版社1990年版,第334页。

③ 《大公报》1936年11月20日。

④ 《申报》1937年5月9日。

⑤ 程有为等:《河南通史》第四卷,河南人民出版社2005年版,第453页。

⑥ 第二历史档案馆藏:《全宗号》116,《案卷号》438,民国31年8月21日祈大鹏向行政院密电陈述河南灾情。另据《国民政府年鉴》记载:待赈人数1146万,其中非赈不活者约二百万。转引自李文海、林敦奎、程歗、宫明等编:《近代中国灾荒纪年续编(1919—1949)》,第554页。

⑦ 第二历史档案馆藏:《全宗号》116,《案卷号》438,民国31年7月29日何应钦致许世英函。转引自李文海、林敦奎、程歗、宫明等编:《近代中国灾荒纪年续编(1919—1949)》,第553页。

逃难惨状："旬余以来，豫东各县灾民过洛逃往陕境者，每日不下二三千人，依难民站统计，一旬以来，为数已达数万之众。……嗷嗷待哺，饿殍塞途，鹄面鸠形，惨不忍睹。"①11月30日《新华日报》报道了河南省主席李培基对所辖六十余县灾情的描述："几无县无灾，无灾不重。加以豫省环境特殊，交通困难，致使灾情更加严重。"②据1942年6月调查，汜水县人口为95371人，1942年春外出逃荒要饭者29648人，饿死、病死、食品中毒死去者，共3346人，全县共剩下62277人③。广武县"从去年11月到今年3月，饥饿致死者有8372人，逃往外出者有33188人，全县各村落，只剩2万多饥民。……灾荒期间，新郑全县逃出者凡47633人，死亡者1385人，合计占全县人口的四分之一—④。

二、战争

民国年间，战争与匪患与河南人民如影随形，二三十年代的河南始终是各路角逐的主战场，战火所到之处，民众生活日益困顿，无休止的拉夫征粮使得人民生活处于崩溃的边缘。即便是在没有战争的时期，所有军需开支，无不取之于当地百姓。1925年河南境内的各派系军队及地方武装，总数不下100万人，⑤1929至1930年的中原大战，给河南的社会经济造成了严重破坏，河南人民在此次战争中"因战事死亡人口达12余万人，受伤人口19500余口，逃亡在外者1185000余口，被军队拉夫达1297700余口，其中因以致死3万余口，而士兵之死尚不在内"⑥。睢县"为战区中心，损失伤亡，异常惨重。兹经分项调查，睢境共挖战沟三十七道，深各丈余，长二十四万五千七百余丈。炮火之下，计伤亡人口2700余名，毁坏房屋6270余间，损失马骡驴13900余头，大车1580余辆，财物1948000余元，并征派捐款119200余元，拉夫47800余名，劫

① 第二历史档案馆藏：《全宗号》116，《案卷号》438，民国31日10月7日旅洛公民苏天命呈文。转引自李文海、林敦奎、程歗、宫明等编：《近代中国灾荒纪年续编（1919—1949）》，第553—554页。

② 《新华日报》1942年11月30日。

③ 王子官：《一九四二年大旱灾之汜水》，《河南文史资料》第十九辑，第165页。

④ 《解放日报》1943年7月17日（六月十六日）。

⑤ 程有为等：《河南通史》（第四卷），河南人民出版社2005年版，第244页。

⑥ 河南省赈务会《豫灾纪实》序言，民国刊本1931，转引自《河南通史》第四卷，第327页。

后孑遗,不堪入目"①。全省有兰封、考城、临颍、许昌等27县沦为战区,58县遭受兵灾,1920年"民国九年(中),没有得过一天安居乐业的幸福,小百姓们所度的生活就是逃死不暇的生活。兵祸、匪祸、重税、苛敛、公债、军饷,纷沓杂来,竭终岁之收入,不足应付官府的需索;尽人生之智识,不能幸免污吏、暴兵、悍匪的诛求,善良之民,十室九空,生命财产,掠夺殆尽。小百姓们伏处在千钧重压之下,一方面怕兵,一方面怕匪,出气的声息略大一点,还怕冲犯了哪位有势力的大人"②。战争结束之后,许多地方十室九空,田地无法耕种。抗战期间,因以水代兵所导致的花园口决堤使得豫东、豫东南20县人民流离失所。

抗日战争期间,在中国发生了规模巨大的人口迁移,经孙艳魁研究,战时全国难民总数在6000万以上③。另据国民政府的调查,战时各省市难民及流离人民总数达9500万人,其中河南难民及流离人民总数居全国之首,人数达14533200人,占河南省人口总数的43.49%,其次是湖南、江苏、山东,分别达1307万、1250万、1176万人。据统计,河南省的人口迁移数量占全国人口迁移总数的15.2%④。

三、匪患

二、三十年代的河南兵荒马乱,吏治腐败,饥民遍地,导致土匪横行,据1920年9月6日《大公报》记载:"河南去岁二麦歉收,人民即有求食维艰之叹。豫东豫西,刻下各处已成巨灾,饥民相聚抢粮,凡稍有贮蓄之家,均被瓜分,粮坊囤户,搜括无余。因各处抢粮之风盛行,米商相率裹足,益觉困难。叶省抢案迭出,盗匪较平昔数倍充斥,大概均难民所为,即省城之中亦时有越货杀人之事,次若夺粮劫物日必十余起。饥民无食,铤而走险,此时固非能以刑罚之空言所能制止也。"

据9月26日《晨报》报道:"河南因荒旱的影响,一班没饭吃的人,遂流而为匪。就是有吃的,也因受土匪的劫掠烧杀,不能安居乐业,也不得不弃家归

① 《大公报》1930年11月6日。

② 北京《晨报》1920年5月1日、3日、26日。转引自程有为等:《河南通史》(第四卷),河南人民出版社2005年版,第207—208页。

③ 孙艳魁:《苦难的人流——抗战时期的难民》,广西师大出版社1994年版,第63页。

④ 《难民及流离人民数总表》,中国第二历史档案馆藏21—221。

匪。所以现在河南几完全成为土匪世界了。"

民国时期,河南土匪之多,居全国之冠,"土匪是河南全省普遍的现象"①。20 年代初期,土匪日益嚣张,"河南本来即有匪,赵倜督汴时,萑苻满地,乡民苦之,特零散非整,不如今日攻城掠寨,势焰之张耳。迄至今日,匪盗啸聚成群,而益之溃军以发纵指挥,驯至攻破二十余城,剽掠回环数千里。民间损失数万万,四民失业者数百万人。兰封、中牟、陈留、朱仙镇等处所谓附郭之城乡,而土匪充斥,几于遍地皆是。以匪之故而使人民至于失业,人民以失业之故转而流于为匪,强者揭竿胁从以去,老弱不委于沟壑,即为难民之原料。即使兵来匪去,而闾里荡然,人民已无复业之希望矣"②。1934 年滑县水灾即为土匪所为。1933 年 8 月 1 日"河北省长垣县石头镇附近,发现股匪二百余人,经长垣、滑县、濮阳各县,派队兜剿,激战一昼夜,匪势不支,遂于三日晚八时将黄河北岸河堤挖掘,决口百余丈,一时河水汹涌,奔流于滑县一二三四五六七八等区,数日之间,一片汪洋,尽成泽国"。屋漏又逢连阴雨,决口尚未封堵,滑县地区该月底又连遭暴雨,"自 27 日起,连日大雨滂沱,黄水续涨,水面东西五十余里,南北百余十里,共计五千五百余方里,深一丈数尺不等,村庄被淹者六百余,完全塌陷者四百余,人口死亡约在一万以上"③。豫南"邓县人口的减少,真是惊人,清乾隆时人口八十多万,现在只有四十万左右,差不多减少了一半,这完全是受土匪的影响"。该县"土匪闹得异常厉害,西乡因多山,为土匪盘踞了三四年,荒地有一万一千顷(占全县半数),野草长的高出人头,住房都为土匪及军队烧毁,人民都逃跑"④。

战争为军阀所为,土匪则是与贫穷有密切关联,当安守良民不能维持生计时,做土匪就成为一种选择,河南是全国匪患严重省份,豫西又是该省匪患最为猖獗的地区。这种现象的形成,与民间的风俗有莫大之关系:"自民国以来,受政治与军事之影响,生计艰窘,多数流为盗匪。熏陶渐染,遂咸视盗匪为正当事业,由是盗匪日多"⑤,英国的贝思飞也分析指出,"所有的土匪,除了生

---

① 行政院农村复兴委员会:《河南省农村调查》,商务印书馆 1934 年版,第 2 页。
② 《开封难民充斥之现象》,《大公报》1922 年 12 月 31 日。
③ 《滑县移民纪要》,《河南政治月刊》第四卷第七期,1934 年 7 月。
④ 行政院农村复兴委员会:《河南省农村调查》,商务印书馆 1934 年版,第 109 页。
⑤ 《豫西匪祸已成痼疽之患》,《大公报》1930 年 10 月 13 日。

活最稳定的以外,其生活水准都不可能明显超过周围农民的生活;大多数土匪的确比较贫穷"。"和大多数农民一样,土匪的生活不是在努力积聚财富,而是仅够糊口"①。

四、土地及经济压力

据统计,20 世纪 30 年代,河南省境内地主约占 5%,富农约占 7%,中农约占 40%,贫农约占 35%,雇农约和其他无地农民约占 13%②。雇农及无地农民大约有五六百万人,③而河南由于自耕农比例很大,雇用雇农为数有限④。一些临近外省的县份,不断有人外出务工,1933 年 7 月行政院农村复兴委员会在辉县调查时了解到"据安庄小学的校长谈,本县及邻县往山西去的人很多,二区约有 40—50 户,民十五时本村亦去了两家,到了山西,他们或是当雇农,或是做佃户,做了几年也有买地自种的,山西的地价、粮价,都比辉县便宜,可是工资都比辉县高,这是好些贫农往那里跑的原因"⑤。"滑县人多地少,一个长工只可得十元,所以都往外面跑,长垣、封邱、阳武、延津诸县,为黄河古道所经之地,多沙土,产量微薄,所以往山西去的亦很多。去山西的人,大概为雇农者八成,租地种者二成"⑥,"近年来河南农村中贫困的农民离乡背井出外谋生者一天天增加","滑县、封邱、阳武、原武、延津诸县,每年总有大批农民,成群结队……出外工作"⑦。由于自然环境日趋恶化,水利破坏严重,自然灾害日趋频繁、严重,战乱不断,抗战胜利后"人民流亡,土地荒芜,致使各种农户均陷于极端不能自给之境,"据武艳敏对 1935 年所做的统计显示,因人口土地压力和经济压力导致的离村人数占全体离村人口的 28.9%,超过了匪灾(22.7%)的比例⑧。

---

① (英)贝思飞著,徐有威等译:《民国时期的土匪》,上海人民出版社 1992 年版,第 165 页。

② 程有为等:《河南通史》第四卷,河南人民出版社 2005 年版,第 552 页。

③ 程有为等:《河南通史》第四卷,河南人民出版社 2005 年版,第 558 页。

④ 程有为等:《河南通史》第四卷,河南人民出版社 2005 年版,第 559 页。

⑤ 行政院农村复兴委员会:《河南省农村调查》,商务印书馆 1934 年版,第 92 页。

⑥ 行政院农村复兴委员会:《河南省农村调查》,商务印书馆 1934 年版,第 93 页。

⑦ 张锡昌:《河南农村经济调查》,《中国农村》第 1 卷第 2 期,1934 年,第 62 页。

⑧ 武艳敏:《民国时期社会救灾研究(以 1927—1937 河南为中心的考察)》,第 31 页,复旦大学博士论文,2006 年。

第二节　人口迁移的组织机构

民国时期救灾机构有所发展,对于减少灾荒时期人口的死亡起到了很大的作用。救灾机构分为官方和民间两种形式,官方机构为河南赈务处,1925年成立,系北洋政府赈务处的分处,1927年改隶河南省民政厅,1929年国民政府令设河南赈务会后,该赈务处并入赈务会,1929年4月更名为河南省赈务会,各县设赈务分会。民间机构运作时间较长的主要有河南华洋义赈会,原名河南灾区救济会,1920年因应旱灾而成立,1922年7月更名,隶属于中国华洋义赈救灾总会。此外还有1925—1929年间的河南关附赈委员会、1929年间的旅平河南赈灾会等,全国性慈善团体和河南地方慈善团体也先后在河南移民中发挥过作用,这些机构对于移民就食相继作出了一定的贡献。

交通的便利也为救灾和人口迁移起到了较大的影响。民国时期,交通状况有了很大的改善,晚清时期在河南修建的几条铁路,芦(京)汉铁路(卢沟桥至汉口,1906年通车)、汴洛铁路(开封至洛阳,1908年通车)、道清铁路(滑县道口镇至博爱清化镇,1907年通车)在民国初年有了较大的延伸,其中汴洛铁路向东西延伸,是为陇海铁路(1927年通车,1932年陇海路在河南全线通车)。公路和汽车运输也有较快的发展。民国元年(1912年),河南省内已有汽车行驶,1920年河南省开始修筑汽车路,1921年首次行驶长途汽车,至1927年,河南境内已有九条公路,计长1300余公里,近10家汽车公司开始运营。南京政府成立以后至抗战爆发前,全省公路通车里程增至5700公里,专业运营车辆达200余辆[1]。铁路和公路已经在全省范围内形成了网络,尽管公路的质量尚不够理想。铁路公路的修建和通车,不仅有力地促进了河南省经济的发展,同时也给社会生活各方面带来了巨大的变化,人口的迁移也变得活跃起来。铁路公路为运送粮食和灾民提供了便利条件,在1920年华北五省旱灾中,许多难民都是乘着铁路离乡逃难,人员损失显著减少。当时的国人也认识到了铁路交通对于运送灾民及物资的便利:"现在国中,虽有几条外国人

---

① 此部分内容综合自程有为等:《河南通史》第四卷,河南人民出版社2005年版。

代办的铁路,但边远各省,仍然是羊肠小道,行路艰难。偶然哪一方发生了灾荒,另一方虽仓廪充实,也是远水救不得近火。等米粮运到,已老弱转乎沟壑了!所以设法谋铁路、航路的交通便利,也是救灾荒所不可缓的。"[1]

许多人更从赈灾中的联系过程看到了通信手段的重要性,提出增设电报线路、电话及无线电等,使遍布于全国,以方便方便信息的沟通。现代通信手段在新闻媒体报道二三十年代各种灾害中也起到了积极的作用。

第三节　二三十年代的人口迁移

一、省内迁移

天灾人祸必然导致人口的迁移,而自发的人口迁移多呈现出无序的状态,其中向城市的流动相对明显,省会开封始终是灾民聚集的地方,1922 年的开封城内"难民在坑满坑,在谷满谷,目所见者,皆难民穷饿褴褛之形象,耳所闻者,皆难民乞丐讨饭之声音"[2]。1932 年春,河南"因去岁水灾过重,外县灾民,值此青黄不接时期,难以维生,其逃来省垣,向省赈会要求加入粥厂就食者,不知凡几"[3]。1936 年,开封的人力车夫陡增,原因系"年来灾患频仍,农村破产,一般农民,感于谋生之不易,咸向都市寻觅出路"。开封城市人口三十余万,而人力车夫有一万二千余人,车辆一万零一百余辆",而车夫"生意最好时,一日可得五六角,……最坏时一日不得一文,整日枵腹,亦为人力车夫常有之事"[4]。

对于局部的灾荒,政府尚有能力在省内进行移民就食的安置,1934 年滑县水灾后的移民就食就是一个很成功的例子。1933 年滑县水灾致使 602 个村庄、55042 户被淹,待赈人数 309846,省政府先后设立收容所 39 处,陆续收容灾民近四万人,进行救助,同时筹办向省内各县移民就食,12 月中旬省政府

① 《晨报》1920 年 9 月 15 日。
② 《开封难民充斥之现象》,《大公报》1922 年 12 月 31 日。
③ 《本省民政要闻》,《河南民政月刊》第 2 卷第 4、5 期合刊,1932 年 5 月。
④ 《开封人力车夫概况》,《河南统计月报》第二卷第七期,1936 年 7 月。

拟定将两万灾民"移送平汉、道清沿线各县就食"①,河南省赈务会拟定了《移送滑县灾民就食办法》,办法规定:移到各县灾民应由所在县长确实负责安插,不得有饿毙及失所情事;滑县灾民移到各县时,供给灾民应以户口为标准,约以三十户至六十户须养灾民一户,临时由各该县政府绅董酌量灾民多寡地方贫富分配之;时间暂以半年至一年为期,届时再酌量情形,分别遣回原籍;移送滑县灾民出外时,自集合之日起,至到达之日止,按日给以川资,大口日给一角,小口五分(或折给粮米);移送滑县灾民所需各路火车,由省政府电请铁道部电饬各该路局于各站起讫地点,准予随时发车,免费运送。经于铁路局协商,自1934年2月3日起向相关县份移送灾民,至5月底终止运送,共向35县移民27512人(见表9-1),1934年4、5月,省赈务会两次派员到接收灾民各县视察,"视察结果,除少数县份,待遇稍差,经由省政府严饬改良外,大致均尚妥善,且有特别优遇者"。本次人口迁移,资料齐全,说明在局部灾荒面前,凭借现代的交通工具,省内的移民就食是有能力办到的。

表 9-1　1934 年滑县移民各县人数一览表

县别	接收人数	县别	接收人数	县别	接收人数	县别	接收人数
浚县	1523	新乡	1244	郑县	978	汲县	1530
安阳	2108	淇县	442	许昌	719	郾城	1916
获嘉	537	汤阴	1036	延津	866	泌阳	498
博爱	503	辉县	609	修武	572	济源	514
武安	722	内黄	526	西平	950	遂平	975
淮阳	1150	商水	743	临颍	867	新乡	472
西华	550	汝南	549	上蔡	958	襄县	475
禹县	541	郑州灾童教养院	51	鄢陵	570	长葛	480
扶沟	521	洧川	443	密县	374	合计	27512

(资料来源:《滑县移民纪要》,《河南政治月刊》第四卷第七期,1934 年 7 月)

二、省际人口迁移

　　难民的逃亡之路是盲目的,总体来说,其方向大致是以灾区为中心向四周

---

①　《滑县移民纪要》,《河南政治月刊》第四卷七期,1934 年 7 月。

辐射,就近逃难,向西则是山西、陕西,"一向以灾荒著称的陕西,现今也会变成河南灾民的避难之地"①。1920 年旱灾"从直隶、河南两省有饥民数千逃入山西,每日由各路来者,千百成群,彼等以为山西为丰饶之省,其实在直、豫伯仲之间"②。还有逃至湖北的:"日前有灾民数□人,在京汉道上,扒登车顶,以备逃难入鄂。不意行至武胜关出洞口,因车顶太高,致将灾民挤于车下,时男女老幼数百人,多挤成肉饼,一时血肉狼藉,哭声震天,可谓惨矣"③。"宛属灾民纷纷过邓县赴襄樊就食。"④1920 年 10 月 6 日《大公报》记载:河南灾民中"往山西者已数万人","入湖南、湖北者亦以万计",至于东向南京者,亦络绎不绝,逃荒至南京的频频见诸报端,还有人逃难到上海。

　　而远距离向东三省的人口迁移,则为有组织的迁移。"河南人在东北的一向很少,所以河南难民要到东北去更非依仗有组织的移送不可"⑤。1920年河南大旱发生后,灾民流离失所,无以为生。而东北三省处于移民实边的需要,接收华北各省灾民,二三十年代,河南人赴东北的人口迁移,基本上是在各种团体安排下前往。1920 年旱灾之时,政府"电达东三省、察绥各区,初告领荒大户及垦殖公司,多招灾区农民前往代佃,以为移民实边之预备"⑥。"河南省长张凤台,分饬旱灾最重之县,选定灾民二万六七千人,准二月六日(农历)由京汉路北上,恳请转电曹张两使,沿途派员照料一切"⑦。

　　河南省灾民迁往东北移民垦荒的具体情况,当属 1929 年最为详细。1929年河南灾民移民垦荒完全由旅平河南赈灾会负责发送,该会在工作结束后将全部来往函电及运送人员情况制成简表编辑成《旅平河南赈灾会征信录》,如此完整的资料,使人们得以全面了解其运作的具体过程,因此时人对于 1929年河南移民东北的记载也详细,今人关于 1929 年河南移民东北的情况论述也较多。1929 年河南灾民移送从 5 月 7 日正式开始,由丰台起运第 1 批 223 人,

① 中国经济情报社编:《1934 年中国经济年报》(第一辑),第 157 页。
② 《山西灾区之报告》,《大公报》1920 年 9 月 20 日。
③ 《河南难民之惨状》,《申报》1928 年 11 月 23 日。
④ 《豫省灾民纷纷到汴垣》,《大公报》1934 年 11 月 14 日。
⑤ 陈翰笙:《难民的东北流亡》,国立中央研究院社会科学研究所集刊第 2 号,上海,1930年版,第 15、20 页。
⑥ 《内务部办理北五省旱灾经过情形节略》,第二历史档案馆,1033/7。
⑦ 《豫省亦举办移民》,《晨报》1921 年 3 月 4 日。

至 9 月 17 日第 43 批 1111 人运送到辽宁洮安县,前后共 43 批,运送灾民共计 35004 人。第 1 批至第 6 批(5 月 7 日至 5 月 22 日)计 3710 人运送至兴安屯 垦区,6 月 7 日至 21 日将这些灾民分发到县。第 7 批(6 月 25 日)至第 31 批 (8 月 11 日)计 23850 人运送至黑龙江,6 月 30 日至 8 月 28 日分发到县,第 32 批(8 月 31 日)至第 38 批(9 月 5 日)计 3207 人运送至辽宁省通辽县,第 39 批 (9 月 13 日)至第 43 批(9 月 17 日)计 4252 人运送至辽宁省洮安县[1]。

1930 年 5 月中旬,"豫民又出关十万",黑龙江省容纳 6 万人,吉林、辽宁 两省各容纳两万人[2]。东北地区第二年还准备再接受河南灾民,后因"九一八 事变"而告终结。

1936 年陈彩章先生在《中国历代人口变迁之研究》分析,"移往东三省之 人口,百分之八十为山东人,次之为河北及河南人"[3]。这也说明了河南人在 20 世纪二三十年代移民的规模。

第四节　抗日战争时期的人口迁移

一、抗日战争时期人口迁移的背景

抗日战争时期河南省人口迁移的数量之多,全国罕见,"推其原因:(一) 平汉、陇海两铁路纵横境内,战事频繁;(二)抗战后历年水、旱、虫、蝗、风、雹、 灾侵未已,黄河溃决,泛滥甚广,(民国)三十一至三十二年之灾情尤为普遍重 大;(三)豫西、豫北各县游击、扫荡往复激战,受害更惨"[4]。抗战时期"自二 十七年起豫省即一部沦入敌手,……迄三十四年秋季止,全省一百一十县中几 无一县未受敌寇侵扰"[5]。这个时期同时也是河南境内灾害频发的时期,"旱 灾、蝗灾、匪灾及黄河泛滥等灾相继而至","尤以二十七年之黄泛与三十一年

① 《旅平河南赈灾会征信录》,1929 年版。
② 《十万豫难民辽吉黑分别安插》,《大公报》1930 年 5 月 13 日。
③ 陈彩章:《中国历代人口变迁之研究》,商务印书馆 1946 年版,第 119 页。
④ 《各省市善后救济初步调查概要》,中国第二历史档案馆,二一(2),221。
⑤ 吕敬之:《河南战时损失调查报告》,《民国档案》1990 年第 4 期,第 13 页。

之旱灾，全省被淹毙饿死者几达三百万人，其灾祸之重，实为全国所罕有"①。战争和自然灾害使河南受到了严重破坏，据1945年12月善后救济总署调查处吕敬之所著的《河南战时损失调查报告》统计，经过八年抗战，河南省"房屋损坏总计约1562239间，牲畜损失约计1214894头，衣服约计23884748件"②，因各种原因死亡的人口达2215037人③。百姓的生活处于水深火热、饥寒交迫之中，安土重迁的河南农民也不得不四散奔逃，寻找栖身之地。

善后救济总署的调查资料没有提供具体的迁移情况，因此要弄清具体的迁移路线、人口迁移地域的分布情况就显得较为重要。河南省人口迁移情况极其复杂，各地灾情、战情稍有缓解，不少民众便开始回返，同时从档案资料中可以发现，人员迁移显得非常的无序，有时既有甲地的民众向乙地逃亡，同时也有乙地的民众向甲地逃亡，抗战胜利后，更有大批人口迁回。限于篇幅，本文仅对人口向省外迁移地路线和人数进行初步的考证。

抗战时期河南省的人口迁移可分为三个大的时期，以黄河花园口决堤为界，抗日战争时期河南省经历1938—1939、1941—1943、1944三个时期大规模的人口迁移。这三个时期又显现出不同的特点，1938年花园口决堤后至1939年主要是豫东黄泛区的局部迁移，1941—1943年则是全省规模的全面迁移，1944年是豫湘桂战役爆发后所引起的难民潮。

1938年9月，黄河花园口决堤后，对豫东地区的日军形成了威胁，迫使其从已经占领的地区撤退，同时也使日军改变由郑州南下会攻武汉的策略，改为溯江淮西进，从而使战场的重心转向江淮地区。滔滔黄河水一泻千里，形成了黄泛区，由于豫东地区离黄河决堤口最近，地势较低，从而成为黄泛区的中心地带，遭受洪水冲击最大的44个县中，河南省就占了20县，即郑县、广武、中牟、尉氏、通许、扶沟、太康、西华、商水、淮阳、沈丘、项城、鄢陵、洧川、睢县、柘城、开封、鹿邑、杞县、陈留。在抗日战争期间，新黄河不停地泛滥，完全打乱了原有的水系，汹涌的黄水携带着大量的泥沙奔腾而下，浪头所至，顷刻间房倒屋踢，人畜俱亡，道路、桥涵被毁，河沟纵横、地貌面目全非，地面平均增高2公

①　吕敬之：《河南战时损失调查报告》，《民国档案》1990年第4期，第13页。
②　吕敬之：《河南战时损失调查报告》，《民国档案》1990年第4期，第16页。
③　根据《河南战时损失调查报告》资料综合而成。

尺,沙丘遍布,蔓草丛生,无法耕作,农民无法在其土地上生存,只好四处逃离。至抗战胜利后,"全部陷入泛区的,计有尉氏、扶沟、鹿邑及太康等四县;半陷入泛区的,计有中牟、鄢陵、西华、通许及淮阳等五县;局部陷入泛区的,则有郑县、广武、洧川、开封、陈留、沈丘、商水、项城、睢县、杞县、柘城等十一县"①。据1946年统计,黄泛区河南境内共死亡325598人,占原有人数的10.43%,逃亡者1172687人,占原有人数的37.56%②。西华县和扶沟县人口逃离数最高,分别占到了当地人口数的67.7%和55.1%③。在水灾较轻的郸城县,一个叫双楼村的小村,全村共有167户,780余口,外逃的有75户,350多人,不到二分之一④。

表9-2 河南省黄泛区各县人口损失统计表

县别	泛区原有人口	泛区死亡人口	泛区逃亡人口
西华	418543	14808	285575
鄢陵	84426	7938	26242
扶沟	315500	78600	169800
淮阳	339117	48101	66798
太康	466191	31737	175388
睢县	13961	82	5166
杞县	56022	953	25100
尉氏	315230	77852	151786
广武	7069	48	451
郑县	15569	1191	5176
柘城	5051	6	471
项城	120126	2897	37060
商水	96130	2107	51780
开封	9199	150	2134
鹿邑	173189	2013	28961

---

① 汪克剑:《河南黄泛区工作特述》,《河南善救分署周报》第100期。
② 汪克剑:《河南黄泛区工作特述》,《河南善救分署周报》第100期。
③ 韩启桐、南钟万:《黄泛区的损害与善后救济》,1948年印行,第21页。
④ 徐公卿:《"花园口事件"和我的故乡双楼》,《郸城文史资料》第1辑。

续表

县别	泛区原有人口	泛区死亡人口	泛区逃亡人口
通许	269512	30902	25297
中牟	125536	9612	33155
洧川	63207	79	35
沈丘	102825	12913	48312
陈留			
总计	2996403	321989	1138687
比例	100%	10.75%	38%

（原注：一、本表各项数字,系各县就所辖境内黄河淹没之乡镇村庄被灾实况调查所得,并不包括全县人口土地房屋总数。二、本表所列黄泛区共二十县,包括自二十七年起至三十五年二月止之新旧泛区）

（资料来源:《善后救济总署河南分署周报》第 17 期,1946 年 5 月 5 日出版）

　　救济总署的数字与研究人员的数字略有出入。国民政府中央研究院社会研究所的研究人员韩启桐、南钟万,利用当时所见通过多种途径得来的资料,对西华、鄢陵、扶沟、淮阳、太康、睢县、杞县、尉氏、广武、郑县、柘城、项城、商水、开封、鹿邑、通许、中牟、洧川、沈丘、陈留等 20 个县因决堤形成的人口逃离和死亡情况进行了综合评价和计算,1936 年内政部编印的《户口统计》显示上述 20 县人口总数为 6789098 人,决堤后逃离人口为 1172639 人,占人口总数的 17.3%,因决堤死亡人数为 325589 人,占人口总数的 4.8%[1],花园口决堤后至 1947 年决口合龙,在长达九年的时间里,黄水所及地区,农民无法在其土地上生存,不得不四散逃亡。

　　1941—1943 年的灾荒之严重前文已述,其引起的人口迁移规模之大也是惊人的。天灾人祸,战泛两区难民颠连流徙,络绎于途。在自发逃亡的同时,官方也积极安置灾民,1943 年前由收容所登记收容遣送各县安置总数达 10 余万人。1943 年旱灾过重,各县政府及地方各界人士先后呈请移调,以轻民负,但因各县普遍成灾无法疏遣,为兼筹并顾计,省府拟定了各县收养难民意见及调整办法,通饬各县遵办。后因冀南鲁西一带灾民也纷纷往内地迁逃,省府又奉中央赈济委员会嘱托,在接近战区地方设立灾民收容所进行收容,并由

_____

[1]　韩启桐、南钟万:《黄泛区的损害与善后救济》,1948 年印行,第 21 页。

省赈济会督饬各难民收容所,随时登记配送后方各县收养。另外,省府还饬令各县对于固有救济院组织设法充实扩大收容,所需贫民口粮准由仓谷项下报支,并商尽量筹集基金发展事业以宏救济①。仅 1942 年,河南"饿死 300 万人,流亡他省 300 万人,濒于死亡边缘等待救济者 1500 万人"②。1943 年 4 月,美国著名记者白修德估计,河南难民"大约有 200 至 300 万难免乘车逃离"③。1944 年豫湘桂战役爆发后,战役所及地区的人民又掀起了新一轮的逃亡活动。

抗战八年,河南人口损失惨重,逃亡难民情况视程度各不一样。见表 9-3

表 9-3　河南省战时人口受灾损失详细统计表

行政区别	战前人数	受伤人数	死亡人数	逃亡人数	待救人数
第一区	3284451	2762	18180	876477	1271324
第二区	2834020	4188	14697	209932	390000
第三区	3554320	38333	116376	781251	631000
第四区	3158023	127762	396976	888257	949000
第五区	2920767	10107	76217	467562	966000
第六区	5126997	16425	49651	504491	1141000
第七区	2832219	2124	15112	1009797	562000
第八区	2790408	712	4597	159162	482000
第九区	2934342	34374	76335	321674	482000
第十区	2464500	759	4384	162206	747000
第十一区	1010577	1555	6339	99646	591000
第十二区	1529323	838	23053	191212	400000
总计	34439947	239939	801917	5671667	8612324

(注:1."战前人数"据民政厅统计二十五年份人口数;2."逃亡人数"据三十五年二月本省各行政区专员善后救济会议书;3.受伤人数、死亡人数据本省抗战损失调查委员会报告;4."待救人数"据本省社会处三十五年二月报告)

(资料来源:《善后总署河南分署周报》,第二十三期,民国三十五年六月十七日出版)

---

① 河南省政府编印:《河南省政府救灾工作总报告》,1943 年,第 35—38 页。河南省档案馆档案号:M8-49-1407。
② 王天奖等:《河南近代大事记(1840—1949)》,河南人民出版社 1990 年版,第 418 页。
③ 〔美〕白修德著,崔陈译:《中国抗战秘闻——白修德回忆录》,河南人民出版社 1988 年版,第 140 页。

难民逃亡是一种特殊的人口迁移活动。这种迁移是在迫不得已的情况下，为生存而作出的无奈选择，具有很强的盲目性和盲从性。美国记者白修德记录了当时的惨状："……那种东逃西窜的局面已经形成。人群移动的主流是向西的，可是就在大批人东一头西一头的胡乱奔路时，却有一部分人正在从山里往回走，想找个隐蔽的村落，期待能在'侵略军进占之后得到安全'①。混乱和无序是难民迁移的特点，同时也有一定的规律，难民的逃亡也往往呈现出由受灾中心向周边地区呈辐射状扩散的有序状态，就抗战时期的河南人口迁移而言，地缘因素和铁路交通线是难民逃亡的主要路线。在人口迁移的过程中，既有由政府组织的迁移，同时也有难民自发、无序的逃亡。这种迁移分为省内和省外两个方面。据 1946 年元月河南善后救济分署的调查："豫籍难民流亡省外者有五百余万人，流浪省内无家可归者有八百余万人，合计待救难民一千三百余万人。……"②。也就是说逃亡难民 1300 余万人，接近全省总人数的一半，省外迁移 500 余万人，省内迁移 800 余万人。

二、省内迁移

1938 年花园口决堤后，河南省对黄泛难民采取分配至本省后方各县收养移民就食的办法，这个政策在初期收到了一定的效果，然而 1942 年大旱之后，各县纷纷"以灾情惨重，民食维艰，请予免遣难民，并将已遣难民移送丰收县份就食"，与此同时逃至各县的难民们申诉"保甲长不拨给养，有积欠至九个月未发一粒者，以致饿毙及自行流亡者，络绎于途，且各县多已实行驱逐，迫切万状，请予设法救济"③。鉴于 1942 年秋"黄河水续涨，泛区日益扩大，战区中敌伪蹂躏，各以情势所迫，难民外逃，络绎不绝，原定县份又无县无灾，无灾不重，难民给养之筹发，委实不易"。而 1943 年麦收后"各地难民又纷纷请求照发给养"。河南省政府拟定《调整各县收养难民意见》，试图通过介绍职业及协助生产、规定收养年限及限制办法、移送垦荒、保证给养等办法缓和矛盾，但事态未能得到缓解，在这样一种自顾不暇的状况下，原分配至后方的难民不得

---

① ［美］白修德著，崔陈译：《中国抗战秘闻——白修德回忆录》，河南人民出版社 1988 年版，第 102 页。

② 《善后救济总署河南分署周报》第 3 期，民国 35 年 1 月 28 日出版。

③ 《河南省赈济会三十一年五月至三十二年十二月赈灾报告》。

已继续逃往他处。

在后方收养的同时,1938 年 9 月 9 日河南省政府、省赈会设立邓县垦荒办事处,制定了《移送难民赴邓县垦荒办法大纲》,并在邓县彭桥镇成立"河南省邓县移民垦荒办事处",移送黄泛区灾民去该县垦荒。截至 1940 年,共往邓县移送垦荒难民 5000 人。至 1940 年,共移送灾民约 5000 人,垦荒 2.2 万亩①。河南省由于不断遭受战争和各种灾害,本省内的人口迁移后来实际上处于一种无序的混乱状态。

三、省际迁移

对于"功在国家,害贻地方"的花园口决堤所带来的民生困苦和灾难,国民政府也有着较为清醒的认识,所以在花园口决堤后,在赈济灾民的同时,就积极开始人口迁移活动。1938 年 6 月 17 日,在花园口决堤的第 11 天,行政院讨论河南黄灾的人口迁移时,决定"泛区难民……分在洛阳、信阳、郏县设所收容,然后分别资遣豫西或省外安全地带,以免来往奔逃,无所适从"②。行政院赈济委员会制定了统一的难民安置办法,河南的黄灾难民迁移做了如下的安排,"第 4 区(鲁西豫东南冀南)(如有皖西皖中逃出难民亦有本区兼办),子,可沿黄河北岸近中牟、郑县间适当地点渡河,由郑县搭车或步行至豫西南部淅川一带安置。……卯,豫省沈丘、项城、淮阳、商水一带难民,或经郾城、襄城、郏县、临汝,或送洛阳,或经嵩县、卢氏,送至潼关,转送陕南、川北安置。辰,豫西华、临颍等地难民,亦经襄城、郏县、临汝,送至洛阳或潼关,转送陕南川北安置。已,豫太康、扶沟、尉氏、洧川、新郑、许昌一带难民,或经禹城,或经密县,集中登封,经偃师送至洛阳,转送陕中安置"③。

上述路线实际上也是河南难民主要的迁移路线,即循陇海线,经郑州、洛阳,入潼关至西安、宝鸡、汉中等地。另有一批人则北上奔向中国共产党领导的抗日边区,但更多的灾民还是辗转洛阳,沿陇海路西进陕西"大后方",还有一些人向东越过战区进入敌占区。迁移方式主要是步行和借助交通工具,这两种方式大都沿铁路或公路线进行。

---

①　王天奖等:《河南近代大事记(1840—1949)》,河南人民出版社 1990 年版,第 352 页。

②　《救济黄河水灾》,《大公报》(汉口版)1938 年 6 月 17 日。

③　《难民输送网》,《大公报》(汉口版)1938 年 7 月 6 日.。

迁向省外的人口主要分布在陕西、甘肃、宁夏、新疆、青海、河北、四川、山西、湖北、贵州、云南等十一个省份[1]，现择其迁徙的主要省份地区考述如下。

1.陕西省

陕西是抗战期间河南难民迁移人口最多的省份，黄河决堤后，泛区难民疏散、安置的去处当时考虑集中在两个地方，一个是豫西南的邓县、新野一带，另一个就是陕西的黄龙山、黎坪。1939年夏秋之交，全省水灾78县，灾民达数百万，省府当局拟送10万灾民先赴陕西黄龙山一带垦荒，陕西亦拨款10万元办理运送事宜[2]。黄灾过后的灾民安置在陕西方面有详细的记载："查豫省西来灾民日益增多，按照前与河南省政府商定办法，除壮年分送黄龙山各垦区从事垦殖外，其余不愿赴垦区者已令自谋生活，或予以小本贷款经营商贩，律免游惰，所有老弱妇儒，由本会设法收容……为顾全移民生活起见……查南门外有房，暂为借用，为豫省灾难民第一收容所。并将本会所属南窑头第二难民招待所之难民分别并入第一、三、四、五各所，所遗地址作为豫灾难民第二收容所，专为收容老弱妇孺豫灾难民。"[3]

1942年，河南省政府与行政院联系遣送黄龙山垦区的人数从1100人一直到行政院"请准增加为13000人"[4]，从1942年起截至1943年12月黄龙山垦区共计接收河南遣送及灾民自行前往共计一万九千余人，黎坪垦区1942年、1943年每年收容河南灾民2000余人，计4300人[5]。

1942年随着河南省灾荒的日益严重，河南省"一再函请陕西省政府代本省安置灾民二十万人，经长时间之磋商，始准收容本省灾民五万人"，陕西省政府同意的人数是经由官方接待入境的，这些指标由省政府分配给各县，遣送人系"歉收无力给养"。对于流陕人数各方数字不一，1943年统计"因灾情过于严重，灾民逃亡者过多，前后遣陕安置及灾民自行赴陕谋生共约一百三十余万人"[6]，这个数字远远大于当时报刊及赈务会的数字。抗战结束后，善后救

---

① 《河南灾情实况》，1946年7月。
② 王天奖等：《河南近代大事记(1840—1949)》，河南人民出版社1990年版，第363页。
③ 《陕西省赈济会与各区县振济灾区与河南难民》，陕西省档案馆，全宗9，案卷799。
④ 《河南省赈济会三十一年五月至三十二年十二月振灾报告》。
⑤ 《河南省赈济会三十一年五月至三十二年十二月振灾报告》。
⑥ 《河南省赈济会三十一年五月至三十二年十二月振灾报告》。

济总署河南分署对流亡陕西境内的难民进行了统计,统计结果为抗战时期
"豫籍滞留陕境难民,八年之中,约计 170 万人"①,河南难民入陕后,主要分布
在西安、宝鸡、咸阳、汉中等大中城市和铁路、公路沿线城镇、村庄,还有相当一
部分分布在以延安为中心的陕北地区。

2.湖北省

湖北紧靠河南信阳地区,因此也成为河南南部难民逃生的地方,花园口决
堤后,豫东难民的遣送,湖北就是一个重要的地区,1938 年的《平汉路难民执
行所工作报告》中记载:"接洽得悉郑县难民执行所遣送难民七百余人,经汉
口商会红十字会安置于贫民工厂,……经由郑县送往(宜昌)难民一千五百
人,已遣送潢川、罗山安插千余人外,尚有三百人未遣。"移民的规模也相当可
观。1938 年 10 月武汉办事处难民招待所对各省难民登记统计显示,河南省
在武汉难民 11556 人②。

随着河南灾荒的日益严重,1942 年夏河南省政府向湖北省政府请求安置
灾民,湖北省政府刚开始同意"五万人移入鄂省安置",后"以鄂省亦有灾荒,
安置灾民人数未能过多,只以三万人为限。除自行到鄂二万四千人已予安置
外,嘱再遣送六千人等"。实际经河南省各难民招待所发遣送费到达湖北者
有 21966 人(孟家楼难民招待所 6272 人,湖河镇难民招待所 8199 人,新店镇
难民招待所 7495 人),未受招待自动赴鄂谋生者约 8 万余人③,"前后遣鄂安
置及灾民赴鄂自谋生者共约十万零一千人左右"④。

3.安徽省

到安徽省谋生的难民也为数不少,但多为自行前往,1942 年河南省政府
同时也"电请皖省政府本救灾恤邻之义,代本省安置灾民",但安徽省由于"皖
北连年水旱,民鲜盖藏,去夏霪雨兼旬,继则亢旱三月,收获歉薄,灾情亦重",
"恐移送灾民过多力有未逮",未能征得安徽省政府同意,"惟自行到皖灾民约

---

① 《善后救济总署河南分署周报》第 63 期,1947 年 3 月 24 日出版。
② 国家图书馆藏:《难民招待与运输》,行总署武汉办事处,1946 年 9 月编印,第 11 页。
③ 河南省政府编印:《河南省政府救灾工作总报告》,第 41 页,河南省档案馆档案号:
M8-49-1407。
④ 《河南省赈济会三十一年五月至三十二年十二月振灾报告》。

计已在五万人左右"①。

4.新疆、甘肃、宁夏三省

难民来到陕西后,有相当一部分滞留。滞留在陕西的难民主要分布于西安、咸阳、宝鸡等城市及中部的黄龙山垦区,也有一部分再分别进入甘肃、新疆、宁夏、青海、四川等地。1942年宁夏曾接收河南水灾难民1556人来垦荒;1943年起向西北移民工作正式展开,1943年8月至11月第1批灾民4000人前往西北地区。甘肃迁移的具体人口目前尚不清楚,据当时报载,甘肃天水国立中学曾腾出校舍收容河南流亡难民②。

相比之下,新疆出于自身发展的需要,急需大量移民,对到新疆境内的河南难民给予了高度的重视,首批垦民在1943年8月从陕西抵达新疆。1943年10月23日《时事新报》报道:"中央社迪化廿二日电,首批豫籍垦民1500人,截至十月八日已先后抵达本省。此为三十年来内地正式垦民前来新疆之首次。"③由于河南省连续数年遭受灾害,在新疆移民人口中,河南籍移民在总数上占了绝大部分,1944年新疆"特派员赴陕西大荔、蓝田、华阴等县办理招募工作,另在洛阳及黄泛区域设置办事处,俾豫省难胞就近登记"④。1943年10月新疆民政厅档案载:"查此次来新垦民(指1943年所移七千人),全系河南农民。"当年分批记载的档案报告中也常见到:第5批移民,共72人,"皆为河南人";第9批移民,共179人,"皆为河南扶沟人";第10批移民共131人,其中陕西人12名,其他皆为河南人⑤。据不完全统计,新疆省在1943—1944年接收河南通许、尉氏、扶沟、西华等县难民约万人从事农业生产⑥;应该注意的是新疆接收河南灾民的目的是为让些灾民定居下来,省政府认为此次移民"不但是救了千百万无衣无食的难胞,而且贯彻了我们的屯垦政策"⑦。新疆

---

① 《河南省赈济会三十一年五月至三十二年十二月振灾报告》。
② 《甘肃天水国立中学·收容豫籍流亡青年》,《行都日报》1938年12月4日。
③ 《时事新报》,1943年10月23日,转引自万仁元、方庆秋主编:《中华民国史史料长编》第62辑,南京大学出版社1993年版,第477页。
④ 《中央日报》,1944年2月2日,转引自万仁元、方庆秋主编:《中华民国史史料长编》第63辑,南京大学出版社1993年版,第234页。
⑤ 新疆维吾尔自治区档案馆藏档案,政2—6—75;第177号、第182号。
⑥ 唐启宇:《中国的垦殖》,上海永祥书店1951年版。
⑦ 汪昭生编著:《到新疆去》,第107页。

省政府对难民给予了极大的热情,每人每天发食面 2 斤,柴菜代金新币 1 元,每人发给棉衣一套及衬衣、皮袄,到达安置地区以后,由县政府在半年内发给大小口每月食面 30 斤,所需种子、农具、耕畜皆由安置县政府贷借①。

5.边区

中国共产党领导的陕甘宁边区、晋冀鲁豫边区积极主动地接待河南难民,陕甘宁边区政府从 1940 年 3 月到 1943 年 3 月,先后颁布了《陕甘宁边区优待难民和贫民的决定》(1940 年 3 月 1 日)、《陕甘宁边区政府布告》和《优待难民办法》(1941 年 4 月 10 日)、《陕甘宁边区优待移民实施办法》(1942 年 2 月 6 日)、《陕甘宁边区优待移民实施办法补充要则》(1942 年 4 月 5 日)、《陕甘宁边区优待移民、难民垦荒条例》(1943 年 3 月 18 日)等几个条例办法。规定移难民享受政府发给路费、解决生产困难、开垦公荒归私人所有和前三年不缴公粮、其他负担减半等优待。

河南灾民进入晋冀鲁豫边区的,仅太行、太岳两区的即多达 25 万余人②,大约相当于全边区所有灾民的 1/6。辗转而至陕甘宁边区的至少也有 11889 人③。类似安置河南灾民的报道也时常见诸边区的报刊上,据《解放日报》1943 年 4 月报道:“关中各县移难民,统计已有两千户左右,他们多为河南灾民,到三月十日止,有一千七百二十六户已经当地政府安插完毕。”④以每户 3 人计,至少也有 5000 多人。1942 年边区政府的一份关于安置流入边区的难民的文件中提到:“今年河南、陕甘数省都有年馑,难民纷纷移来边区。”

对于边区政府所做的各项工作,当时的陕西省政府当局文件中也有记载:“奸伪诱惑豫省难民迁移特区者,奸伪近各方宣传诱惑豫省迁移特区,办法是难民入境后,不分男女老少,各发小麦一老斗,指定窑洞居住,补给荒地,令其自耕,三年之内,不收赋税及捐款,不服兵役。在耕种期间,一切用具种子及生

---

① 唐启宇:《中国的垦殖》,上海永祥书店 1951 年版。

② 《解放日报》1944 年 8 月 29 日。

③ 中共中央西北局调查研究室编:《边区的移民工作》(1944 年)。文中总计为 9000 余人,似有误。转引自陕甘宁边区财政经济史编写组编:《抗日战争时期陕甘宁边区财政经济史料摘编》,陕西人民出版社 1981 年版,第二编,农业,第 646 页。另据 1943 年 6 月 13 日《解放日报》署名文章《移民四千户》估计,仅关中分区即收留河南灾荒难民 12000 余人。

④ 《二千户难民移至关中》,《解放日报》1943 年 4 月 18 日。

活用品均由伪政府供给,故豫省难民由淳化逃至匪区者为数甚多。"①

6.征兵

1938 年 4 月,国民政府制定了《非常时期难民服役计划纲要》,招收难民入伍,难民入伍一方面补充了部队的兵源,另外一方面也可以得到军队提供的衣食住行。许多流亡的河南难民走上了这条道路。据 1941 年国民政府在河南襄城 19 个村的调查,所有离村的男性难民,有 38.7%是出外当兵的②。

40 年代时任河南省粮政局秘书于镇洲 70 年代回忆道:"河南地处抗日最前线,征兵征粮,夙为全国之冠,省政首长屡蒙嘉奖。"③曾任国民党地方官员的杨却俗曾谈到:"河南和湖南曾经是国家主要的粮源和兵源,而河南的奋斗和贡献则更是艰苦卓绝。"④时任河南省建设厅厅长的张仲鲁回忆:在整个八年的抗战过程中,国民政府"在河南大量征兵,河南出兵之多,当时甲于全国"⑤。八年抗战,河南省共实征壮丁 1898356 人,实征壮丁数居全国第二位。1942 年前后的灾荒年中壮丁实征数仍然未减,1942 年实征壮丁 214589 人,1943 年实征壮丁 205815 人⑥,这些一方面加重了河南的负担,另一方面也从另外一个角度解决了难民的迁移问题。

四、难民的回迁

难民的迁移与其他移民不同的最大特点,是难民在一定时候是要返回其原居住地的。由于居住条件的限制和生存的艰难,在抗战期间大批难民逃亡的同时,也有一些难民因外逃环境恶劣及各种原因返乡,许多灾民向东越过战区逃到日本占领区后,因为找不到生路,只好又返回家乡。失去家园的内迁难民来到内地大多一无所有,要生存下去绝非易事,这就必须得到当地民众和各级政府的帮助。离开了这一点,他们是无法立足的。因此,迁徙的难民带着希望来到后方,又被迫卷起简单的行李,重返故土。实际上从 1943 年后,有关难

① 陕西省档案馆,全宗 9,案卷 807,第 43 页。
② 董长芝、李帆:《中国现代经济史》,东北师范大学出版社 1988 年版,第 159 页。
③ 杨却俗:《忆民国三十年河南的一次浩劫》,《河南文史资料》1993 年第 4 辑,第 104 页。
④ 杨却俗:《忆民国三十年河南的一次浩劫》,《河南文史资料》1993 年第 4 辑,第 104 页。
⑤ 张仲鲁:《1942 年河南大灾的回忆》,《河南文史资料》1995 年第 1 辑,第 191 页。
⑥ 何应钦:《八年抗战之经过》附表九《抗战期间各省历年实征壮丁人数统计表》,中国陆军总司令部 1946 年。

民返乡归来的记载就渐渐多了起来,1943年4月的报纸报道,"因麦收将届,豫省灾民纷纷由西东返。西安车站候车东行者日达一、二千人"①。与此同时,省政府规定了遣送陕鄂两省豫籍有田灾民归耕办法,在灵宝、南阳两地设立招待所,办理登记,指导灾民还乡诸事②。

抗战胜利后,难民在外地的生活之艰难更多地被披露出来,也引起了政府的重视。1946年年初河南善后救济分署署长马杰到西安看望灾民时,灾民的境况让人心酸:"豫籍义民流落陕境独多,即就西安市一地,城关内外不下数十万人。其中能以自谋生活者,如推车负贩之流,大街小巷,放目皆是,其无衣无食无家可归者,亦近万人。或在城关空地搭盖席棚,或在防空洞以及城边土窑,借避风雨,土地潮湿,疾病流行,死亡率甚高,上月廿三日……小南门外巡视,义民沿城壕掘洞而居,洞顶距人行道厚仅数尺,时有塌陷之虞。衣屡褴褛,鸠形鹄立,每日多难一饱,……本省义民多籍录黄泛区域,流离八载,急思返乡。"难民返乡的原因时人总结道:(一)逃难八载,饱受艰苦;(二)西北生活程度较豫省为高;(三)地权问题;(四)疫疠丛生③。

1945年春天,抗日战争胜利在望,难民回乡问题已提上了日程,为此,国民政府成立了行政院善后救济总署(简称"行总"),办理战后难民救济和难民遣返工作。河南省也相应成立了善后救济总署河南分署,河南分署于1946年1月成立,至1947年年底结束,河南分署为帮助流离他乡之难民顺利返归,特在难民主要集中地和返乡主要途经地,先后设立开封、郑州、洛阳、信阳、许昌、陕州、安阳等难民服务处,负责返乡难民的接待及转运工作。难民服务处的主要救济对象是:因抗战流离异乡,且无力自行返乡者,包括本省返乡难民、其他省份滞留河南的欲返乡难民和其他省份途经河南返乡的难民。

难民归来初期十分悲惨,尉氏、扶沟等地归来的难民发现"房舍已墟,多露宿田野,至堪怜悯"④。因此抗战胜利初期,返乡率并不十分理想,1946年因花园口决口未合龙,回乡人数也较少,1947年春,堵口成功后,难民纷纷归耕,经政府安排遣返归乡的人数。具体见表9-4。

---

① 王天奖等:《河南近代大事记(1840—1949)》,河南人民出版社1990年版,第410页。
② 王天奖等:《河南近代大事记(1840—1949)》,河南人民出版社1990年版,第410页。
③ 《善后救济总署河南分署周报》第15期,1946年4月22日出版。
④ 《善后救济总署河南分署周报》第15期,1946年4月22日出版。

表9-4 善后救济总署河南分署各难民处（站）成立结束日期及遣送人数统计表

处站	成立时间（民国）	结束时间（民国）	总计	民国35年	民国36年1—7月	民国36年8月
开封	35.1.17	36.4	12024	10412	1617	
郑州	35.2.21	36.9	96313	30339	63078	2896
洛阳	35.3.18	36.5	63760	33193	30567	
信阳	35.3.30	36.4	7152	5964	1188	
许昌	35.4.1 36.5.8	35.9 36.8.15	9685	7979	1449	267
陕州	35.5.1	36.6.15	86418	33432	52986	
安阳	35.10.1	36.3	4135	2992	1143	
南阳	36.5.1	36.8	14681		9121	5560
漯河	36.5.19	36.9	52511		41441	11080
周口	36.6.12	36.9	15111		10695	4457
总计			361790	124311	213285	24260

（资料来源：《善后救济总署河南分署周报》第89期，1947年9月出版）

经官方难民处归来的难民人数，只是很少的一部分，大部分自动归来的难民人数由于时局的变化，官方已经无从掌握，"未经本署招待自动回籍之难民，当较此数多出数倍，惟各县为避免征工征丁，多未呈报，故无详确统计"[1]。如行政院善后救济总署河南分署调查统计，抗战期间，流亡陕西境内的河南难民170余万人中，至1947年1月由河南善救分署掌握的"还乡人数仅约十六七万人"[2]。

小　　结

一、人口迁移的原因

1.频仍的自然灾害

民国年间，河南自然灾害种类之多，范围之广，频率之大，历史罕有。包括

[1] 《善后救济总署河南分署周报》第63期，1947年3月24日出版。
[2] 《善后救济总署河南分署周报》第51期，1947年1月1日出版。

旱灾、水灾、蝗灾、风灾、雹等,其中以水旱灾害为主,而由旱灾引发的蝗灾又对人们的生活构成了极大的威胁。全省范围的水旱灾害就有1920年的旱灾、1928—1929年的旱灾、1931年水灾、1936—1937年的旱灾、1942—1943年的旱灾等,局部的水旱灾害更是无年不有。

2.战争、匪患以及土地、经济压力

民国年间,战争与匪患同河南人民如影随形,河南始终是各路军阀角逐的主战场,战火所及,无休止的拉夫征粮使得人民生活处于崩溃的边缘,即便是在没有战争的时期,所有军需开支,无不取于当地百姓。战区百姓流离失所,生活困顿。

二、人口迁移和救灾的组织机构

民国时期河南已有现代意义上的救灾体系,在当时大范围的自然灾害面前,不同程度地降低了人口的损失。

民国时期河南救灾机构分为官方和民间两种形式,官方机构为河南赈务处,后更名为河南省赈务会。民间机构分别有旅平河南赈灾会等,全国性的慈善团体和河南地方慈善团体也先后在河南移民中发挥过作用。

现代交通的发展也为救灾和人口迁移起到了积极的作用。公路和铁路的开通使人们更有能力面对灾荒,更大程度地降低人口死亡。

三、人口的迁移

20世纪二三十年代河南省的人口迁移,主要是在面对大的灾荒情况下的移民就食活动,其中向省外的迁移就带有较强的移民性质。对于局部的灾荒,政府尚有能力在省内进行移民就食的安置,1933年滑县水灾就是省内安置的最好例子。

抗日战争时期河南省的人口迁移发生在黄河花园口决堤之后,经历了1938—1939年、1941—1943年、1944年三个时期的大规模人口迁移。这几个时期又显现出不同的特点,1938年花园口决堤后至1939年主要是豫东黄泛区的局部迁移,1941—1943年则是全省规模的全面迁移。

抗战初期,主要采取省内安置的办法。1938年花园口决堤后,河南省对黄泛难民采取分配至本省后方各县收养移民就食的办法,这个政策在初期收到了一定的效果,然而1942年大旱之后,各县纷纷"以灾情惨重,民食维艰,请予免遣难民,并将已遣难民移送丰收县份就食"。

迁向省外的人口主要分布在陕西、甘肃、宁夏、新疆、青海、河北、四川、山西、湖北、贵州、云南等11个省份,规模多达数百万人。迁移难民与其他移民最大不同是,难民在一定时候是要返回其原居住地的。由于居住条件的限制和生存的艰难,在抗日战争期间,在大批难民逃亡的同时,也有一些难民因外逃环境恶劣及各种原因返乡。

结　语

目前专门论述民国时期河南人口的著作,尚未见出版,相关论文也不多见。笔者主要在以下几个方面进行了较深入的探讨,以期能对区域断代人口史的研究有所推进。

一、对原始人口数据的判定

民国时期河南人口数据来源庞杂,质量向为人所诟病,研究民国时期河南人口首先必须面对这一问题。为此笔者首先深入考察了民国时期的人口统计制度,尽可能收集齐全民国时期的原始人口数据,包括 1912 年、1916 年两次人口普查、1935 年河南省人口统计以及 1936 年河南省选举区户口统计、1946年和 1947 年保甲户口统计等。然后综合运用各种方法,包括纵向对比各年份数字(特别是与比较可靠的 1953 年人口普查数字作对比)、考察分县性别比和户的规模的分布、分析全省人口年龄—性别金字塔,判定 1916 年、1935 年、1936 年数字除个别县份外基本上是可靠的,1946 年、1947 年数字严重偏低。1912 年数字发生了严重的注水行为,这些注水数字的地区主要在河洛道和其他几个原府城。某些地方主政者利用人口普查机会虚报人口数字,目的是为当地博取更多议席和更高的政治地位。

这是本书研究的基础,这一成果回答了学术界对于民国时期河南人口统计质量的疑问,1912 年河南人口普查数据质量之差早在民国年间已有定论,1916 年的人口普查由于原始数据的缺乏所导致的抄录错误而被学者所否定,1935 年河南省的人口统计由于是地方性的人口调查,多不为外界所知。所以多年来,学术界一直对河南省的人口统计数据持否定态度,笔者较好地回答了这一问题,为民国时期河南人口的进一步研究奠定了基础。

二、人口地理分布的变化

1916 年全省人口密度图反映了地理因素对人口分布的直接影响,山区人口密度明显小于平原地区,故形成了人口密度分界线的西北—东南走向,绝大多数人口高密度县份集中在此线以东以北的一个带状区域。这一格局持续到 1935 年没有发生根本性变化,除了陇海线、平汉线两大铁路沿线的县份人口密度有较明显增长外。到 1953 年,全省人口密度的空间格局有了较大变化,一方面是工业化、城市化的发展,区域中心城市的人口密度有明显增长,另一方面抗战中花园口决堤形成的黄泛区对沿线人口密度有相当程度的负面影响,而且这一后果持续了相当长的时间。

三、人口增长率的时空差异

分区人口增长率的研究表明:河南省依行政督察区划可大体分为两部分地区,第一类地区包括第 3 区(安阳)、第 4 区(新乡)、第 5 区(许昌)、第 10 区(洛阳)、第 11 区(陕县)、第 8 区(淮阳),第一阶段(1916—1935 年间)人口增长率高于第二阶段(1935—1953 年间);第二类地区包括第 1 区(郑县)、第 2 区(商丘)、第 6 区(南阳)、第 7 区(汝南)、第 9 区(潢川),第一阶段(1916—1935 年间)人口增长率低于第二阶段(1935—1953 年间)。也就是说,在1916—1935 年间,战争以内战为主,第二类地区饱受战火蹂躏,人口增长率普遍较低,甚至出现了负增长;在 1935—1953 年间,战争以抗战为主,第一类地区地处中日势力交错地带,人口受到战火摧残,增长率较前一阶段有大幅降低。总的说来,第二阶段人口增长率明显超过了第一阶段,因此可以说战争、灾害等负面因素在第一阶段的影响超过了第二阶段。

分县人口增长的研究表明,1916—1935 年间人口增长最显著的县份基本集中在平汉、陇海两条铁路以及淮河沿线,这一时期人口增长的空间格局主要受到积极性因素的影响。1935—1953 年间人口增长率普遍较高,只有豫北、豫西及豫中地区增长率明显偏低,这些地区是抗战时期受战争蹂躏最多的地区,这一时期人口增长的空间格局主要受到消极性因素的影响。就 1916—1953 年间总体而言,人口增长最显著的地区主要是各新老城镇中心。沿平汉、陇海铁路的新城镇中心（即人口聚集区）不断涌现，沿平汉、陇海铁路的老城镇中心也能保持其原有的地位，而远离两大干线的老城镇中心相对衰落，此外一些矿山地区也开始兴起，人口显著增长。总之，现代河南城市体系格局在民国时期已现雏形，特别是在人口上，而交通是关键性影响因素，其次是矿业。

1916—1935 年间，全省人口增长了 12.3%，年均增长率 6.1‰。1935—1953 年间，全省人口增长了 22.9%，年均增长率 11.5‰。综观 1916—1953 年间，全省人口增长了 38.0%，年均增长率 8.7‰。这一年的增长率与当时世界水平相比不算高，主要是河南省人口过剩、灾害频仍的缘故，可以视为人口增长受到积极抑制的情形。1916—1935 年这段时间里，发生了 1920 年华北大旱、1928—1930 年三年灾荒、1931 年江淮大水、1933 年黄河大水等自然灾害和 1930 年中原大战等兵祸匪患。1935—1953 年这段时间里，发生了 1936—1937 年大旱、1937 年花园口决堤、1942—1943 年大旱灾、八年抗战等天灾人祸。另外可以看出，在这一时期的近四十年时间里，河南人口呈加速增长的态势，后半段人口增长率远高于前半段，部分原因是公共卫生、现代交通事业和救灾救荒体系进步而引起死亡率下降的缘故，这是民国时期河南人口转变开始的征兆。

四、人口的性别—年龄结构及人口金字塔

在 20 世纪上半期中国官方人口统计中，性别比高是一个较为普遍的现象，这是女性人口漏报率远高于男性的缘故。在 1916 年分县性别比分布中，河南中部、西部、南部山区县份人口性别比普遍较高。这可能有两方面的原因：一是这些地区登记质量较差，女性漏报比较严重，二是这些地区条件艰苦，单身男性比例明显较其他地区为多。1935 年分县性别比分布中，南阳地区和潢川地区各县性别比普遍明显高出其他地区，这两区很有可能发生了较为普遍的女性人口漏报。中心城市及新兴城镇所在县性别比明显偏高，通常流入城镇地区找工作的主要是单身男性人口，这是这些地区性别比偏高的主要原因。

1916 年河南省 15 岁以下未成年人口所占比例为 29.97%，16—50 岁成年人口所占比例为 53.39%。1935 年河南省 15 岁以下未成年人口所占比例为 27.74%，16—50 岁成年人口所占比例为 55.72%。1953 年河南省 14 岁以

下未成年人口所占比例为 35.71%,其中 0—4 岁年龄组人口所占比例高达 16.12%,14—49 岁成年人口所占比例为 47.59%。1953 年未成年人的比例明显超过了其他两个年份。1953 年人口金字塔各个年龄段出生率的巨大反差,充分说明了战争环境对人口出生率的巨大影响,而且 20 世纪 30 年代初的内战比抗战对河南人口出生率的影响更为显著。不过需要指出的是,考察历年出生率发现从 1912—1935 年出生率的登记都严重偏低,发生了普遍的漏报。因此对于出生率,只能估计其变化趋势。

将 1916 年和 1935 年两个年份的人口金字塔作比较分析,发现近二十年来出生率的下降,即 1916—1935 年间是人口增长率较低的时期。此外,1935 年人口金字塔 20 岁年龄组以上部分与 1916 年人口金字塔非常相似这一点,也相互印证了这两个年份人口数据的可靠性。将 1935 年和 1953 年两个年份的人口金字塔作比较分析,同样发现 1935 年人口金字塔的形状完全能够在 1953 年人口金字塔上反映出来,即 1916—1935 年间人口出生率的持续下降趋势。这也进一步证实了 1935 年人口数据的可靠性。1935 年以后,人口出生率的下降趋势才得到扭转,在 1953 年的前几年甚至有了大幅度提高。究其原因有二:一方面是人口出生率的补偿性增长在起作用,也就是说人口在较长时段上也存在补偿性增长;另一方面则是这一时间段河南的人口转变已经开始,即从"高出生率—高死亡率"的模式向"高出生率—低死亡率"的模式转变,有利于人口转变的因素包括公共卫生、现代交通及救灾赈灾体系的发展。这也是 1935—1953 年间人口增长率明显高于 1916—1935 年间的重要原因。

五、人口的婚姻、生育和家庭

如同近代中国其他地区一样,河南省也是一种典型的早婚和普遍结婚的模式,相比之下女性比男性结婚更普遍,结婚更早,结婚年龄段更集中。河南省西部北部地区比东部南部地区更为倾向早婚。平均婚龄较低、倾向于早婚的地方,整体已婚率较高,反之则较低。这说明了传统中国社会早婚与普遍结婚两者之间的密切关系。平均结婚年龄低的地区,低龄产妇比例高,故早婚必然导致早育。早婚地区与户规模较大的地区分布非常吻合,因为早婚导致早育,进而导致户和家庭的规模增大。绝大多数人口生活在核心家庭里,其次是主干家庭,联合家庭最少。由于上一代及下两代的比例并不是很高,所以主干家庭多是不完整的主干家庭。一夫一妻制婚姻占绝大多数这是民国时期河南人口婚姻家庭的基本情况。

六、近代河南教育和卫生事业的发展及对人口素质的促进

民国时期河南在教育、卫生等各方面均有一定的发展,为提高人口素质作出了贡献。初等教育在全国已居中上水平。现代医疗卫生体系逐步建立起来,20 世纪 30 年代省会开封已经拥有了较好的医疗设施,县级医院也开始设立,基督教各差会所开办的教会医院成为当时医疗体系的重要组成部分。农村简易医疗计划开始实施,对于疫病的防治工作有了长足的发展。从 1912 年—1935 年,教会医院和教会学校都以较快的速度增长,教会医院集中分布在河南省北部和其他中心城市,教会学校在全省分布比较均匀,对本省的医疗卫生和教育事业起到了积极的作用。

七、人口的迁移

战争、匪患和各种自然灾害是民国时期河南人口迁移的主要原因,而现代交通和救灾体系的发展在救灾及人口迁移上起到了较大的作用。二三十年代河南省的人口迁移,主要是在面对大的灾荒情况下的移民就食活动,其中向省外的迁移就带有较强的移民性质。对于局部的灾荒,政府尚有能力在省内进行移民就食的安置,1933 年滑县水灾就是省内安置的最好例子。抗日战争时期河南省的人口迁移主要经历了 1938 — 1939 年、1941 — 1943 年、1944 年三个时期,这几个时期又显现出不同的特点,1938 年花园口决堤后至 1939 年主要是豫东黄泛区的局部迁移,1941—1943 年则是全省规模的全面迁移。抗战初期,主要采取省内安置的办法。而迁向省外的人口主要分布在陕西、甘肃、宁夏、新疆、青海、河北、四川、山西、湖北、贵州、云南等 11 个省份,规模多达数百万人。

参考文献

一、原始资料

1.原始统计资料

[1]内务部统计科:《内务统计第七编·河南人口之部》(民国元年),1917 年 4 月出版。

[2]内务部统计科:《内务统计·民国五年分河南人口之部》,1918 年 6 月出版。

[3]河南省政府秘书处统计室:《河南统计月报》,1935 年第 1、第 2、3 期合刊、4、5、6、7、8、第 9、10 期合刊、11、12 期,1936 年第 1、2、3、4、6、7、8、9、10、11 期,1937 年第 1、2、3、4、5、6、7、8、9 期。

河南省政府统计室:《河南统计月刊》,1947 年第 1 期、第 3、4 期合刊、第 5、6 期合刊、第 7、8 期合刊、第 9、10 期合刊。

[4]国务院统计局:《统计月刊》,1919 年 12 月。

[5]国民政府主计处统计局:《统计月报》,1931 年 10 月号、11、12 月合刊。

[6]国民政府主计处统计局:《统计季报》,1935 年第一号、第三号、第四号,1936 年第九号。

[7]河南省政府秘书处:《开封社会统计概要》,1931 年。

[8]河南省政府秘书处公报室:《河南省政府年刊》,1932 年、1934 年。

[9]河南省政府秘书处统计室:《河南省政府年刊》,1935 年。

[10]内政部年鉴编撰委员会编:《内政年鉴》,商务印书馆 1936 年版。

[11]伪河南省公署:《统计年刊》,1940 年。

[12]伪河南省公署:《统计年鉴》,1942 年。

[13]河南省政府统计室:《河南省统计年鉴》,1946 年。

[14]中央人口调查登记办公室:《中华人民共和国一九五三年人口调查统计汇编》,1954 年 12 月。

[15]国家统计局人口统计司:《中国人口统计年鉴·1988》,中国展望出版社 1988 年版。

2.新中国成立后整理出版的民国统计资料

[1]河南省教育志编辑室编:《河南教育资料汇编(民国部分)》,1989 年 4 月。

[2]河南省统计学会、河南省统计局《统计志》编纂办公室、《河南统计》编辑部合编:《民国时期河南省统计资料》(上册),1986 年 7 月。

[3]河南省统计学会、河南省统计局《统计志》编纂办公室、《河南统计》编辑部合编:《民国时期河南省统计资料》(下册),1987 年 1 月。

3.其他社会调查资料

[1]河南省赈务会:《河南各县灾情状况·豫灾弁言》,1929 年 8 月。

[2]河南省赈济会:《河南省赈济会三十一年五月至三十二年十二月振灾报告》。

[3]旅平河南赈灾会:《旅平河南赈灾会征信录》,1929 年 12 月。

[4]中国华洋义赈救灾总会:《民国二十五年度赈务报告书》,1937 年 1 月。

[5]《善后救济总署河南分署周报》第 1—100 期,1946 年 1 月—1947 年 12 月。

[6]行总鄂署武汉办事处编印:《难民招待与运输》,1946 年 9 月。

[7]行政院农村复兴委员会:《河南省农村调查》,商务印书馆 1934 年版。

[8]中国经济情报社编:《1934 年中国经济年报》(第一辑)。

[9]中共中央西北局调查研究室编:《边区的移民工作》,1944 年。

[10]行总河南分署、河南省政府、联总驻豫办事处合编:《黄泛区善后建设会议记录》,1947 年 1 月。

4.报刊杂志

[1]《大公报》1920 年 9 月 20 日、1920 年 9 月 28 日、1920 年 10 月 15 日、1922 年 12 月 31 日、1929 年 7 月 30 日、1930 年 5 月 13 日、1930 年 10 月 13 日、1930 年 11 月 6 日、1934 年 11 月 14 日、1938 年 6 月 17 日、1938 年 7 月 6 日。

[2]《晨报》1920 年 5 月 1 日、3 日、26 日、1920 年 9 月 15 日、1921 年 3 月 4 日。

[3]《申报》1928 年 11 月 23 日。

[4]《新华日报》1942 年 11 月 30 日。

[5]《解放日报》1943 年 4 月 18 日、1944 年 8 月 29 日。

[6]《行都日报》1938 年 12 月 4 日。

[7]《河南民政月刊》第 2 卷第 4、5 期合刊,第 9 期。

[8]《东方杂志》第 17 卷第 19 号。

[9]开封市政府秘书处:《市政月刊》第一卷第 1 期,1929 年 12 月。

[10]河南全省警务处兼省会公安局政治训练处:《警钟月刊》,1930 年第 2 期。

[11]河南省政府秘书处:《河南政治》(月刊),1932 年第 11 期、1933 年第 8、9 期、1934 年第 4、7、9、12 期、1935 年第 1、4、7、9、11、12 期,1936 年第 2 期,1937 年第 2、4、8 期。

5.政协文史资料

[1]《河南文史资料》,第 1—95 辑。

[2]《郑州文史资料》,第 1、2 辑。

［3］《洛阳文史资料》,第 1、5 辑。

［4］《管城文史资料》,第 1、3 辑。

［5］《密县文史资料》,第 2 辑。

［6］《宜阳文史资料》,第 6 辑。

［7］《华县文史资料》,第 5 辑。

［8］《鲁山文史资料》,第 4、9 辑。

［9］《郸城文史资料》,第 1 辑。

6.地方志

［1］河南省志编委会:《河南省志·人口志》,河南人民出版社 1994 年版。

［2］河南省志编委会:《河南省志·公安志》,河南人民出版社 1992 年版。

［3］河南省信阳县志总编辑室:《重修信阳县志》,1985 年。

［4］《安阳公安志》,中州古籍出版社 2007 年版。

［5］《(民国十八年)河南新志》,中州古籍出版社 1990 年版。

成文出版社影印方志中近代河南相关:

［6］王续等纂修:《仪封县志》,民国二十四年排印本。

［7］熊绍龙纂修:《中牟县志》,民国二十五年石印本。

［8］韩世勋等纂修:《夏邑县志》,民国九年石印本。

［9］郑康侯等纂修:《淮阳县志》,民国二十三年排印本。

［10］王秀文等纂修:《许昌县志》,民国十二年石印本。

［11］周秉汇等纂修:《郑县志》,民国二十年重印本。

［12］刘海芳等纂修:《续荥阳县志》,民国十三年排印本。

［13］田金祺等纂修:《氾水县志》,民国十七年排印本。

［14］史延寿等纂修:《续武陟县志》,民国二十年刊本。

［15］方策等纂修:《续安阳县志》,民国二十二年重排印本。

［16］王泽溥等纂修:《林县志》,民国二十一年石印本。

［17］王维垣等纂修:《重修滑县志》,民国二十一年排印本。

［18］欧阳珍等纂修:《陕县志》,民国二十五年排印本。

［19］乔荣筠撰:《偃师县风土志略》,民国二十三年石印本。

［20］刘莲青等纂修:《巩县志》,民国二十六年刊本。

［21］贾毓鸦等纂修:《洛宁县志》,民国六年排印本。

［22］黄觉等纂修:《新修阌乡县志》,民国二十一年排印本。

［23］方廷汉等纂修:《重修信阳县志》,民国二十五年排印本。

［24］陈金三等纂修:《重修正阳县志》,民国二十五年排印本。

［25］陈铭鉴辑:《西平县志》,民国二十三年刊本。

［26］许希之等纂修:《光山县志》,民国二十五年排印本。

［27］张钫等纂修:《新安县志》,民国二十七年石印本。

[28]窦经魁等纂修:《阳武县志》,民国二十五年排印本。

[29]阮藩侪等纂修:《孟县志》,民国二十一年刊本。

[30]张绪璜等纂修:《确山县志》,民国二十年排印本。

[31]杨心芳等纂修:《郾城县记》,民国二十三年刊本。

[32]陈伯嘉等纂修:《重修汝南县志》,民国二十七年石印本。

[33]徐家璘等纂修:《商水县志》,民国七年刊本。

[34]张之清等纂修:《考城县志》,民国十三年排印本。

[35]靳蓉镜等纂修:《鄢陵县志》,民国二十五年排印本。

[36]车云等纂修:《禹县志》,民国二十年刊本。

[37]李毓藻等纂修:《西平县志》,民国二十三年刊本。

[38]张士杰等纂修:《通许县新志》,民国二十三年排印本。

[39]杜鸿宾等纂修:《太康县志》,民国二十二年排印本。

[40]陈鸿畴等纂修:《长葛县志》,民国十九年排印本。

[41]郑康侯等纂修:《淮阳县志》,民国二十三年排印本。

[42]韩邦孚等纂修:《新乡县续志》,民国十二年刊本。

[43]邹古愚等纂修:《获嘉县志》,民国二十三年排印本。

[44]孙椿荣等纂修:《灵宝县志》,民国二十四年重修排印本。

[45]萧国桢等纂修:《修武县志》,民国二十年排印本。

二、著作

[1]安介生:《历史地理与山西地方史新探》,山西人民出版社2008年版。

[2]安介生:《山西移民史》,山西人民出版社1999年版。

[3][美]白修德著,崔陈译:《中国抗战秘闻——白修德回忆录》,河南人民出版社1988年版。

[4][英]贝思飞著,徐有威等译:《民国时期的土匪》,上海人民出版社1992年版。

[5][美]卜凯:《中国土地利用》,金陵大学农学院农业经济系,1941年版。

[6][美]卜凯:《中国农家经济》,商务印书馆1937年版。

[7]曹树基:《中国人口史》第五卷,复旦大学出版社2000年版。

[8]陈彩章:《中国历代人口变迁之研究》,商务印书馆1946年版。

[9]陈长蘅:《人口》,民国实业部《中国经济年鉴》,商务印书馆1934年版。

[10]程民生:《河南经济简史》,中国社会科学出版社2005年版。

[11]程有为等:《河南通史》第四卷,河南人民出版社2005年版。

[12]池子华:《中国近代流民》(修订版),社会科学文献出版社2007年版。

[13]董长芝、李帆:《中国现代经济史》,东北师范大学出版社1988年版。

[14][美]费正清:《剑桥中华民国史》,章建刚等译,上海人民出版社1991年版。

[15]傅林祥、郑宝恒:《中国行政区划通史·中华民国卷》,复旦大学出版社2007

年版。

　　[16]葛剑雄:《中国人口史》第一卷,复旦大学出版社 2005 年版。

　　[17]葛剑雄:《中国人口发展史》,福建人民出版社 1991 年版。

　　[18]葛剑雄:《中国移民史》第一卷,福建人民出版社 1997 年版。

　　[19]葛庆华:《近代苏浙皖交界地区人口迁移研究》,上海社会科学院出版社 2002
年版。

　　[20]国际人口科学研究联盟:《多语言人口学词典》,商务印书馆 1992 年版。

　　[21]国家公安部户政管理局编:《清朝末期至中华民国户籍管理法规》,群众出版社
1996 年版。

　　[22]韩光辉:《北京历史人口地理》,北京大学出版社 1996 年版。

　　[23][美]何炳棣著,葛剑雄译:《明初以降人口及其相关问题(1368—1953)》,生活・
读书・新知三联书店 2000 年版。

　　[24]侯杨方:《中国人口史(1910—1953)》,复旦大学出版社 2001 年版。

　　[25]胡云生:《传承与认同——河南回族历史变迁研究》,宁夏人民出版社 2007 年版。

　　[26]姜涛:《中国近代人口史》,浙江人民出版社 1993 年版。

　　[27]姜涛:《历史与人——中国传统人口结构研究》,人民出版社 1998 年版。

　　[28]柯象峰:《现代人口问题》,正中书局,1934 年版。

　　[29]李世平:《四川人口史》,四川大学出版社 1987 年版。

　　[30]李文海等编:《近代中国灾荒纪年续编(1919—1949)》,湖南教育出版社 1993
年版。

　　[31]李文治编:《中国近代农业史资料》第一辑,生活・读书・新知三联书店 1957
年版。

　　[32]李中清、王丰:《人类的四分之一:马尔萨斯神话与中国的现实(1700—2000
年))》,生活・读书・新知三联书店 2000 年版。

　　[33]梁方仲:《中国历代户口、田地、田赋统计》,上海人民出版社 1980 年版。

　　[34]林富瑞、陈代光:《河南人口地理》,河南人民出版社 1983 年版。

　　[35]陆建邦等主编:《河南人口死亡调查研究(1949—1999 年)》,军事医学科学出版
社 2005 年版。

　　[36]路遇:《清代和民国山东移民东北史略》,上海社会科学院出版社 1987 年版。

　　[37]路遇、滕泽之:《中国人口通史》,山东人民出版社 2000 年版。

　　[38]貊琦:《中国人口・河南分册》,中国财政经济出版社 1989 年版。

　　[39][美]珀金斯著,宋海文译:《中国农业的发展(1368—1968 年)》,上海译文出版
社 1984 年版。

　　[40]渠长根:《功罪千秋——花园口事件研究》,兰州大学出版社 2003 年版。

　　[41]任崇岳:《中原移民简史》,河南人民出版社 2006 年版。

　　[42]石方:《中国人口迁移史稿》,黑龙江人民出版社 1990 年版。

[43]苏新留:《民国时期河南水旱灾害与乡村社会》,黄河水利出版社 2004 年版。

[44]孙艳魁:《苦难的人流——抗战时期的难民》,广西师大出版社 1994 年版。

[45]谭其骧:《长水集》,人民出版社 1987 年版。

[46]唐启宇:《中国的垦殖》,上海永祥书店 1951 年版。

[47]滕泽之:《山东人口史》,山东新闻出版社 1991 年版。

[48]万仁元、方庆秋主编《中华民国史史料长编》,南京大学出版社 1993 年版。

[49]王天奖等:《河南近代大事记(1840—1949)》,河南人民出版社 1990 年版。

[50]王威海:《中国户籍制度——历史与政治的分析》,上海文化出版社 2006 年版。

[51]王育民:《中国人口史》,江苏人民出版社 1995 年版。

[52]闻均天:《中国保甲制度》,商务印书馆 1935 年版。

[53]夏明方:《民国时期自然灾害与乡村社会》,中华书局,2000 年版。

[54]行龙:《人口问题与近代社会》,人民出版社 1992 年版。

[55]徐白齐编:《中华民国法规大全》第 1 册,商务印书馆 1936 年版。

[56]许仕廉:《中国人口问题》,商务印书馆 1930 年版。

[57]薛平栓:《陕西历史人口地理》,人民出版社 2001 年版。

[58]言心哲:《中国乡村人口问题之分析》,商务印书馆 1935 年版。

[59]杨子慧主编:《中国历代人口统计资料研究》,改革出版社 1996 年版。

[60]杨子慧、张庆五:《中国历代的人口与户籍》,天津教育出版社 1991 年版。

[61]袁永熙:《中国人口·总论》,中国财政经济出版社 1991 年版。

[62]张芳笠:《四川人口地理》,西南财经大学出版社 1990 年版。

[63]张根福:《抗战时期浙江省人口迁移与社会影响》,上海三联书店 2001 年版。

[64]张国雄:《明清时期的两湖移民》,陕西人民教育出版社 1995 年版。

[65]张在普:《中国近现代政区沿革表》,福建地图出版社 1987 年版。

[66]章有义编:《中国近代农业史资料》第三辑,生活·读书·新知三联书店 1957 年版。

[67]赵文林、谢淑君:《中国人口史》,人民出版社 1988 年版。

[68]郑宝恒:《民国时期政区沿革》,湖北教育出版社 2000 年版。

[69]周振鹤:《中国地方行政制度史》,上海人民出版社 2005 年版。

[70]朱德新:《二十世纪三十年代河南冀东保甲制度研究》,中国社会科学出版社 1994 年版。

三、学位论文

[1]陈鹏飞:《1920—1937 年河南灾荒性人口迁移问题研究》,复旦大学硕士论文,2008 年。

[2]范立君:《近代东北移民与社会变迁(1860—1931)》,浙江大学博士论文,2005 年。

[3]李强:《1930 年代东北地区人口研究》,复旦大学博士论文,2009 年。

［4］刘士岭：《大河南北、斯民厥土：历史时期的河南人口与土地（1368—1953）》，复旦大学博士论文，2009 年。

［5］路伟东：《清代陕甘人口研究》，复旦大学博士论文，2008 年。

［6］马平安：《近代东北移民问题研究》，北京师范大学博士论文，1997 年。

［7］武艳敏：《民国时期社会救灾研究——以 1927—1937 年河南为中心的考察》，复旦大学博士论文，2006 年。

［8］叶宗宝：《一九二九：同乡与赈灾》，复旦大学博士论文，2007 年。

四、期刊论文

［1］陈翰笙：《难民的东北流亡》，《国立中央研究院社会科学研究所集刊》第 2 号，1930 年。

［2］樊树志：《中国人口史研究的新高度》，《中国图书评论》2003 年第 9 期。

［3］葛剑雄：《评〈人口问题与近代社会〉》，《山西大学学报》1993 年第 2 期。

［4］顾鉴塘：《民国时期人口研究探微》，《北京大学学报》2000 年第 6 期。

［5］侯杨方：《民国时期全国人口统计数字的来源》，《历史研究》2004 年第 1 期。

［6］侯杨方：《民国时期中国人口的死亡》，《中国人口科学》2002 年第 5 期。

［7］苏新留：《1929 年河南灾民移垦东北述论》，《史学月刊》2004 年第 9 期。

［8］汪克剑：《河南黄泛区工作特述》，《河南善救分署周报》第 100 期。

［9］王士达：《民政部户口调查及各家估计》，《社会科学杂志》第 3 卷第 3 期、第 4 卷第 1 期，1932 年、1933 年。

［10］王天奖：《民国时期河南人口估测》，《河南大学学报》1994 年第 1 期。

［11］王天奖：《从单产看近代河南的农业生产》，《史学月刊》1991 年第 1 期。

［12］王天奖：《民国时期河南的地权分配》，《中州学刊》1993 年第 5 期。

［13］袁祖亮：《河南历史人口发展概况》，《郑州大学学报》1982 年第 4 期。

［14］袁祖亮、郭庭柏：《近两千年来河南人口重心及其运动轨迹》，《中州学刊》1998 年第 2 期。

［15］张锡昌：《河南农村经济调查》，《中国农村》第 1 卷第 2 期，1934 年。

［16］张艳芳：《民国前期移民政策刍议》，《文史哲》2000 年第 6 期。

［17］朱德新：《试论二十世纪三十年代河南保甲制度的建立》，《史学月刊》1995 年第 1 期。

［18］朱德新：《三十年代的河南统治者与保甲行政人员》，《史学月刊》1999 年第 1 期。

后　记

　　本书是博士论文的修改稿,付梓之际,仍感不足之处尚多。历史学研究是一件复杂而又系统的智力活动,研究者在研究与写作时,需要调动各种知识和资源。我深深地感到,只有具备相当的学养,丰富的知识积累,严格的专业训练,深厚的文化底蕴,才能发现问题,准确地运用材料,形成独到的观点,从而成为优秀的历史学者。做到这一切,对我来说,还有漫长的路要走。

　　2005 年,出于对学术的追求和热爱,我怀着忐忑之心报考恩师葛剑雄先生的博士研究生,得到先生的鼓励和关心,尽管当年未能考上,但是恩师对我专业能力的肯定,给了我极大的勇气和信心,第二年我如愿以偿,考入复旦大学历史地理研究中心,师从先生治中国人口史。

　　四年半的博士生活给予我的收获是终生的。葛师执著的教学态度,严谨的学术作风,无一不体现出大家风范。他对学术规范的要求是非常严格的,他经常讲,历史研究的成功与否首先在于对原始资料的掌握和分析,不能仅仅满足于看到别人的二手材料就去人云亦云,要想研究一个问题,必须自己去找到相关的原始资料,并通过对原始资料的分析,来判断已有成果的价值,自己也才能有所创新。

　　民国时期河南省人口研究是一个前期研究成果比较匮乏的课题,资料的搜集过程是非常艰苦的。资料收集齐全之后,面对杂乱的人口数据和学者们对民国时期河南人口的不同认识,一时让人无处下手,无所适从。在葛师指导下,最后决定从认定数据质量入手进行研究。几年来先生耳提面命,谆谆教导,他对学生的关心和包容,使我能够克服种种困难,完成论文的写作。对恩师的感激之情是难以用语言表达的。先生之学问,博大精深;先生之品格,高山仰止,是我终生学习的榜样。

在论文开题、写作的过程中,吴松弟教授、安介生教授、侯杨方教授给我提出了不少宝贵的意见,特别是侯杨方老师的《中国人口史》(第六卷)对我的研究思路和研究方法有很大启发,感佩之情,不能忘怀。感谢赵红老师在我读博期间所给予的关心和帮助。

在查阅资料的过程中,许多单位都给了我很大的方便,尤其要感谢的是河南省图书馆的徐向哲同志和郑州大学图书馆河南地方文献部的赵长海同志,没有他们的全力支持,本书所使用的一些核心资料是无法找到的。

攻读学位期间,郑州大学的领导、同事和复旦的同学给予我很多关心和帮助。郑州大学党委书记、博士生导师、马克思主义理论一级学科带头人郑永扣教授大力提携后进,从马克思主义理论学科经费中拨出资金,资助本书出版。郑州大学党委副书记、博士生导师吴宏亮教授非常关心我的学业,经常给予鼓励和督促。马克思主义学院党委书记王振国教授、院长于向东教授和原教育学院院长穆伟山教授给了我诸多关照,使我能够安心学习和研究。中原工学院党委副书记郭正让教授给予我兄长般的关怀,激励我不断进步。在此谨向各位领导表达衷心的感谢。

师兄苏新留、胡云生、王大学在我学习的过程中,一直给予极大的关心和支持,并对论文的写作提出了宝贵的意见。师弟李强在论文写作过程中给予我许多具体帮助,提出了具体的修改意见。史地所同学傅辉、陈鹏飞将他们搜集到的资料慷慨相赠。高昂、徐志翔等同事以及部分学生在论文写作过程中或帮助录入数据、或协助进行计算。还有许多同事给我提供了很多帮助,不一一列举,所有的关怀与帮助我都铭记在心,在此一并表示感谢。

当然还要感谢我的家人。妻子韩国仙在我学习和论文写作期间,承担了全部家务和相当一部分原始数据录入工作,她的贤淑和仁厚,使我感受家庭的温暖和幸福。父母的安康和孩子的健康成长,使我得以安心从事论文的写作和相关工作的开展。

感谢本书责任编辑王世勇先生,他为本书的出版做了大量认真细致的工作,他对工作一丝不苟的敬业精神令人敬佩。

对民国时期河南人口的研究虽然告一段落,但由于自身学识有限,还有许多不足之处,敬请方家指正。对近代社会史的相关思考和探索也在继续,在未来的日子里,我将心无旁骛,以对学术的敬畏之情和不懈的努力,期待有所成绩。

郑发展

2012 年 12 月 16 日于郑大盛和苑

责任编辑:王世勇

图书在版编目(CIP)数据

民国时期河南省人口研究/郑发展 著. -北京:人民出版社,2013.5
ISBN 978-7-01-012484-1

Ⅰ.①民… Ⅱ.①郑… Ⅲ.①人口-研究-河南省-1912~1953
Ⅳ.①C924.256.1

中国版本图书馆 CIP 数据核字(2013)第 203754 号

民国时期河南省人口研究
MINGUO SHIQI HENANSHENG RENKOU YANJIU

郑发展 著

人民出版社 出版发行
(100706 北京市东城区隆福寺街 99 号)

北京新魏印刷厂印刷 新华书店经销

2013 年 5 月第 1 版 2013 年 5 月北京第 1 次印刷
开本:710 毫米×1000 毫米 1/16 印张:18.5
字数:301 千字 印数:0,001-2,000 册

ISBN 978-7-01-012484-1 定价:42.00 元

邮购地址 100706 北京市东城区隆福寺街 99 号
人民东方图书销售中心 电话 (010)65250042 65289539